人際關係

與溝通技巧

曾啓芝 著

五南圖書出版公司 印行

前 言

　　近一、二十年電子三C產品不斷推陳出新，在網路資訊隨手可得的環境下，許多人長時間優游其間，因此製造了不少的宅男宅女和低頭族。少了實際與人面對面溝通交流的經驗，也降低許多宅男宅女們的社交及語言的溝通表達能力。而這些高度倚賴三C網路的族群，大部分是所謂九零以後年輕學子。因教學而與他們接觸交流，發現他們擁有不羈的想像力與豐富的創造力，是我們六○、七○年代的人所遠遠不及的。但當和他們溝通交談時，其口語表達的方式與邏輯，也常常讓我丈二金剛摸不著頭腦。說話的內容比較隨興，造句用詞也過於簡單直接，當然也不會因為對方的年齡、性別、輩份不同而有所區別。也就是說不大使用敬語或是比較注意使用較適合的詞彙與人應答。

　　網路時代的崛起，買東西也不用出門了，出現了什麼都賣、什麼都不奇怪的網路商城，提供各式各樣的商品。只要動動手指敲敲滑鼠或滑動面板，讓你在家也能輕輕鬆鬆的享受shopping購物的樂趣。以為網路只能買東西嗎？錯！網路不但可以買東西，還可以交朋友呢！

　　正因為網路的功能無所不包，連交友都可以在網路中進行，讓年輕的網路族群少了許多實際與人面對面溝通的機會，所以在和人接觸與人交際時，少了許多應對時該有的禮貌和應對技巧。不管依賴網路的程度有多高，進入社會面對就業市場，也就必須要和許多人接觸。接觸的人可能是老

闆、上司、同事、客戶……這時你的人際關係優劣，對老闆或上司而言，可能會影響你的考績、升遷與加薪。對一起工作的同事來說，將牽動工作情緒時的好壞；而對於你業務上往來客戶而言，也可能直接或間接關係著你的業績。所以，人際關係對一個人的影響是非常重要的。也許是學習環境的改變，讓年輕人的人際關係與溝通技巧較不嫻熟。但我相信只要願意，適當的訓練、學習，建立良好的人際關係與溝通技巧不是難事。

當然，如果自忖不會有與人面對交流的機會，也許不用在意人際關係或其他溝通表達能力的訓練。不過大部分的人仍無法離群索居，所以應有的溝通能力仍須具備。如此不但在日常生活上能與人溝通無礙，較不會造成誤解，在工作專業所需的解釋或說明，也都能幫助你讓人容易了解你想表達的事物，使工作能順利進行，提高工作效率。

年輕學子或即將邁入職場的新鮮人，因為生活與學習模式高度網路化，不同於以往傳統的學習方式，漸漸使得口語溝通這項能力減低，有可能在參加入學或就業的面試過程當中，因為溝通表達能力不佳，而無法順利的被錄取。有許多人會因為失敗的挫折，對自己喪失了自信心，因此否定自己的能力，最後錯失發揮潛力的機會，這樣的結果令人感到惋惜。

人際關係的的能力並非與生俱來，而是需要學習訓練的，這裡結合了社會學和語言學，將其中有關的理論，與人際關係和溝通技巧做連結，讓讀者可以在實際的日常生活中運用。

不管是人生的哪個階段，所經營的人際關係，都確實影響著自身的發展。人際關係的好與壞，和我們溝通技巧的優跟劣，有著高度的連動。有感學生們在人際關係和表達技巧的能力中，仍有進步的空間，希望以自身的教學經驗，為年輕學子的人際關係與溝通表達技巧的學習略盡棉薄。

CONTENTS
目　錄

第一章

人際關係的定義與理論

第一節　人際關係的定義

　　人際關係被討論的範圍非常廣泛，社會學、人類學、心理學都將其納入，因為人是社會化的動物，人與人之間的往來，透過語言、肢體動作的行為模式，達到思想、感情的交流，產生互動的關係。

　　人際關係不管好與壞，都在不同階段的成長過程中，有目的的被經營著。人際關係是說人與人因為接觸、交際，而產生彼此相互依存的關係，這樣的依存關係藉著點、線、面、網絡連結的發展，形成了社會關係。而人際關係的好或不好，有幾種比較通俗的說法：「他人緣真好！」「他的交際手腕真高！」「×××是時尚圈出名的社交名媛。」說法不管是帶著褒意或是貶意，都不難了解被指涉的對象，對人際關係是下了功夫在經營的。而人際關係中包括了家人、朋友、同學、同事之間的關係、老師與學生之間的從屬關係，和老闆與夥計間的雇傭關係等。要與每個關係中的個體形成連結、產生和諧的關係，溝通技巧的好壞，就是直接影響關係能否建立與維持的最大因素。

　　每個人都是獨立的個體，有其不同生長的環境與文化背景，也造就了不同的思想與價值觀。和許多不同的個體溝通連結達成和諧，是與人交流的重要過程。過程中溝通技巧的好壞，絕對會影響人際關係的品質。但這裡的人際關係並不是強調要認識什麼樣的名人，或是結識高官政要，人面廣、交際手腕高，也不代表人際關係好，人際關係是一種與人溝通的藝術，人際關係是要「用心經營」而非「刻意鑽營」。

　　「人際」簡單的字面意思就是與人交際，在漢代許慎所撰、清代段玉裁所注的《說文解字》當中，對「交」、「際」的單詞解釋都有「兩者相合」之意，「溝通」則有使兩方通達彼此沒有阻礙的意思。所以人際溝通的的意義就是指人與人之間相互往來，為使對方能清楚了解自己想要表達的的意思，且在表達的過程當中，能正確精準的掌

人際關係與溝通技巧

握詞彙、語氣，輔以適當的面部表情及肢體語言，使交流的的另一方清楚無誤的接收到表達一方所想要傳達的意思。

人際關係的溝通學習是透過視覺、聽覺、肢體語言及口語表達的雙向交流過程當中，從正向回饋的經驗累積、負面的錯誤學習的更正、內化改變自己的氣質，進而創造個人價值。

人際關係有好有壞，人際關係不好常是因為在和人溝通時，除了口語表達能力不好外，通常說話的表情不佳、語氣不好也是影響對方感覺的原因之一。

人是群體的動物，既然群體而居，便不會遺世獨活，也無法自外於我們所處的社會。對於我們每天所接觸到的人、事、物，或多或少都有某些程度的往來與互動。與人面對面的交際往來，會使用到知覺器官與肢體語言。知覺包含了視覺、聽覺、嗅覺、觸覺等，而面部表情加上肢體動作，就是所通稱的肢體語言。這些溝通時的所有工具都有可能影響溝通的結果，如何有效使用我們與人溝通的工具，都是我們之後要討論的重點。

第二節　理論

一、人際關係理論

人與人交往，從一對一到一對多，由簡單到複雜，形成樹狀結構，人際關係就是由無數個樹狀結構所交織連結而成。這種社會人際關係的形成，看似複雜難理，但事實上是有規則和脈絡可循的。在一些可觀察到的行為軌跡中，不同領域的學者，對於個體從事人際交往活動時的動機、行為和結果做研究，也對研究發現提出了看法或理論。

蘇利文（Harry Stack Sullivan, 1892-1949）是美國的神經病學家，

也是精神分析理論中社會學派研究的代表人物，從精神病學領域探討人格發展與社會的關係，和人際發展失調對人的影響研究人際關係理論（interpersonal theory）。蘇利文認為人際關係在人格發展與學習適應中是非常重要的。

蘇利文在1953年出版的《精神病患者與人際關係理論》（The Interpersonal Theory for Psychiatry）的研究中，以社會心理學的角度探討精神病學，認為人際關係是影響個體人格和認知發展很重要的因素。個體在人際關係中與人的互動，會讓個體產生自我認知（自我知覺、社會知覺）。這些認知也會影響我們在人際關係中面對衝突的表現，就是個體在人際關係裡產生焦慮或不安時的處理模式。如果人際關係的學習認知發展過程出現問題，會對個體心理發展造成問題，而心理的狀態是否平衡也連帶影響生理的健康。

澳大利亞裔美籍行為科學家梅奧（George Elton Mayo, 1880-1949），以霍桑實驗為基礎在1933年出版《工業文明中人的問題》（The Social Problems of an Industrialized Civilization）一書，提出了人際關係的相關理論，也是人際關係理論的先驅之一。梅奧認為個體行為動機並不單單只是為了金錢和物質的需求，還有心理精神的需求，包括了與人交際時所尋求的安全感、歸屬感和受到尊重的感覺。

霍桑實驗是梅奧從1924至1932年在美國芝加哥霍桑工廠對工廠工人所進行的實驗，實驗發現員工的歸屬感和人際關係的好壞比薪資和福利，更能提高產能。梅奧的實驗結果也改變了許多企業管理者人力資源的經營模式，影響至今不減，這就是所謂的「霍桑實驗」。

二、人際需求理論

動物為了求生存，必須尋找食物，才能滿足最基本的生存需求；人是群體的動物，日常生活離不開與人接觸，不論互動的目的為何，都和需求脫離不了關係。美國社會心理學家馬斯洛（Abraham Harold

Maslow, 1909-1970）在他1943年出版的《人類動機心理評估理論》
（*A Theory of Human Motivation Psychological Review*）一書中提出需
求層次理論（Maslow's Hierarchy of Needs）。馬斯洛的這個理論包含
了生理、安全、感情、尊重和自我實現的五種需求，這五種需求按照
迫切需要的程度區分成五個階層。馬斯洛認為每個人都有五種層次的
需求，在不同的需求時期，對這五種需求的程度也各不相同，而最迫
切的需要也是動機和刺激行為產生的原因。

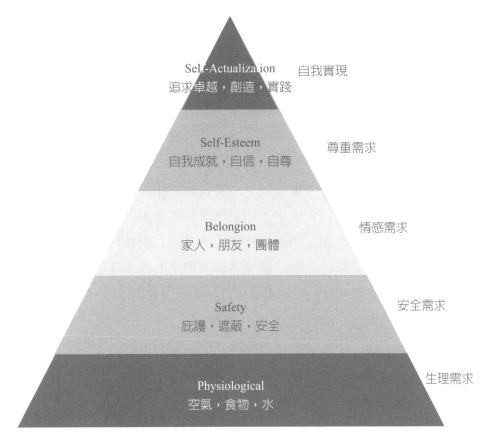

（一）生理需求（physiological needs）

　　生理需求包含了對食物、空氣、水，這些物質都是一些讓人類可
以生存下去最基本的要求，這一個階段的需求是希望最基本生存需要

被滿足：肚子餓時最想要的是找食物充飢，口渴了也會想找些喝的讓自己解渴。如果最基本的生理需求都無法獲得滿足，個體的生存就會面臨危機，要討論更高一層的需求也會變得沒有意義。

當人的生理基本需求被滿足後，才能有更高需求的慾望。曾經在紐約街頭遇到一個流浪漢，看他可憐給了他兩塊美金，他卻跟我說：「我不要你的錢，但是可以給我你手上的熱狗嗎？我餓了好久。」我手上是吃剩下三分之二根的熱狗。很顯然，對於餓了好久的流浪漢來說，這根被咬過的熱狗的實質意義，絕對高過我想送給他的兩塊美金。

(二)安全需求（safty needs）

生理需求一旦被滿足，人們會希望得到安全感，這個安全感包括提供身體安全需求的遮蔽處，和所在環境的安定，能讓個體免於身體與安全的恐懼。安全需求和所處環境的關係緊密，安全需求被滿足的程度也會因為個體所處環境的不同而有高低，這也和社會、國家安定與否有著很大的關係。社會安定、治安良好的國家或地區，人們安全需求被滿足的程度就高；反之，如果國家、社會不安定，人們安全需求也會沒有保障。非洲、中東和東歐的許多國家因為內戰不歇，人民的生活動盪不安，隨時隨地面臨著戰爭所帶來的傷害或死亡的威脅，對這些人而言，人身的安全需求被滿足是一件困難的事。

(三)情感需求（belonging needs）

當人的生理、安全需求得到滿足後，個體會希望從家人、朋友、工作夥伴、情侶的各種關係中滿足情感與歸屬感的需求。人際關係的經營和情感、歸屬感需求的滿足有直接的關係。從最基本來自家庭成員人際關係的發展，到社交人際關係的經營，人們都希望在關係中得到情感的支持，獲得認同而有歸屬感。最近的許多社會事件的加害人，都不難發現一個共通點，那就是他們的人際關係比較疏離，親子關係互動連結並不緊密，缺乏認同感與歸屬感。我們不能武斷的說，

這些人一定是因為人際關係疏離，不被關懷、重視，才造成他們犯下無法彌補的罪責。但可以確定的是，長期缺乏情感、歸屬感導致人際關係疏離，情感未能被滿足，對人格的發展一定會有不良的影響。

㈣尊重需求（self-esteem needs）

人際關係的需求得到一定程度的滿足後，人們便會希望從關係中追隨者、附庸的角色，轉變成為獨立自主、領導的地位。在工作領域中有所成就，追求身分、地位、名望，過程中得到自尊以及獲得別人的尊重，尋求尊重的需求能被滿足。人際關係的交往中常不免要自我介紹，不管是介紹別人或被人介紹一定會有這樣的應對：「在哪高就？」「從事什麼樣的工作？」也會在許多場合中常常聽到有人被介紹時，介紹人會說：「這是××商會的會長。」「這是××醫院腎臟科主任。」或是：「這是××大學的教授。」這些都是引以自豪或是讓人敬重的頭銜，可以代表著個人成就、身分地位和社會名望，也正代表著尊重需求的滿足。

㈤自我實現需求（self-actualization needs）

這個階段的需求是要追自我實現，自我成長更能超越自我，了解自己的潛能，充分發揮潛力，有一種「別人做不到而我能做到」的自許精神。在911攻擊發生後，許多警察、消防人員到了救災現場，見大樓燃燒仍衝進災難現場救人，這種騎士精神就是一種自我實現需求。台灣的陳樹菊女士，人生中的其他需求她要求的不多，但是對於幾十年來不間斷的捐款助人，就是緣自於她對自己的期許和自我實現的要求。

美國心理學家舒茲（William Schutz, 1925-1002）1958年在他的人際關係理論，《基本人際關係取向》（*Fundamental Interpersonal Reations Orientation, FIRO*）中提到人際關係有三個基礎，根據人類需求提出人際需求三維論，認為人在從事社會交際活動時，是根據三種基本的需求——歸屬需求、控制需求和情感需求，來決定個體從事人

際交往時的行為。

　　不論是馬斯洛、舒茲，或是其他提出相關人際需求理論研究的
學者，都認為人際交往的動機乃來自於需求，而人際交往所展現的行
為，也是希望需求能得到滿足，這也是人際需求理論的立論基礎。

三、社會行為交換理論

　　美國社會學家卡斯柏（Homans George Casper, 1910-1989）是社
會交換理論（social exchange thoery）中非常具代表性的人物，他在
1958年提出「社會行為即是交換」（Social Behavior as Exchange）的
看法並發表文章，在1961出版《社會行為的基本形式》中更清楚的說
明他所提出社會行為交換理論的概念。卡斯柏交換行為理論基礎是根
據美國心理行為學家斯金納（Burrhus Frederic Skinner, 1901-1990）的
行為主義，強調人與人之間的互動是一種交換過程，他將社會視為個
人行動和行為，為獲得報償而交換的結果。他的理論被稱為行為交換
理論，此一「社會行為即是交換」的理論，也成為之後發展的社會行
為交換理論的基礎。

　　社會行為就是一種交換過程的結果，這個交換的目的是以最低
的成本獲得最大的利益。人們會衡量評估社會關係中的潛在利益與風
險，當風險機率大於利益時，人們就會中止或放棄這樣的交換關係。

　　瑟保特（John Thibaut）和克利（Harold Kelley）在（1959）《團
體社會心理學》（*The Social Psychology of Groups*）一書中提出選擇
替代的比較（comparison level of alternatives）理論。他們主張，人際
關係的經營與維持，是在於這個關係以外是否還有其他的選擇、替代
的可能，當對關係現狀感到不滿時，如果有另外一個選擇可以得到滿
足，並可能取代現有關係時，個體就會結束現有的關係，與新的替代
選擇建立關係，但當沒有可供選擇替代的關係出現，個體與原有的關
係就可能會保持現狀。

奧地利裔美籍社會學家布勞（Peter Michael Blar, 1918-1002），在1964年發表《社會生活中的交換與權力》（*Exchange and Power in Social Life*）一書，他從社會學的角度觀察，解釋許多的社會現象是如何影響著人類的行為。人們學習處理人際關係的目的，是為了了解社會結構的演變，和這些社會演變力量所形成的社會發展。他認為權力吸引著社交關係的建立，因此產生社會交換的過程，但這交換過程可能是平等的，也有可能是不平等的。不平等的原因可能是權力的差別所導致，所以人們依賴他人，從掌握權力者那裡藉著社會交換的過程獲得自己的需要。

四、人格與情境互動模式（interaction model of personality-situation）

(一) 人格與情境互動

就是將我們的想法、經驗和行為，經由社交活動或人際的溝通發生合作、競爭的交換行為，來了解個體和社會互動的心理過程。

(二) 人格特性

是指個體對周遭生活、人際關係互動所表現出，持續性且有別於其他個體的行為表現，例如和別人不同的感覺、想法和態度等都是人格特性的表現。

(三) 人與環境互動

是指個體社會化的過程，在這個互動的過程中，可以了解自己人格上的特性。因此個體在不同的情境會有不同的反應，不同的個體在相同的環境或情境中也會有不同的反應。人在情境互動下有幾種結果產生：

1. 情境相同的狀況下不同的個體也會產生不同的反應與結果

個性安靜內向、不善與人交際、喜歡獨處的人，在一個正式宴會型的社交場合中，會感到焦慮、侷促不安；但是一個喜歡結交朋友、

喜歡熱鬧、不愛獨處、個性外向的人，在相同的情境與環境當中，卻優游自在、如魚得水。

2. 相同個體但在不同的情境下，會出現個體不同的面向

在工作環境裡，在同事、主管的眼中，你是一個工作認眞、個性內斂沉穩、謹愼拘謹不多話的人，但下了班和同事相約吃飯時，小喝兩杯後，你卻能打開話匣子滔滔不絕，讓人看到不同於工作中的你的另一種面向。也許個體本來就具有這些人格特性，因爲被環境或情境所制約，在不同的情境中，某些個體認爲不適合的行爲舉止，就會被刻意隱藏而不會被表現出來。

3. 情境或環境可以改變個體

從小讀到孟母三遷，就是告訴我們，孟子在不同的生活環境下，有著不同的行爲反應，行爲也會被情境所改變。我們可以回想學生時期交情很好的同學或從小玩到大的朋友，大家各自進入社會打拚多年後，有一天重聚，你會發現彼此有許多觀念和想法已不似以往那般相近，環境可以改變一個人的說法是可以被驗證的。

4. 個體可以改變情境

中午吃飯時間，幾個交情不錯的同事，相約一起到員工餐廳吃飯。其間大夥開心的聊著家中瑣事，談論著愛打小報告的同事和白目的主管。聊得正開心的時候，他們口中的白目主管，端著餐盤笑著問說：「我可以加入嗎？」當這個白目主管一坐下，原有愉快喧鬧的氣氛霎時被尷尬的靜默所取代。

5. 個體可以選擇情境

路上常有車輛發生擦撞的交通意外事件，有些事故只是輕微的碰撞，車損的狀況並不嚴重，但事故的車主雙方卻因爲口角大打出手，甚至造成傷害事件。但相似的碰撞發生，有些事故的車主卻能在較理性狀態下處理。在遊樂園中，有刺激性的遊樂項目如「雲霄飛車」、「自由落體」的選擇，也有適合全家大小的火車遊園設施。喜歡感官

刺激的人會毫不猶豫的選擇「自由落體」、「雲霄飛車」，膽小的人會選擇在一旁觀看或是乘坐遊園小火車。

6. 個體可以被情境所選擇

人人可以選擇學校或職業，但相反的某些職業和學校也會選擇他想要的人。醫學院要求入學的學生必須達到學測一定的分數要求，未達一定的成績是無法被錄取的。某些職業要求，英文必須要達到英文檢定的合格要求，才有機會踏入這些行業。所以當個體與情境互動時不僅是個體主動選擇情境，個體也同樣會被情境或環境所選擇。

五、社會認知理論（social cognitive thorey）

社會認知是個體經由觀察他人經驗的學習，可以預知判斷或推測他人的想法和行為意向的內在過程。社會認知理論著重於個人特質、環境影響、個人行為三方面交互作用的影響去解釋個體的行為。

米謝爾（Water Mischel）是奧地利裔美國籍的心理學家，他在1995年和正田佑一（Yuichi Shoda）根據認知情感模式，提出了認知情感處理系統的概念（Cognitive Affective Processing System，簡稱CAPS）。他們認為從個體的行為表現可以了解或預知一個人的個性或是行為模式，因為行為是個體受到刺激後的反應，而這個反應是個體的個人特質（個性）和情境產生互動的結果，個人特質和情境的不同，也會改變反應後的結果。

例如：小林在工作環境中有同事開會時對他有言語挑釁的行為，如果小林的個性較軟弱或不喜與人衝突，可能會默默接受對方無理的行為；相反，如果小林的個性衝動或不懼怕與人正面衝突，此時的反應可能會正面迎擊或比對方更具侵略性；然而，如果挑釁的的對象是小林的直屬主管，這個主管可以影響小林的工作考績，不論是個性內向軟弱或是個性衝動的小林，都可能因為對方是他的主管，在人際關係中的認知經驗告訴自己「識時務者為俊傑」。所以一般人對於主管

不合理的對待，通常會選擇隱忍不衝突，也正代表個體會因爲不同個性、情境和認知的交互作用下會有不同的行爲表現，也符合了米謝爾的CAPS的概念。

米謝爾認爲個體因爲情境或個人特質所產生一致或不同的反應，提出五種不同影響個體行爲認知反應的原因

㈠能力（competencies）

這裡所稱的能力是增進認知理解的知識，和人際關係裡的溝通、社交規範的基本能力，也就是學習在不同的情境或狀況下採取適當方式應對的能力。認知就是知識、經驗的學習，並非所有的認知能力皆來自於個體的經驗，知識的學習也是形成認知能力的方式之一。例如大部分的人都知道吸毒是不好的行爲，對於這不好行爲的認知是從已知醫學的研究中了解，吸毒會造成個體身心極大的傷害，而非個體實際體驗這樣的行爲後，發現吸毒的確對身體健康有害。人際關係溝通或處理方式不同，也必然影響結果，自我意識較高、人際關係疏離的人在團體中，對於團體成員請求協助的回應多半拒絕或忽視；但人際關係良好、容易與人合作的人面對團體成員的要求，則會盡力提供資源協助來完成對方的請求。

㈡編碼敘述策略（encoding strategies）

當個體面對發生的情境或狀況時，不僅要有面對狀況適當的應對能力，還要有面對狀況時解釋或描述的能力，這種內在情境、狀況的描述、解釋的能力，也和個體之前的學習經驗、文化、個性和環境有關。也就是說不同的個體在同一個情境下，對於當時的狀況會使用不同的方式去解釋或描述，而這些不同的解釋或描述也會產生不同的結果。例如看見有一位身材曼妙、穿著清涼的女子，讓不同的人來形容這位女子，有人會說她是「辣妹」，有人會說她是「正妹」，有人會說她是「檳榔西施」。不論是褒是貶，這些不同的形容詞都是在形容同一個主角，而如果經由這些不同的描述傳遞給下一個接收訊息的

人，不同的描述語解說也會對接收訊息的人產生不同的影響。

㈢預期（expectancies）

　　預期是個體在某些情境發生前，便能預期狀況發生的結果，例如許多的規範和法條就是一種某種行為下預期產生的結果。這樣的預期也是一種認知影響個體行為反應的原因。這些認知預期有自我能力預期、結果刺激預期、行為結果預期。

1.自我能力的預期

　　自我能力預期是個體對於自我能力判斷的預期。個體判斷事物是自己能力可及，或是能力可能達成的目標，個體的行為會朝著這個方向而為。考試前努力用功認為會順利通過，就是一種自我能力的預期。例如一件不容易達成的事物，有人會說：「這種證照很難考耶！我看還是算了！」但有另一種人會說：「雖然不好考，但我相信，別人考得上，我也可以！」對於自我能力認知的不同，行為反應就會有差異。

2.結果刺激預期

　　個體所產生的行為，是因為想要獲得或避免預期結果的發生而為。像是知道努力用功考上好的學校的這個結果會讓爸媽很開心，所以個體為使爸媽開心或以他為榮，便會犧牲玩樂的時間，努力用功念書考上好的學校。

3.行為結果預期

　　行為結果預期就是個體從認知經驗或學習中，了解行為後所產生結果的一種預期。例如學校的校規有這樣的規定：「考試作弊記大過乙次，該科一律以零分計。」學生都知道考試作弊如果被發現，其結果就是大過一支和該科零分，所以大部分的學生不會作弊；但會作弊的學生就會預期如果不小心被發現，就有被記過和補考或重修的預期心理準備。高速公路上的測速照相機也會影響改變駕駛人的行為，超速的車輛駛近測速照相機前會有立即減速的反應，因為駕駛人已經知

道如果不減速的結果，就是一張六千元的罰單等著繳。

㈣主觀價值的刺激（subjective stimulus values）

　　個體認知的主觀價值，也是一種很個人的想法與價值，個體接受這樣的刺激也會改變行為的結果。主觀價值的形成和個體的學習、經驗、環境有很大的關係，有人認為男人同時交往多個女友，代表這個男人多情、浪漫，不認同這個看法的人會說這個男人劈腿、濫情。認同前者看法的女性面對這種男子的追求，可能不排斥的接受，但對於此種行為屬濫情主觀認知的女性，可能對這樣的男性追求是敬謝不敏的，所以說不同的主觀價值是可以影響行為而產生不同的結果。

㈤自我監督機制（self-regulatory systems and plans）

　　是一種個體的的內在機制，這個內在機制是一種可以改變個體行為結果的標準和規則，這樣的自我監督機制不受外在約束和社會監督的影響，個體評斷自我行為的表現是滿意或批評，根據行為結果是否達成自己所設定的目標或規範來做判斷的依據。自我監督機制的形成，包含了個體早期的認知學習歷程、新近的認知經驗的融入和情境因素的影響。例如開車經過郊區無人的十字路口，此時四處無人無車也沒有照相監視器，但號誌亮著紅燈，台灣的開車族多半不會暫停等紅綠燈而是直接闖過；但對於自我道德標準要求高的人，在沒有違規照相的約束下，縱使沒車沒人經過，在其心中道德規範的自我監督下，會選擇停下等待綠燈。

　　米謝爾提出的這五種影響認知行為因素的概念，對於人際關係溝通的幫助，是讓人認識個體在不同情境下會有不同的自我認知反應，進而了解個性、情境之間交互作用所產生的不同結果，學習在不同的情境下，面對不同的人，能有適當應對和反應的方式。

　　人在不同情境下人際關係的互動行為，會因為和對方的關係不同而有所差異，大部分的人經過社會化學習，都有穩定的個性，但穩定的個性中也充滿個人特質。人際關係溝通、交際的行為，就是個體穩

定的個性中帶有個人特質，與互動的另一方在情境中扮演的角色產生互動的結果。如：個性較硬的人碰到更強勢的人，結果可能會變得服從，但碰到個性比較軟弱的人，就會展現強勢的一面。「柿子挑軟的吃。」一句常常聽到的話，形容這樣的狀況非常貼切。

　　情境會給人帶來影響，太容易受到情境影響而改變行為，對個體而言並不是一件好事，與人溝通交際適時的自我控制，可以降低情境造成行為改變的影響。內在控制（internal control）較低的人，人際關係的溝通、維持行為的穩定度較差，抗壓性也比較低；內在控制程度較高的人，對於自己的信念及價值觀比較堅持，穩定度高，但過於內控相對的也會比較固執。

第二章
知覺與人際關係

第一節　何謂知覺

知覺是指個體在生活中或環境選擇接收刺激後，將刺激轉換成連續且有意義圖像的處理過程。

知覺是我們的感覺器官感覺周圍環境刺激傳導後的反應，包括環境刺激後的認知感覺，和接受刺激後的反應與行為表現，讓我們和環境連結，也可以和環境產生互動。知覺行為是一種自然生理的反應，但知覺也會受到文化、環境的影響，使得知覺產生不同認知而改變行為，學習知覺和了解因為知覺產生的反應，可以幫助我們處理人際關係，了解感覺和情緒是因何而起、從何而來。「己所不欲勿施於人。」自己不喜歡的情緒和感覺，也記得不要強加諸於他人，也是我們了解知覺對人際關係影響正面且積極的意義。

一、聽覺

震耳欲聾、尖銳、嘈雜的聲響會令人不悅，所以說話時我們會調整音量、速度和音調，這是聽覺的生理反應現象。說話讓聽者產生憤怒或開心的情緒，那是說話內容、說話的方式造成的行為反應。大部分的人際關係會被努力經營，是因為關係的另一方是你在意、關心的人。而人都喜歡聽好聽順耳的話，不加修飾的話語也許是你的真心話，但在別人的耳裡聽來，或許刺耳，也許難聽。如果是希望給對方良善且真心的建議，不如先換個立場聽聽自己不加修飾的言語，如果自己的感受也不佳就換個別人容易接受的方式說話，讓你的建議成為別人改變或努力的動力，而不是難以入耳的二次傷害。

像是聽到有人從背後叫了你一聲，聽覺傳導之後，你會辨別這個聲音是不是你熟悉的，如果是熟悉的聲音，當下就可能判斷是誰在叫喚你，如果是不熟悉的聲音，回頭看見叫喚你的人，由視覺再一次接收確認是否是熟悉的人。

二、視覺

　　視覺可以使個體知覺後產生反應，兩張包著相同內餡兒的餅，一張形狀呈完美的圓形，一張成不規則的圓，選擇漂亮圓形的比例會高於另一個不規則圓形的。這也是為什麼在人際關係中，「第一印象很重要」的訊息不時的會被提醒，與人見面時得體、合宜的穿著和打扮之所以一再被強調，就是因為視覺知覺會直接影響個體的感覺與認知。視覺的文化認知裡顏色與圖騰是很具代表性的，我們看到某國舉辦大型國際會議時，參與的各個國家領袖或代表，常會穿著代表主辦國家的特色或傳統服裝，看到他們的穿著會讓主辦國當地的民眾產生比較多的認同感，這就是視覺知覺的文化方面的影響。

三、味覺

　　生活環境中的飲食文化是影響味覺喜好的重要原因之一，熱帶地區天氣炎熱要增加食慾，酸、辣和重口味的食物，會是當地多數人的選擇。一般人對於不習慣的味覺刺激可能會有厭惡感，但是對於不喜歡的食物，基於對不同文化的尊重，就算是不愛吃或不敢嘗試，都不要帶著主觀意識的角度批評。例如台灣有名的國民小吃，被外國人用不好的形容詞描述時，我們看到或聽到這樣的報導，也會忿忿不平、很不開心。一樣的道理，在人際溝通的環境裡也要抱持著同理心，和對不同文化的尊重。

四、嗅覺

　　「人各有好尚，蘭茝蓀蕙之芳，眾人所好，而海畔有逐臭之夫……豈可同哉！」（《昭明文選‧曹植‧與楊祖德書》）雖說味道香或臭，總是有不同的主觀認定，但絕對會有一些共通相似的知覺反應，也就像曹植說的，蘭茝蓀蕙是眾人所好，也就是說一般花草的芳

香，是大多數人所喜好的。有人愛吃榴槤，但是榴槤特殊且濃厚的味道並不是普遍大眾都接受的，所以有許多飯店不希望住宿的客人在房間裡食用榴槤，因為當房客離去後，下一組入住的房客也許不喜歡榴槤的味道。不愛洗澡和不喜歡刷牙的人，要記得下一次靠近別人說話時，要觀察別人的表情，如果表情是為難、尷尬，就應該知道對方不喜歡你身上的味道。要注意自己身上所散發出的氣味，最好不要影響到他人的感覺為佳。

五、觸覺

與人建立關係之初，可以透過握手和對方接觸，透過觸覺感受對方誠意的感覺和認知，可以接收刺激後判斷或是偵測改變，認知處理過程所需要的訊息，也是從這些知覺器官接收後處理的。

知覺與人際關係有何關聯？為何要了解影響知覺的因素的許多相關問題？我們都知道有許多外在客觀環境會影響個體對知覺的反應，但更多的主觀心理因素也影響著知覺的判斷，其程度更勝客觀環境對知覺造成的影響。不同的人有不同的個性、不同的知覺經驗、不同的文化背景，這些都是影響個體知覺的重要原因。處理人際關係的問題時，如果了解知覺會讓人產生不同的行為反應，就不會對人際關係中的其他人，面對相同的狀況但行為表現卻和你不一樣時，讓你產生不解或疑惑。幫助我們面對人際關係問題的處理，少一些個人主觀認知的判斷與批評，對關係的另一方和對問題的真實狀況，能有更多的客觀與包容。

第二節　知覺與知覺處理過程

知覺的處理是個體接受到環境刺激後，產生行為反應的處理過程，這個處理過程是持續不斷的。個體在同一個時間可能接收許多不

同的訊息刺激，這些刺激從接收到產生行為反應，不需要花費很多時間。這些處理過程從環境裡的各種刺激中選擇刺激物，由神經傳導，經過知覺記憶處理，最後從個體表現出來知覺後的行為反應。

一、環境刺激

我們所處的環境裡，充滿了許多的知覺刺激，這些刺激透過不同的感覺器官觸動知覺反應。早上趕搭公車上班，也許因為忙碌，可能會忽略許多經過的感覺刺激，但你會因為聞到蔥油餅的味道發現自己還沒有吃早餐，也會因為聞到咖啡香，突然覺得精神都振奮起來了。環境中的刺激無時無刻在和我們的知覺發生作用，許多刺激散布環境中的各個角落，引起個體產生視覺、聽覺、味覺、嗅覺、觸覺、平衡覺和運動覺的反應。

二、刺激的選擇

環境的刺激時時刻刻在進行，在這麼多的刺激中，哪些刺激物能吸引我們的注意，接收後進而反應，就是個體對刺激訊息的選擇。眼睛看到的、耳朵聽到的、鼻子聞到的，都會刺激個體產生反應。這些刺激物對被刺激的個體，必須有特殊、新奇或不同於以往的感覺，才容易被選擇接收。例如：在十字路口停等紅綠燈時，從一群陌生的臉孔中可以發現熟悉朋友的臉；平常熟悉的轉角咖啡店換成了一家拉麵店；點了一份平常愛吃的香蒜辣味麵，吃進嘴裡的味道讓你發現師傅換人了，因為一樣的食材但熟悉的味道變了；所以之前的認知經驗告訴你something different（不同以往）！刺激物必須要特殊、熟悉、新奇才能吸引個體的注意而產生反應，個體的選擇會因為需要而對特定的刺激物產生反應。到醫院掛號時必須先抽號碼牌，在一旁等待電腦叫號後辦理，當你坐在位子上等待時，醫院掛號大廳人來人往、聲音嘈雜，縱使在這麼多干擾的環境中，當電腦唸出你的號碼時，卻可以

不受環境干擾立刻起身前往掛號櫃台。這樣的反應就是個體對特定刺激物有需求，所以在偌大且充滿其他刺激的干擾下，個體卻能專注在和需求連結的刺激上而反應無誤。

三、神經傳導

所有的刺激訊息都會經由不同的傳導系統（圖像由視覺傳導，聲音從聽覺傳導，味道經過嗅覺傳導），到達處理中心（大腦），去完成傳導後的反應。聽到有人叫你、看到一個熟悉的臉孔、聞到一陣花香、喝到沒有加糖的檸檬汁，不管是何種刺激，經過神經傳導後，大腦都會自動分析後，讓你產生相對應的反應。

四、知覺記憶

神經傳導接收到刺激後，個體對刺激會產生知覺或感覺。這些知覺和感覺經過傳導，從過去的知覺經驗中檢視尋找相似的經驗。這些知覺經驗就是從以往許許多多的經驗，通過大腦記憶儲存後，一旦有相似或相同的知覺刺激，就會產生相同的知覺反應。喝到無糖的檸檬汁和吃一口酸李，你的表情也許會有不同，但知覺反應應該就是「酸」或是「很酸」的共同認知。

五、行為反應

行為的反應是個體接收環境刺激，經由傳導、認知後產生的反應，這個反應有可能是一個想法、一種感覺，也可能在同一個時間做出多個不同的動作。比如說走在路上有人叫你的名字，而這個聲音是你熟悉的，聲音的來源是從你的後方傳來，經過知覺處理過程後，知道這個熟悉的聲音是你的同事，你的行為反應是停下腳步的同時向後轉用眼睛去搜尋你同事的臉孔。但如果你沒有回頭的繼續前進，那有可能是沒有聽到別人的叫喚，繼續前進就是沒有聽到別人叫喚的行為反應。

第三節 知覺的特性

一、知覺是選擇的

　　環境中許多的刺激物被接受而反應產生作用的，也只是個體在多個刺激物中選擇引起個體有興趣或有意義的刺激物後的反應。也就是說個體被動的接受周遭環境的刺激，並非一味被動或是隨機接收，而是主動對這些刺激物選擇接收後做出反應。影響個體選擇知覺的因素有兩種：一個是外在環境刺激造成的影響，例如刺激物的大小、動作或是特性的刺激，讓個體被刺激物吸引後產生一連串的反應；另一個是個體內在因素的影響，例如由於個人的情感、認知、學習經驗的不同，就會影響個體對刺激物的選擇。家中有人過生日，開車回家的路上想買個生日蛋糕替他慶祝，這時對於所經過的店家或招牌，只要是有「西點麵包」、「糕餅」或「蛋糕」的字樣，都會讓你放慢速度或是停車確認。因為這時的知覺選擇與蛋糕相關事物連結，只要和蛋糕有關的刺激，都會引起個體的反應。但是如果問你途中有沒有書店，可能無法確切的回答，也許有這麼一兩家書店確實存在，但這時可能視而不見，這是因為知覺中選擇性產生作用的結果。

二、知覺是相對的

　　一個身高一百八十公分的人和另一個身高一百九十公分的人站在一起，一百八十公分的身高並不算高，但如果這身高一百八十公分的人和身高一百五十公分的人站在一起，一幅天龍地虎的畫面就會出現在眼前。或是三個瘦子站在一起，你不覺得哪一個特別瘦，但一個瘦子站在兩個小胖子的中間，就會立即讓人感受到他特別瘦，就是因為物體周圍的對比效果對知覺產生的影響，也就是說知覺會受到周圍環境或是情境影響而產生變化。

三、知覺是有組織的

知覺不是毫無章法而是有邏輯、有組織的，當個體接受刺激物刺激後，會將刺激的不同訊息處理、組織，讓刺激後所產生的訊息變得有意義。

心理學家魏哲麥（Jacquelyn Wiersma）將知覺的歷程歸納出幾個法則，又稱知覺組織完形法則（gestalt laws of organization）。

㈠接近法則（low of proximity）

個體接受多個刺激後，知覺中的接近法則會經將距離接近的刺激歸為一類，縱使這些刺激的外觀、特徵並不相同。在大馬路上看見許多人，有人並肩而行，有人手牽著手，有人挽著另一個人的手臂。不論是否有肢體上的接觸，相偕而行的人，你會認為他們或她們一定認識（不論是何種關係）而且是關係良好的彼此。

㈡相似法則（law of familiar）

個體在接收同時出現的各種刺激，如果這許多不同的刺激物，在某一方面有相似的共通點，知覺會將其歸在同一類。西方人看到單眼皮、黃皮膚、黑頭髮的，都以為是華人，殊不知有這種外表特徵的民族多到無法勝數。韓國整容風氣很盛，整形後的俊男美女相似度太高，讓人無法分辨誰是誰，但當看到這相似長相的人，就會認為他或她曾經整容，而非天生長相如此。

㈢封閉、完整法則（law of closure）

個體的知覺會將不完整的刺激自動彌補缺損的部分，使其完整。這樣的知覺特性在與人溝通訊息時：一起工作的同事匆匆忙忙的收拾東西往外走，問他去哪，對方簡短的回答：「去醫院。」就快速離去，這樣的訊息是不完整的，但是回想起前一陣子同事還對罹病狀況不佳的母親感到憂心忡忡，這時可能就和不完整的訊息完成連結，會認為同事的母親可能被送往醫院，讓他得放下手邊的工作去醫院確認

狀況。

㈣ 簡易法則（law of simplicity）

　　個體接受刺激後，知覺會將接收的刺激簡單化，使刺激快速變成一個完整的訊息。我們常接收到的網路刺激，不論是影像或是文字，或是僅僅看到一個聳動的標題，不經判斷、思考或求證就相信這些訊息，就是受知覺簡化的影響而生。

㈤ 連續法則（law of continuity）

　　個體連續的接受同一個刺激，知覺會傾向將這些連續相同的刺激串連。將在同一直線或同一方向的目標物視為一體或同一族群。例如將╳視為 ╲ 和 ╱ 兩條直線的組合，而不會看作是＞和＜兩個銳角圖形的結合。

四、知覺是恆常的

　　個體觀看一個物體，因為角度不同、距離的遠近、明暗的程度，可能會有些變化，但是對這個物體的知覺認知經驗卻是恆常不變的。拿在手上的手機（立體）和放在桌上的手機（平面），都不會因為手機擺放方式不同，讓視覺切入的角度不同，而使得個體對這隻手機的形狀認知產生變化。物體因刺激產生變化，但在個體的知覺經驗卻是保持恆常不變的，如形狀、大小、顏色、方向、味覺等。

㈠ 形狀知覺恆長

　　物體的形狀有方，有圓，有尖，有長，有短，形容孕婦像是肚裡藏了一個西瓜而不是苦瓜，因為你知道西瓜是圓的不是長的。

㈡ 大小知覺恆長

　　個體對於物體大小的認知經驗，不會因為距離遠近的變化而有所改變。同樣一個大小的茶杯，距離的遠近會造成茶杯形狀大小改變，但個體知道當杯子放在手上和放在櫃子裡，視覺大小也許會改變，但這只杯子原來的大小是沒有任何改變的。在港邊一艘遠處的油輪和一

條停靠在港邊的漁船，你不會因為視覺上的大小，而改變你對輪船大於漁船的大小知覺恆長的認知。

㈢顏色知覺恆長

天熱買了一杯柳橙汁，店家給你一杯綠色飲料，你一定會認為服務人員搞錯了，因為個體對柳橙汁顏色的恆長認知是黃色，所以看到綠色的飲料，直覺反應就是認為服務人員弄錯。

㈣方向知覺恆長

人的身體方向改變，所相應的物體對應的方向也會跟著改變，但在個體的方向認知知覺是不會改變的。你可以分辨相片中的人是倒立，還是因為相片被倒著掛在牆上。在鏡子的反射中，你也會知道物體的左右和鏡中對應的方向是相反的。

㈤味覺知覺恆常

人的味蕾掌管著味覺，酸、甜、苦、辣、鹹，如果味覺功能正常，這幾種味覺知覺是恆常不變的。先喝一口檸檬水再吃一塊蛋糕，酸味知覺會先於甜味。喝了加了糖的的咖啡，味蕾仍然可以感覺一絲咖啡甘醇的苦。

五、知覺是整體的

個體在處理知覺的過程中，並不是只有單獨的反應刺激物的特性，而是將其他相關的刺激物結合，綜合所有刺激物的相關連結的刺激做出反應，這樣的知覺才不會失真且具有意義。例如路上看到一個人沒命的狂奔，如果只有這單獨的刺激，你會有許多的猜測：「被野狗追？」聽到有人說：「別跑！」你會有其他的聯想：「被債主追？遇到仇家？」後來，看到一個穿制服的警察死命的追著，知覺將所有的相關刺激連結，得到一個完整的答案：警察正在追著嫌疑犯。這三個刺激如果分別或單獨由知覺反應，會得到許多不同的結果卻沒有實質上的意義，但將幾個相關刺激物整合成一個整體知覺反應，才會有

最後接近事實的完整訊息。

六、知覺有時空性

　　個體對事情發生的先後順序有著時間性的知覺，兩兄弟，一個十七歲，一個十五歲，你一定知道十七歲的是哥哥，十五歲的是弟弟。不知道算盤和電子計算機是什麼時候發明的，但你一定知道先有算盤才有電子計算機。那是因為電是近代的發明，但人在發明電力以前就有經濟活動產生，計算數字是經濟活動中必要的行為，人工的計算工具「算盤」，想當然耳它的發明時間是早於電子計算機的。而知覺也具有空間性，如此才能了解物體所在或相對的位置、方向和距離。和朋友搭飛機出國遊玩，朋友的座位號碼是20K，而你的座位號碼是21K，你會知道朋友坐在你的前面。如果你們想坐在一起，你會找坐在20H的客人商量，而不會去問20A的客人想不想換位子。

七、知覺的差異性

　　知覺除了會受到外在環境的刺激影響，內在的心理因素也是影響知覺的重要原因。內在的心理因素會因為個體的學習經驗或文化的不同，影響個體知覺反應的不同，這就是所謂的知覺差異性。對一個月入十萬的高階主管，和一個月領兩萬五的小資族，一萬塊的保養品是高階主管月薪的十分之一，但對小資族來說卻得花去將近一半的薪水才能夠買到。或是從小生活優渥的人和成長環境貧困的人，對於一頓要花一千塊的餐食，兩個人的感覺一定不會一樣。

第四節　影響知覺的因素

　　知覺是個體感覺器官接受刺激後認知而了解周遭環境的歷程，溝通行為則是認知發展、認知能力學習的重要表現。

影響知覺的因素可以從三個方向討論，知覺者個人產生的因素、引起知覺反應標的物的因素、情境因素。

一、知覺者本身的因素（factors in the perceiver）

人的行為反應，有時是因為個體對事情知覺後所產生的反應，而不是事情的真實與否結果下的行為表現。比如兩人發生爭執要你評個理，你對其中一人有惡感，這樣的知覺反應多少會影響對事情的客觀判斷。類似的內在心理因素，就是知覺者本身的因素。知覺者內在心理因素對知覺產生影響有下列幾種原因：

㈠態度（attitudes）

評估或判斷人、事、物的狀況，一般的說法就是我們對事物感覺後的反應，這裡的態度指的是知覺者（pceiver）的態度影響知覺的判斷。例如成見、偏見或是刻板印象就是屬於影響知覺的態度。在台灣，政治對立是很明顯的，很多政治人物對事情的態度也會有不同的標準。比如敵對黨派的成員有貪瀆的情事，絕對是大加撻伐毫不客氣，但相同的狀況發生在同黨同志的身上，卻是一個勁兒的護短絕不保留，同樣的道德標準卻因不同對象有不同的態度。

㈡動機（motives）

刺激的反應產生行為結果，知覺者對於事件的開始有目的導向，這樣的目的導向就是動機。不同的動機因素會引導或影響知覺而產生不同的行為方向。日常生活中開著車要前往你要抵達的地點，途中突然感到口渴，你會想要找一家便利商店買個飲料，這時你會暫時忽略專注目的地路線，轉而注意附近有沒有便利商店。但如果這時你肚子餓了想吃「×當勞」，可能會將注意力轉移至尋找黃色的醒目標誌，看到大大M字招牌，想吃漢堡的動機，就會讓你的車就會朝那個方向駛去。

(三) 情緒（mood）

　　情緒對於知覺的影響不小，同樣的一件事，在不同的情緒下，會讓知覺對判斷產生影響，甚或能影響判斷的結果。心情愉快的時候，對一件不開心的事可能會淡然處之，但情緒狀況不好的時候，一件芝麻綠豆的事，可能會讓人吹毛求疵、小題大作。小時候擔心考試成績不理想，回家給爸媽簽名時，總會挑一個大人心情好的時候，拿出差強人意的成績單請爸媽過目，其結果總會是：「下次要努力，知道嗎？」但如果有時不長眼，沒意識到爸媽才吵了一架，差不多的考試成績卻被罵得狗血淋頭。

(四) 興趣（interests）

　　我們在充滿刺激的環境中，目光會被感興趣的事物所吸引，但對於不感興趣的事物卻能視而不見、充耳不聞。喜歡一款名牌包但因經濟考量，短時間無法擁有，但路上行人來來往往，卻能一眼看到前面有位女性背著你想望已久的包。年輕人喜歡流行，所以上網大都流覽最新流行的資訊，上了年紀的中、老年人對健康開始重視，對於吃什麼、怎麼吃對身體有益的資訊會有興趣，瀏覽或注意相關的健康食品或補品的比重也較高。

(五) 期望（expectations）

　　家中有兄弟姊妹的人，成長過程中應該會有這樣的經驗，哥哥求學一路優秀，考試成績不是滿分就是一百，自己只求考試及格即可。某一次考試，哥哥有一科九十，其餘各科滿分，爸媽會認為哥哥沒有努力；然而，自己的成績各科低空飛過，為有一科考了九十分，父母親對自己這九十分卻是讚譽有加。同樣是九十分，但對於期望值的不同，個體的反應也不一樣。

(六) 經驗（expriences）

　　影響知覺的原因還有個體之前的經驗。但之前的經驗必須具有意義，才能成為下次相同知覺刺激的參考，影響個體的知覺反應。例

如文化、語言、圖像、符號或文字，成為個體的刺激物時，必須對個體有意義，比如給一個不曾學習過中文的法國人看一段李白的〈將進酒〉：「君不見黃河之水天上來，奔流到海不復回。君不見高堂明鏡悲白髮，朝如青絲暮成雪。」他的反應可能與熟悉中國古代詩詞的中國人不同。因為只要懂中文的人都能了解李白詩中的意境，但對於不識中文的人，再名垂不朽的詩句對個體都不會產生有意義的知覺。當遊歷至佛羅倫斯站在黃金橋上，會有一種和徐志摩共看此景的心情，因為徐志摩寫了一篇〈翡冷翠的一夜〉，徐志摩說那是三環洞的橋。許多喜歡徐志摩的旅人來到這三環洞的橋（黃金橋），大概也會和我有一樣的悸動吧！

二、情境因素（factors in the situation）

是指影響個體知覺的原因是周遭環境所給予的刺激，這些周圍環境給予的刺激改變，也會影響個體的行為反應。而這些情境因素包括時間、工作環境和人際關係。

㈠時間因素（time）

人類普遍認知的計時標準是一致不變的，但一樣的十分鐘卻因知覺的影響，可能有一分鐘或是一小時的差別。總是有人說：「快樂的時間總是過得很快！」仔細體會，這句話說得一點也沒有錯，和多年不見的好友可以徹夜長談，戀愛中的男女可以談天說地無話不聊，總要到必須結束的時候，才驚覺時間過得如此快速。但如果在上一堂極度無聊或是讓你打瞌睡的課，就算五分鐘也人能讓覺得有一小時這麼久。主管會議進行當中突然有吃壞肚子的感覺，從那一刻開始的感覺就是如坐針氈、度秒如年。

㈡工作環境因素（work setting）

空服員所穿著的制服代表的是專業，也代表著公司的企業形象，所以多半會被設計成比較端莊的形式，如果是裙裝的設計，長度大概

會在膝蓋的高度，但是如果制服設計成迷你短裙或是露胸爆乳的設計，一定會被人批評太過低俗或輕佻。但露胸、短裙設計的服裝，穿在檳榔攤檳榔西施的身上，應該不會招致太多的非議。

(三) 人際關係環境因素（social setting）

　　年輕人上課穿拖鞋、短褲好像不是什麼新鮮事，但是在夜店跑趴，大概都知道要遵守跑趴時的服裝規定（dress code）。當然你認為愛怎麼穿是自己的事，但在人際關係中所參與的社交場合中，穿著隨性很可能影響別人對你的看法。平日許多人逛街吃飯都穿著短褲、拖鞋，如果在正式場合中如此穿著就有點不太禮貌了。

三、目標因素（factors in the target）

　　目標物影響知覺改變，是因為目標物本身的特性所致，這些特性有新奇、動作、聲音、大小、目標物、相近與相似性。

(一) 新奇（novelty）

　　影響知覺因素的新奇事物，是指在生活中發生的事件或事物，具有獨特性，對個體能產生新奇或新鮮的感覺，就能引起個體的注意力，改變知覺、影響行為。老外學中文不稀奇，老外寫得一手好看的中國字，就不得不讓人刮目相看了！多年前在航空公司工作時，飛行途中會將機長用餐的點餐單送進機艙讓飛行員選擇，除了本國籍的飛行員，外籍的飛行員都會使用英文填寫想使用的餐點，和想搭配用餐的飲料。有一位老外機長竟用中文寫下「主餐牛排、飲料烏龍茶」，書寫的字體比本國籍的飛行員還要工整好看，讓我經過多年仍記憶深刻。當收到老外機長的中文點餐單，讓我對這位老外機長學習中國文化的努力深感佩服，自此只要和這位老外機長一同飛行，就會更親切的對待。因為來自於不同的國家，除了努力學習講中文，還寫了一手工整的國字，這樣特殊的老外機長，也給許多本國籍組員留下深刻美好的印象。

(二)動作（motion）

　　國慶每逢有閱兵儀式的舉行，就會吸引許多人的目光，因為參加閱兵的隊伍一定是動作整齊畫一的通過司令台。這時團隊中如果有人因為一時失神，動作慢半拍或是快一步，疏失一定會被立即發現。原因是目標物與其他人的動作不一樣，會立刻引起知覺反應的結果。廣告行銷方式中，平面或文字廣告對人們的吸引力，一定不會比電視或以聲光為主的看板廣告更有吸引力。

(三)聲音（sounds）

　　難聽的聲音──例如五音不全的歌聲──是噪音，聲音太大聲──例如像是汽車的喇叭聲──是噪音，但優美的音樂也有可能成為噪音，是不是噪音和我們的知覺相互影響。有時清晨被一段蕭邦夜曲的鋼琴聲喚醒，可能是一件很幸福美好的事情，但這個鋼琴聲要是在你每個禮拜的休假日，都準時的將你從睡夢中喚醒，這個一開始讓你感覺幸福的樂音，可能最後會成為讓你無法乘假日補眠的惱人噪音。

(四)大小（size）

　　物體的大小直接影響個體的關注力，較大的物體會比尺寸較小的物體，容易吸引較多的注意力。在野外行走，如果你身邊同時飛過一隻麻雀和一隻老鷹，都是同時間飛過眼前的鳥類，但多數人的注意力會被體型明顯較大的老鷹所吸引。

(五)目標物與背景（background）

　　個體對於目標物的刺激和周遭環境或情境的關聯與否，也是影響知覺的原因之一。晚上穿著全身黑色的服裝，和穿一身白色衣著的人相比，一定是後者比較容易被人發現他的存在。學生在學校穿著制服並不會引起特殊的知覺反應，但是在夜店裡發現穿制服的學生，除了會引起周遭的人側目外，還會引起警察先生的關注。一個穿著便服的人在路上抽菸，和一個穿著高中制服的人在路上抽菸，對個體引起知覺的關注程度是也不一樣的。

㈥接近性（proximity）

　　個體對接近性知覺的判斷來自於物體距離，當物體的距離接近，知覺會判斷這些距離接近的物體是屬與同一個群體，例如公園裡草坪上席地而坐的人有許多，你可以從他們彼此間的距離了解，誰和誰是一家人，他們是朋友或是不認識的人。

　　上圖條紋的距離遠近，也會讓知覺產生群體分類的效果。

㈦相似性（similarity）

　　同卵雙胞胎在路上一定比一般人容易吸引人的目光注視，那是因為如此相似的個體並不同於一般人。我們觀看世足賽，為自己喜歡的球隊加油，雖然不是每個球員你都認識，如果你支持德國隊，只要穿著德國球衣的球員踢進一球，你也會跟著開心大叫、手舞足蹈。人在擇偶時，挑選另一伴的時候，女性挑選的對象會有與父親類似的特質，而男性則會挑選與母親相似長相或個性的女生，作為女朋友或婚姻對象的選擇標準。

第五節　知覺偏差的原因

　　心理學的研究是人類較晚近發展的科學，也包括了因為知覺偏誤影響個體判斷的研究。因為知覺造成的偏差會影響我們的感知，還會影響我們對事情的看法、價值與判斷。知覺偏差就是個體對他人做判斷時，主觀知覺心理因素大於客觀環境的外因素下產生的偏差。認為

自己可以精準無誤的評估甚至做出判斷，這些偏差知覺往往對事情的判斷會產生負面的效果。電視或網路常常出現一些誇張或烏龍的事件，這些處理事件的個體，往往在評估事情的過程中，會被一些主觀的認知左右而影響判斷的結果，讓結果常和實事或事件的本質有所出入。

當然要在我們每天面對人際關係中的人、事、物中做評估、判斷，要不受到任何主觀心理因素或知覺的影響，那幾乎是不可能的任務。事情的本身不會產生變化，而是我們看事情的方式有所不同。例如在炎熱的天氣中行走，帶著一罐水沿途飲用，當罐子裡的水剩下一半時，有人會說：「水只剩下一半了，得省著點喝。」也有人會說：「真好！還有半罐水可以喝！」第一種說法的人個性可能保守、實際，第二種說法的人個性也許樂觀。知覺偏差也許是發生在個體的不自覺的行為中，但有時最直接受到負面影響的是與你溝通交流的人。我們先了解一些容易造成知覺偏差的原因，當有這樣的行為產生，可以盡量調整讓知覺偏差的影響減到最低。

我們常會發現，為什麼同樣一件事情發生了，不同的個體會有完全不同的反應，如果了解人的知覺偏誤會影響對刺激的解讀，就不會對這樣的現象感到奇怪。知覺偏誤的產生是一件很自然的事，知覺偏誤在人際關係的經營會產生影響，但影響也並非全然負面。因為知覺是一種相對而非絕對的感知，所以偏誤也非絕對的負面。如果我們了解偏誤造成的原因，可以提醒自己稍作調整，不要因為知覺偏誤的產生影響我們對事情的判斷。如果是關係的另一方知覺產生偏誤，也能有更積極有效的方式應對，多些包容與理解，讓知覺偏誤產生的影響並非只有消極、負面的意義而已。一般而言，造成知覺偏差的原因有個人特質、性別、年齡、文化、生活經驗、態度、價值、動機、目標、期望等。

因為知覺影響所產生偏誤的種類非常多，我們就人際關係溝通時常見的知覺偏誤，認識這些常見偏誤在人際關係中會產生的影響。

一、選擇性知覺（selective perception）

選擇性知覺是個體傾向忽視刺激所造成的不愉快，個體的知覺會被以往所有的經驗、態度、興趣和背景的認知影響，而選擇與以往認同經驗的知覺，也就是選擇性的去看或去聽我們所期待的訊息。許多社會版家暴事件中的受害者，事件爆發在不能收拾前，就已經長時間的處在這樣的環境中。有許多人會問：「為什麼不選擇離開？」當然讓受害者不離開其受虐的環境也許原因不止一種，但有很多受害者在這種狀況發生後，都會有選擇性知覺的行為。也就是去忽視或迅速忘記刺激所造成的傷害或不愉快，選擇以往和加害者最初交往愉快的經驗，讓知覺發生偏差。

而選擇性知覺有兩種型態，一是低程度選擇性知覺，一是高程度選擇性知覺。

(一) 低程度選擇性知覺

又稱警醒性知覺（perceptual vigilance）。個體對於當下想要的需求或感覺，會對刺激物的刺激產生知覺，例如期待、動機、焦慮或是其他的因素，也是一種低程度選擇性知覺。

在百貨公司逛街想買到物美價廉的東西，會直奔打折（on sale）標示的區域挑選自己想要的東西。但是對是當季新貨（new arrival）這個區域的東西似乎沒有任何興趣，並不是new arrival這區的東西不好，而是這一區的價格，顯然不符合個體的當時的需求和期待，所以個體選擇跳過這一區的物件，而在on sale的標示吸引下，直奔打折後的區域挑選想要的東西。

(二) 高程度選擇性知覺

也叫防禦性知覺（perceptual defense）。是指個體會對於不想要的、沒有興趣的，會讓個體產生焦慮或不愉快的刺激物，選擇不產生知覺。這個對刺激物有高程度的選擇性，又稱為防禦性知覺。大部分

的人都知道香菸對人的健康是有直接傷害的，菸盒上也有標示著抽菸有害健康的警語，和一些因為抽菸導致肺部產生病的恐怖圖片。這些圖片對於不抽菸的人很有震撼力和警示作用，但是對於抽菸成癮的老菸槍而言，除非身體真的發生有危害生命的狀況才可能停止吸菸，老菸槍們對於菸盒上的警語或是圖片，大都選擇忽略或故意忽視。

二、內隱性人格理論（implicit personality theory）

內隱性人格理論是個體對他人的觀感會有一些特有既定的想法與信念，面對觀察他人時會使用這些既定的想法，去判定被觀察者的個人特質和其他特質是相關的。也就是說觀察到某個體具有某種特質，而這項的特質是屬於同類特質的一部分（安靜、害羞、聽話、膽小，多半屬於內向個性者特質的同類或相似描述），我們就會猜測被觀察者也具有同類中的其他特質，不論這樣的想法是否合理或是正確，這種既定判斷他人的方法，就是內隱性人格理論的模式。例如我們向來對安靜不多話的小孩，會有聽話、服從的既定概念和想法，對於愛說話好動的孩子，有時會與不聽話、愛惹事的的觀感做連結。但當給人會念書又安靜這種印象的人，做出一些驚世駭俗的行為時，往往讓人無法接受，衝擊也較大。

三、對比效果（contrast）

忽略可供參考比較的客觀事實和條件，而以另一個參考個體做相對的評估，對個體的行為表現做判斷。例如企業或機關的人員工作績效或能力考核，一般會有標準的評量的方式，但有時從事考核評量者會忽略較客觀的評量標準，而傾向主觀對照後的判斷。比如共同參與考核的成員表現有好有差，如果甲和比他優秀的人比較他可能拿到八十五分，但如果甲和表現較差的人比較，有可能得到九十分的評價，這就是對比效果下產生的偏誤。

四、月暈效果（halo effect）

月暈效應是美國教育心理學家桑戴克（Edward Thorndike, 1874-1949）所提出的，認為個體的單一或某種特質被放大，相對影響整體行為表現的判斷。一般人認為長得又高又帥的人一定也很聰明，長相一般、身材不佳，應該其他表現也普通。科學家在科學上的成就與表現，在月暈效果的影響下，被人賦予更多的政治期待，結果卻與期待有很大的落差。

五、刻板印象（stereotypes）

刻板印象是指對某一群體或團體的所有人，有預設的看法和感覺，而這些看法一般比較具負面意義。對於群體中的單一表現過於誇大，某些特性的描述過於簡單，對於不認同的行為過於貶抑。例如：「男性的體力一定比女生好。」、「四川人都愛辣！」、「法國人不愛洗澡！」

六、第一印象（first impressions）

第一印象偏誤，顧名思義，這樣的知覺偏誤是發生在和人第一次見見面的時候，對初見面一方的觀感在見面最開始的幾分鐘就已形成，這樣的感覺一旦形成就不易改變。所以我們在人際關係的討論中，時常提醒給人第一印象的重要性，尤其是工作求職中的面試，第一印象是給面試者決定是否給予機會的重要因素。並不是要一味強調第一印象有多麼重要，而是盡量減少因為知覺偏誤給自己帶來負面的影響。

七、投射作用（projection）

對個體的判斷，會將自己的形象投射進去，認為個體擁有與自

己同樣的特質與能力；認為被判斷的個體擁有和自己一樣的特質，也會有和自己相同的想法。老爸對兒子說：「你是我兒子，我能考上台大，你一定也沒問題。」但當兒子沒有依照老爸的期望考上台大時，一定會非常失望，甚至讓這樣的情緒會影響親子間的關係。

第六節　認知與認知歷程

　　認知的處理過程是一種複雜內在學習的過程，而這個複雜內在學習的過程，包含了知識的獲得與理解。認知處理的是個體從外在刺激資訊的接收、大腦思考處理、資訊的記憶、問題判斷處理到解決問題的內在歷程。認知處理的過程必須使用大腦的語言功能、知覺功能、邏輯概念、記憶能力和組織能力。認知過程是個體注意外在刺激的訊息，對刺激產生知覺後，會將具體的刺激訊息轉換成抽象的形式記憶，最後已認知學習的訊息可以使用口語方式來表達、陳述。

　　1956年布魯姆（Benjamin Bloom）發表了認知領域理論，提到知識、理解、應用、分析、綜合、評估六個層次的認知學習理論，也稱為布魯姆分類法，這個方法提出後也被廣泛的討論與應用。2001年安德生（Lorin W. Anderson）和克拉斯伍（David R. Krathwohl）根據布魯姆分類修正後認知歷程包括了記憶、理解、應用、分析、評估、創造六大類。

一、記憶

　　此一過程會將接收到的訊息和刺激記憶，可能是一個事件或是與這個事件相關事務，如事件的經過、事件發生的時間、事件中相關的人事物，經過組織後叫出記憶的內容，可以使用口述的方式清楚的表達。從這些記憶去檢視相關的知識和經驗，對不了解的訊息會有「為

什麼？如何？什麼時候？什麼人？什麼地方？」的疑問產生。

　　Ex：為何要與人溝通？

　　Ex：要如何與人溝通？

㈠ 短期記憶與長期記憶

　　短期記是一種有意識、短暫，且記憶的容量有限，但時間足夠理解訊息的內容後記憶。而長期記憶是相對穩定的訊息，將訊息從短期記憶轉換至長期記憶的處理過程，從過去的經驗找出意義，長期記憶會隨著時間的推移而改變。

㈡ 長期記憶的特色

　　1.從小到大的任何時間，長期記憶沒有時間上的限制。

　　2.只要能進入長期記憶區，不會有資訊超載（overloading）的疑慮，也沒有記憶容量的限制。

　　3.長期記憶所有的記憶可以相互連結。

㈢ 長期記憶的處理

　　1.重複：不斷的一再重複資訊，直到不會從記憶中消失。

　　2.敘述：是一種認知處理讓訊息的內容延伸或增加，且容易記的方式。

　　3.組織：將相關訊息群聚組織、分類後成為長期記憶的一部分，如國中老師有誰、大學同學結婚的有誰、在金門當兵時的同梯。

二、理解

　　理解是將接收到的訊息記憶後，從解釋、分類、推測、比較、舉例、敘述等不同的功能中，建構文字或圖像訊息的意義，新的概念會被學習、了解或被重新定義。與人溝通表達時可以清楚說明你想要表達的重點，或是正確描述事件或事情的過程。

　　Ex：了解人際關係溝通的重要性。

三、應用

透過實際的執行完成學習的過程，將其應用在相關或相似的狀況，也就是將學習到的方法運用在其他相似的模式中。

Ex：加強人際關係溝通的技巧是什麼。

四、分析

分析是將一個概念分解成許多部分，判斷這些部分與部分之間，如何產生相關或是相互聯繫和概念的整體結構。這時內在功能的運作包括辨別能力、組織能力和歸因，和分辨組成因子的異同，就像你知道個性不同的人，對相同情境的反應可能會有不同。

Ex：人際關係中所經營的的對象，誰是屬於強堅持立場控制慾強的人？誰又有隨和不易堅持的個性？

五、評估

在一致的標準下透過檢測、評估和建議，建立一個評估的認知過程，這個評估的過程往往決定是下一個動作、方式、決策的先導行為。

Ex：與人溝通時，面對主觀意識較強的人我要用什麼方法應對？對於個性害羞的對象我要採取什麼樣適當的方式溝通？

Ex：使用另一種態度和父親溝通，可能會讓情況變得更好。

六、創造

將所有元素結合使每一個成分互相連貫產生功能而形成一個完整的結構，再將這個結構中的元素重新組合建構成另一個新的模式，就是所謂的創新或創造，這個階段也是內在認知功能最複雜、最困難的過程。例如在有限的資源或資源持續短缺的情況下，從綠能的開發、

綠建築的使用到興建一個充滿環保概念意識的綠城市。

　　Ex：網路溝通的年代來臨，如何在虛擬的人際關係中建立適當的規範與遊戲規則？

第七節　認知偏誤

　　會想要與人建立關係或維持已建立人際關係的動力，多半與對方互動過程的經驗或感覺是良好的。和人溝通應對時，相互傳達的訊息，刺激知覺產生認知，影響彼此對交換訊息的感覺，是喜歡？是討厭？也都是經由感覺認知處理後決定。所以了解感覺刺激處理的過程，和認知的經驗與學習的影響，的確可以幫助我們處理人際關係中所碰到的障礙。像是與人對話溝通時，另一方因為無法控制的外在因素下產生的情緒反應，我們可以多一些體諒。對於自己表達時，也能盡量避免因內在、外在環境因素干擾，產生偏誤、偏誤，對溝通品質造成影響。

　　常見的認知偏差：

一、過度自信偏差（overconfidence bias）

　　過度自信偏差的人在判斷事情時，會主觀自信的認為自己的判斷絕對會比別人更好、更正確。過度相信自己的能力、自我感覺良好或能力不足的人，反而越容易產生這樣的偏差。

　　例如：大考將至，小明隨時利用時間看書，下課時間小強約小明打籃球，小明說：「都要考試了，書都看不完還打球？！」小強卻自信滿滿的回答：「早看好了！」沒想考完試成績公布，小強在班上成績卻不理想。

二、確認偏差（confirmation bias）

確認偏差容易出現在新事物的判斷，和已經存在既有且深植的觀念產生衝突的時候。當對事物或個體評估判斷時，會選擇性的收集有利的資訊而忽略相對訊息的證明或事實，去支持自己原有的立場和觀念。也就是說縱使原有的觀念和認知有錯誤，也選擇相信支持原有的觀念和認知。

例如：孩子在叛逆時期在外頭鬧事被帶回警察局通知父母時，家長們都會說：「他平時很乖的！」要不就是：「他一直都很乖，但是最近交了壞朋友！」很少會直接面對孩子行為偏差真正的原因。父母親對孩子疏於照顧和管教，造成孩子的錯誤行為不是因為被壞朋友影響，而不相信或拒絕承認自己的孩子可能是別人口中的壞孩子。

三、定錨偏誤（anchoring bias）

定錨偏差有些類似先入為主的觀念，是指個體的認知知覺會被最初所接收到的訊息影響的一種偏誤，像是船隻下錨定位一樣，一旦下錨位置就已確定。一旦接收訊息後，就會成為判斷事物的最主要因素，也會忽略其他訊息對決定和判斷的影響，想法沒有調整的彈性。尤其在人際關係建立的最初，定錨偏誤對於第一印象的好壞判斷影響很大。如果第一次見面給人的印象不好，對於認知容易被定錨偏誤影響的人而言，你想在第二次見面改變對方的認知是很難的。例如有朋友帶著一副你很喜歡的太陽眼鏡，問他：「多少錢買的？」朋友說：「四千五百塊買的。」逛街時看到同樣一副眼鏡標價如果是三千九百元一定會提高你的購買慾望，但是如果標價是高於四千五百塊的任何價錢，一定會降低你的購買慾。

四、負面偏誤（negative bias）

　　人們對於事物、個體做評估、判斷時，協助判斷時的經驗回憶，是消極、負面的認知經驗多於積極、正面的經驗，而負面消極的的想法也會影響最後判斷的決定。鮑邁斯特（Roy F. Baumister）、布瑞特斯拉夫斯基（Ellen Bratslavsky）、佛賀斯（Kathellen Vohs）和芬克瑙爾（Catrin Finkenauern）四人於2001年共同出版的《壞比好更強大》（*Bad is Stronger Than Good*），書中提到，人在每天所經歷的人際關係中所有負面的情緒、不好的經驗、不佳的回饋對個體的衝擊和影響，往往高於好的經驗，不好的訊息處理也多於好的。因為人會有自我防衛的機制，為避免不好的結果發生，在對事情或個體進行評估時，會傾向從負面的角度判斷，所以在知覺認知形成的過程中，不好的偏誤或偏見容易形成。

負面偏誤對個體也有正面積極和負面的兩種意義

1. 負面偏誤的積極意義在於我們對事物做評估、判斷時，可以讓我們避免可能產生的不佳狀況，可以趨吉避凶。

　　當朋友邀請參加一個聚會時，地點在某個偏遠的汽車旅館，其他的資訊可能連你的朋友也不是很清楚。這時，負面偏誤的積極面會讓你覺得參加這個不明聚會，可能會有一些自己無法掌握或處理的事情發生，最後決定拒絕朋友的邀約，也許真的讓自己避免掉一些不好的事情。

2. 如果評估、判斷事物或個體時，都會產生負面偏誤認知，相對的在人際關係的處理也就容易產生負面的情緒，影響人際關係的發展與維持。

五、性別偏誤（gender bias）

　　性別偏誤是指在判斷、評估個體的表現、態度、經驗或能力時，個體的性別會是影響判斷的很大因素。尤其在職場的表現，男性晉升

到某個重要職務，被認為他是一個有能力的人。同樣的狀況，女性晉升至重要職務，則被認定有可能是靠著其他關係坐上這個位子的。也就是在做判斷、決定時，對性別的因素沒有公平看待，一般也稱做性別歧視，對於性別偏誤這樣的行為和狀況表現在許多地方。以往許多日系企業或早年受日本教育的企業老闆，對於同樣職務、同樣條件，男性和女性的起薪卻不相同。早晨到辦公室前值日生必須擦拭辦公桌椅，但是值日生只有女性職員輪替，男性職員卻不用參與這樣的輪替任務。

在不同文化地區，有些女性沒有受教權，沒有投票權，婚姻沒有選擇權，甚至一些地區國家女性不能開車上路。這些在我們聽來都是令人匪夷所思的事情，在現代的世紀中仍然存在著。

很多人開車時，對前車開車的技術有意見時，常會聽到一句：「開車的一定是個女的！」

「女人胸大無腦。」、「台大無美女！」認為漂亮的女生一定不愛念書，會念書的長得一定不好看，一些對性別觀念偏誤且帶有歧視的說法。

六、從眾效應（bandwagon effect）

從眾效應又稱羊群效應，人有時會受到其他多數人的行為或想法的影響，會跟著別人的想法從事相同的行為。在自己跟隨大多數人一起行動時，卻不見得對事情的本身會去仔細的思考。像是被牧羊犬追著跑的羊群，只要有幾隻羊帶頭跑，其他的羊也就朝著相同的方向跑。網路的發達，許多事物被網友瘋傳，造成討論，如果你不知道這個訊息，或是沒有參與討論，你就遜掉了！從眾效應於是產生。或是×神巧克力現象、霜淇淋現象，如果沒買沒吃就跟不上別人了！也就是因為這樣的從眾效應，所以成為廣告商或政治活動喜歡使用操作的模式。

七、利己性偏誤（self-serving bias）

利己性偏誤對自己的失敗、錯誤，歸因於時機不對、運氣不佳、天不時、地不利、人不和的外在因素，但對於成功卻歸因於自己的努力、堅持等因素而完成。如果用這樣的偏誤看待他人，會認為別人成功是因為天時、地力、人和之故，但是別人失敗卻是因為不積極、不努力的結果。利己性偏差行為發生，相對而言，血氣方剛的年輕人高於年紀較長者，男性發生的比例也大於女性。

例如：學期結束，期末考成績公布，有一半的人及格，一半的人未達及格標準，小強五十分。老爸收到成績單問他：「為什麼不及格？」小強回答：「這次老師考得太難了！」老爸問：「那為什麼有人會及格？」小強說：「他們運氣好，考前猜題太準了！」

例如：開車時不遵守交通規則，闖紅燈的原因是因為跟著前方的車，前方的車沒注意號誌，讓他誤闖紅燈。

第八節　知覺對人際關係的影響

「感覺最重要。」這句話常常聽到，人際交往時，有時感覺對了，什麼都不重要了！但當你的感性大於理性時，可能就容易失去判斷力。經營好的人際關係不在量多而在質精，彼此關係中正面能量多於負面，如果人際關係經營中你的理性認知與判斷較少，就可能會有一些狀況產生。

一、非我族類

西晉時江統〈徙戎論〉：「非我族類，其心必異……」當時是指戎夷外族非我華族，應予以驅逐。以現在的說法：「只要想法、觀念、立場不同，連朋友也別做了！」在這樣的行為中，看不到理性、

包容的認知。比如因為一些想法、觀念、立場的不同，臉書就互刪好友，就是一個很好的例子。

例如好友的優點被放大，缺點被忽視。但好友相同的缺點，發生在你不喜歡的人身上，卻能輕易的被看到且被強調，但明確的優點卻不會被注意或故意忽略。有人在談論一個你不喜歡的同事：「昨天他的剪報做得真好，全程用英文向國外買家做解釋。」「不過就是英文說得好，也沒什麼了不起！」聽到別人議論好友是非：「小玲每次小組報告都不來，工作都丟給大家，真沒責任感！」不管小玲是不是真如大家所言，是一個沒有責任感的人，身為好友的你可能會說：「她一定是最近比較忙，無法配合大家，你們別誤會她了！」

二、感知失真

感知失真是說只感覺你想要和需要的，台灣人向來給人的印像是充滿熱情的，熱情沒有什麼不好，但熱情的另一個負面評價就是過於感情用事。當有些事情需要多一點理性判斷的時候，可能過多的情感或情緒因素，會使得感覺判斷的準確度降低，當然會影響對事物的理性分析。網路有許多人常會對某些事件表達看法，但有時對事情的來龍去脈並沒有清楚的了解，就激情的要誰誰「踹共」，在網路裡口誅筆伐，事後了解情形的始末才知道是烏龍一場。例如菲律賓海警槍殺台灣漁民事件，引發台灣人對菲律賓人的不滿，在事件發生沒有多久，就在網路上瘋傳一「便當文」，在當時的氣氛下，讓許多人熱情的加入討論、轉載，當然也不乏有人要肉搜便當店老闆，要他踹共、道歉，但事後證實文章造假，不但烏龍一場還影響了國家形象。

三、第一印象決定感知

第一印象會決定感覺和認知的好壞，感知正向評價就為正面，反之則否。女生被安排相親，她是一個非常守時的人，準時至相親地點

赴約，對方卻遲到三十分鐘。我想這位遲到的男性，給注重守時觀念女生的第一印象一定很差，如果想要扭轉這樣的感覺，大概得花不少心力。但是當女生準時到赴約地點時，男士已經提早到了，我相信這個好印象應該會被加分不少。許多人都聽過也說過：「第一印象就是最後印象。」雖然這樣的感覺判斷不夠客觀、公平，但卻是許多人共同的知覺反應。和他人建立人際關係時，都會提醒自己和對方初次見面時，避免有不適當的行為，給對方的第一印象良好，對之後關係的經營一定會有幫助。

四、刻板印象不易扭轉

刻板印象是說對某些人、事、物較籠統、表象的看法，這種看法負面意義較多，這樣的刻板印象一旦形成，如果沒有客觀理性分析往往很難改變。除少部分族群，華人多半屬父系觀念，「男主外、女主內」向來是一般家庭的模式，縱使夫妻都有工作，下了班還是太太進廚房煮飯。如果太太工作能力強，先生沒有工作在家中照顧小孩，就會被人議論是「吃軟飯的」！要對人、事、物產生刻板印象在認知學習的過程中是無法避免的。與人交往溝通時多一些開放的空間，讓彼此都有改變錯誤看法的機會，別因為一些刻板印象或成見，成為人際關係經營的阻礙。

人際關係的建立與發展，並不僅止於說話的技巧，而是要了解與人交際溝通時，對方在互動中所表現出的一些行為模式。這些行為模式也正直接或間接的表達當時的心情或想法，所以與人溝通交往前了解這些行為模式的意義是很重要的。在人際關係建立的最初，感覺的好壞，對於要不要發展這段人際關係的動機，有著很大的影響。而人的知覺認知是一種非常複雜的心理行為，清楚的了解自己沒有認知盲點，並不是一件容易辦到的事情，何況是要了解其他人的心理狀態。我們並不是心理學家、社會學家或是行為學家，無法一一了解每

個行爲背後所代表的意義，但是我們可以用最直接的方式（與人多接觸），和不同的人溝通對話。藉著不斷練習可以知道使用應對的方法適當或不適當，可以了解不同的人該用什麼方式應對，也可以提升與人應對時感覺認知的精準度，避免在溝通過程中產生不必要的誤會。

第三章

歸因論

第一節　海德歸因論

　　知覺是個體接收刺激或訊息時處理的過程，歸因則是個體確認行為所造成的原因。影響知覺偏差和歸因的原因包括不同的性別、年齡、文化、種族甚或不同的經濟條件或環境，了解人的知覺偏差與歸因行為，對於處理人際關係是相當有助益的。

　　奧地利心理學家海德（Fritz Heider, 1896-1988），在1958年出版的《人際關係心理》（*The Psychology of Interpersonal Relation*）中提出歸因論，成為早期歸因理論學說的重要基礎，提出了歸因理論的兩個基本結構：內在歸因和外在歸因。他認為人的行為表現是因為內在心理因素和外在環境影響所致，內部歸因存在於個體的內部，如需要、態度、興趣、情緒、努力、信仰等，外部歸因則是指個體周遭的環境因素，如交通狀況、天氣因素、他人的期待、獎勵、命令或懲罰等。如果是因為內在因素，所導致的行為就將其歸為內在歸因（個人歸因），一個家住公司附近的員工上班常常遲到，造成他常常遲到的理由是因為工作態度懶散，也就是個人心理因素造成的原因，就是屬於內在歸因。如果影響行為的因素是外在環境或情境所造成，這些因素就被認為是外在歸因（情境歸因）。一個員工上班從不遲到，一日因交通事故沒有準時上班，多數人的反應會認為他遇上塞車，是造成這位員工無法準時上班的原因，這位員工自己無法控制的交通因素就是外在歸因。

　　美國心理學家凱利（Harold Kelley, 1921-2001）在海德論內、外歸因的基礎上，於1967提出凱利共變模式（Kelley's Covariation Model）或是歸因三維理論，認為內在歸因或是外在歸因的判斷，會因個體行為表現的共同性、一致性、獨特性的不同，產生不同的歸因結果。

一、共同性（consensus）

　　歸因的共同性，是說在相同的環境和情境下，多數人的反應是相同的，這樣相同的反應就是所謂的共同性。不同的個體在相同的情境下，產生相同的反應就是共同性。如果不同個體產生的共同性高，就會被歸於外在歸因，如果相異個體產生反應的共同性低，就會被歸於內在歸因。比如說上班的路上交通車多、壅塞，大部分的駕駛人都會對這樣的路況感到煩躁易怒，但當離開這樣的環境，個體煩躁易怒的情境控制隨之降低。當知覺反應後的行為的共同性高時，就會被歸為外在歸因，但是如果當受刺激後知覺反應的行為共同性低時，則會被歸為內在歸因，也就是個體本內在因素的影響。

二、一致性（consistency）

　　個體長時間行為都是如此，代表其行為一致性高，一致性高則屬於內在歸因。歸因一致性是指個體對同一個某些刺激的行為反應是不是很有一致性，如果接受刺激的行為反應是一致的，代表行為的一致性高，也會被歸為內因性歸因。買了幾份加了宜蘭三星蔥的美味蔥油餅，跟辦公室的同事一起分享，大部分的人都會開心接受，但對不愛吃蔥的同事，你可能問他十次，他的答案都應該是：「不了，謝謝！」因為這位不愛吃蔥的同事對蔥的反應是一致的，所以他這樣的行為會被歸因於自己內在的喜好知覺所致。

三、獨特性（distinctiveness）

　　歸因論中的獨特性強調個體在不同的情境會有不同的行為表現，而這些不同的表現就代表個體的獨特性。如果獨特性低，這些行為的產生會被認為是屬於內在歸因，如果個體表現的獨特性高會被認定為外在歸因。

如果小琳只有和姊妹淘相聚時才會喝酒，這樣的行為獨特性高屬於外在歸因，因為好友的關係讓小琳放鬆心情，小喝一杯暢談心事。但是如果小琳和任何人聚會都會喝酒，這樣的行為獨特性低，喝酒是小琳的習慣，所以屬於內在歸因。

　　如果一致性高、獨特性和共同性低，內在歸因的影響較大；反之，如果一致性低、共同性和獨特性也高，外在歸因的影響較高。

　　海德說：「人們對知覺所產生的因果關係，常常被人們自己的需要和認知偏差所扭曲。」

第二節　韋納動機歸因論

　　美國社會心理學家韋納（Bernard Weiner, 1935-）的行為歸因著重在個體對於行為成敗的結果，會對這結果找出一個合理解釋的原因，也就是造成結果成功或失敗的原因，所以韋納的歸因論又稱做成敗歸因論。如果是公司業績下滑，可能是市場處於淡季？業務人員不夠盡力？他以海德行為歸因的二維向度（內在歸因、外在歸因）為基礎，在1974年的《成就動機歸因論》（*Achievement Motivation and Attribution Theory*）中提出人的能力（ability）、努力（effort）、任務難度（task）、運氣（luck）是影響歸因結果的重要因素。

　　韋納的歸因三維理論，是將能力、努力難度、任務、運氣成敗歸因的因素放入三個影響歸因方向（控制因素來源、穩定性、可控性）討論歸因的理論

一、控制因素來源（內部、外部）

㈠內在因素歸因

　　將行為發生的原因歸屬於個人內在情緒、個性、態度等較主觀的因素。因為自己的個性或特質影響，是導致事件或行為產生的原因。

朋友常和你抱怨一個同事是一個自私、沒禮貌又難相處的人，縱使你沒見過這位同事，你也會因爲偏見影響你對此人的看法。一旦在其他的社交場合遇見且必須交談，這時可能會讓帶有偏見的認知影響溝通時的態度（不友善、忽視、冷漠）。

(二) 外在環境因素歸因

　　就是指應對時所處的環境、情境或與你溝通另一方的關係，一些自己較無法控制的外在因素，導致事件行爲發生的原因。交談一方滔滔不絕，會讓你無法表達，如果你知道對方是話匣子打開收不住的人，兩人交談時感覺認知會讓你少說多聽。這時的對方個性給你的感覺認知，就會讓你產生少說多聽的行爲。

　　交談的地點噪音很大，這時對方會提高分貝和你說話，這個噪音的外在因素，是讓對方提高音量的原因。如果除去噪音這個外在因素，對方提高音量對你說話，已認知判斷不是生氣就是情緒出問題了。

二、依據歸因的因素是否可以自我掌控

(一) 可控制因素歸因

　　對於所造成行爲的原因，是自己可以掌握、控制的因素，稱之可控制因素歸因，而大多數可以自我掌控的因素，多半屬於內部歸因。

　　上班準時是每一個人的普遍認知，遲到扣錢也是理所當然的，如果上班遲到是有原因，通常可以被接受，但如果上班遲到理由很瞎，大概所有的主管或老闆都不會諒解的。可控制因素歸因在於這個原因是否是你自己可以控制的，如果發生不可控制的原因，像是開車上高速公路，前面發生交通意外導致車輛回堵，突發的狀況讓你遲到，這種不能控制的原因會讓人接受，如果能取得證明，不影響全勤是有可能的。但是，如果是說鬧鐘壞了、鬧鐘沒響，基本上老闆可能會接受這種理由，但是薪水得照扣。因爲讓自己上班不遲到，確認鬧鐘功能

是自己的責任，是自己可以掌控的。

　　筆者二十年工作經驗，除了一些自己無法掌控的原因，幾乎沒有遲到的紀錄。爲了不要遲到，使用兩個鬧鐘，而且一定會在睡前確實檢查一遍，確認鬧鐘是好的，電池在有電力的狀態，這就是讓自己不遲到的簡單方法。這個方法完全可以由自己掌控，所以當遲到說出的理由是鬧鐘壞了，不論這個理由是眞是假，認知都告訴我們這應該都是自己的責任。

(二) 不可控制因素歸因

　　對於個體行爲發生而導致的原因，是客觀無法控制的因素，叫做不可控制因素歸因。包括自然災害如颱風、地震、海嘯；或是個體無法掌控的其他人爲因素，例如早上搭車上班，途中遇到其他車輛因車禍事故造成交通阻塞，導致塞車上班因此遲到。

三、依影響行爲原因的性質穩定與否

(一) 穩定性因素歸因

　　行爲產生的原因是一個持續且穩定的狀態，陳同學大學四年，學業成績一直是名列前茅，成績優秀的原因是上課絕對專心，下課認眞複習，陳同學的專注、認眞是學業成績持續優良的原因。

(二) 非穩定性因素歸因

　　非穩定性因素是指影響個體行爲的因素，是處於不穩定且容易變化的狀態，會使得個體行爲產生的結果也不穩定。如果小張的工作表現一向良好也從不遲到早退，但是最近卻發現小張上班常常精神不濟，工作表現也不穩定，不是忘了聯絡客戶，就是報表數字少了一個零。主管問了其他同事，才知道小張的兄長被人倒債，爲了多些收入還債，白天在市場、晚上則到夜市擺攤，小張爲了家人下了班也到夜市幫忙，以至於睡眠不足、精神不濟，連帶影響正常工作表現。這個因素便是非穩定因素歸因，一旦小張回歸正常，這影響小張不穩定行

為表現的因素，也會隨之消失。

四、歸因因素合理與否

合理性的判斷與我們認知的邏輯有關，就像有些自小失聰的人是無法像一般人說話的，但是不會說話的人不一定是失聰的人，因為有可能是失語症。如果遲到的理由說高速公路上塞車，我們聽起來一定覺得非常合理。但是如果你說搭高鐵塞車，沒人相信外，還覺得你找的藉口真爛！

五、普遍一致非單一偶發

小明在班上一直是成績優秀，一次考試成績變差，爾後的考試成績仍然名列前茅，一次考試失常不影響大家對小名成績優秀的認知。同事與人相處，常常保持笑容又有幽默感，但一日突然沉默不語，面容哀傷，合理的認知判斷，一定是家裡發生了什麼事，或是碰上什麼難解的事。

第四章

喬哈里窗理論（Johari window）

第一節 喬哈里窗模式

喬哈里窗是由兩位美國的心理學家喬瑟夫‧路福特（Joseph Luft, 1916-2014）和哈林頓‧英格罕（Harrington Ingham, 1914-1995）在1950年提出為幫助人們了解自己與他人的關係，聯合發想出一種概念，透過這個概念發展出一種評量模式，現在這個模式也廣泛的被使用著。喬哈里窗模式成為一種容易了解真實自己的一種工具，可以幫助人們了解自我、自我成長，也可以幫助自己了解自己的能力、盲點和有待開發的潛能。藉以提升溝通能力和人際關係，同時在充分被信任的環境下能發揮最大的能力。這個模式由四個不同認知組成，為使容易了解，將這個模式圖形化。這個圖形看起來像一扇透明的窗，也意味著藉著這扇窗看清楚自己、了解自己。這個理論將喬瑟夫和哈林頓的名字喬瑟夫（Joseph）、哈里（Harri，Harrington的暱稱）結合，所以稱做喬哈里窗（Johari window）這個模式區分四個視窗，也就是代表四個不同的象限（也稱區域）。這四個區域所代表的訊息是感覺和動機。喬哈里概念將感覺動機區分成四個不同自我認知，已知的自己、未知的自己、別人已知的自己和別人未知的自己。

已知的自己（第一象限公開區、第三象限隱藏區）

未知的自己（第二象限盲點區、第四象限未知區）

別人已知的自己（第一象限公開區、第二向現盲點區）

別人未知的自己（第三象限隱藏區、第四象限未知區）

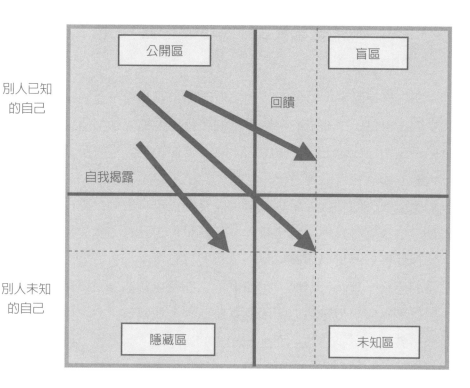

別人已知
的自己

別人未知
的自己

公開區

盲區

回饋

自我揭露

隱藏區

未知區

一、第一象限中的公開區域（opne self/area or free area or public area or arena）

　　第一象限是訊息公開的區域，也就是自己知道別人也知道的資訊，這些訊息包括行為、情緒、感覺、行為、認知、經驗、技能和對事情的看法。例如你所公開的個人訊息、感覺、想法和態度，例如「你叫什麼名字？今年幾歲？家住在哪？……我的喜好、我的優缺點……」等，你所透露的個人訊息越多，也代表著別人能更了解你。在人際關係的交往經營，公開自己個人訊息時，相對的也希望得到相應的回饋。如果彼此公開的訊息多，代表著彼此想要建立或維持關係的意願高。公開區域越多的人，代表著與人建立關係的積極性也就越強，也可以避免人際關係中所遇到的焦慮、誤解、衝突、疑慮和不信任。在日常活中人際關係的活動也都發生在這個公開區域。

二、第二象限是盲點區（blind area or blind self or blindspot）

　　稱之為盲點區，就表示是別人看見而自己卻看不見。這一個象限代表的是自己所不知道的有關自己的訊息，但別人卻知道的區域，而這些別人知道但自己卻不知道的訊息，可能是別人不了解或不喜歡自己，而不願意和自己傳遞或分享這些自己不知道的訊息。這些自己感覺不到但別人卻知道的訊息，有可能是別人不喜歡的缺點，例如自以為是、自我感覺良好。但也有許多時候是你自己看不到的優點，可能因為個性害羞或自卑而被忽視。這樣的盲點多半來自於態度、認知的抽象的感覺，有時自己與人接觸溝通交往時，某些方式讓與你相處的人感覺不舒服，但是對方卻因為某些原因，並沒有告訴你他或她的感受。這就是自己不知道，而別人知道的盲點區。盲點區域越大的人，代表自己自我認知的敏感度不夠，同時也會影響人際交往，有時候也不知道為什麼人際關係比較差。和別人溝通時注意對方的反應、誠心和別人溝通，發現自己不知道的缺點或優點做些修正和發揮，同時也可以降低盲點區的範圍，讓人際溝通更順利。按喬哈里窗的理想模式，如果第一象限公開區要向第二象限盲點區擴張，必須將更多的自我訊息公開與分享，和對方產生有建設性的訊息回饋，從互動的另一方得到更多別人知道之自己，但自己卻不知道的訊息。如此第二象限盲點區便會縮小。

三、第三象限是隱藏區（hidden area or hidden self or avoided area or avoided self or facade）

　　這個象限所代表的是你自己知道而別人並不知道的區域，自己知道但別人不知道的原因，可能是因為對別人的不信任而不願意分享或公開自己知道的訊息。比如說你偷偷的喜歡某人，但某人卻不知道，

因為你不敢或不能告訴她，也就是我們說的「暗戀」。而類似這種不能公開只有自己知道的想法、對人的愛惡或是所謂心中的祕密，就屬於自己知道別人卻不知道的隱藏區，如果這個祕密你會只告訴某個人，代表你對這個人充分信任。這個隱藏區的範圍大小，會因為人際關係中的對象不同而有所變化。如果是和知心的姊妹淘，彼此一定會分享較多心中的祕密，這塊隱藏區的範圍相對較小。有時候聽到人自怨自艾的說著：「唉！為什麼別人都不了解我？」或是自認有能力卻不為人重視的感嘆著。有很大的原因是因為自己隱藏對人、事、物的感覺和看法，讓人沒有足夠的訊息能夠了解你。要知道人際溝通是一個互動雙向的行為，如果只有單方面的訊息公開或表達，卻得不到相應的反應與回饋，這樣的人際關係很容易被迫中止或停滯。所以適時表達自己的想法讓對方了解，讓隱藏區域擴大，對人際關係產生的負面效應降低。

在喬哈里窗的理想模式中會希望公開區域越大越好，而比較簡單的方式是由第一象限公開區，向第三象限隱藏區擴張，也就是說將自己更多的訊息公開或與人分享。將訊息公開與人分享，這些訊息的公開在喬哈里窗理論中指的是自我揭露（self-disclosure），自我揭露是人際關係建立經營很重要且必需的過程，它代表著關係中的親密和信任。信任度越高，向對方公開訊息或自我揭露的程度就越高，這樣的信任是需要時間慢慢累積經營的。在所有正常形式的人際關係中，絕對不會有人非常了解你，而你卻對對方一無所知。跨越一般公開訊息的揭露後（姓名、年齡、職業、喜好……），當必須公開更深一層次的訊息（自我揭露），試圖和對方建立更緊密的關係，就必須有被拒絕的準備。有一個你從小暗戀的同學，她也一直以同學的模式相互對待，彼此維持著友好的朋友關係。一日你想向她自我揭露多年來隱藏的訊息，一個結果是她對你也有好感，這一次的揭露可能讓兩人的關係從友人變成情人。但也有一種結果是她對你沒有朋友以外的感覺和

情愫，所以刻意疏遠爲免日後尷尬，從此兩人從友人變成路人。所以在經營人際關係時，自我揭露的時機、內容和層次，都得要事先評估以降低自我揭露的風險。

四、第四象限是未知區（unknown area or unknown self）

這個象限代表的是你自己不知道、別人也不知道的區域，這裡包含了個人感覺、能力、潛力，或遺忘的經驗所形成的潛意識。這個未知區有可待發覺的態度、行爲、感覺和能力，如果是有用或正面的影響，也可以修正自己看待事情和看人的角度。第四象限區域範圍較大的人，多半是在學的年輕人（因爲正處於人生大量學習的階段，人生經驗較缺乏，和未開發或不知道的能力），或是個性較害羞或是自信不足自卑的人（害羞的人不敢在大眾面前表達，也許就因此不知道自己有一副好歌喉）。未知區所潛藏的能力、動機或行爲多半是由孩提時期的經驗影響所致，這些未知區的能力也許不會被發現，但卻是一直存在著，也會影響個體的行爲。

第四象限未知區中一些未知的狀況，可以從向別人公開自我揭露訊息，而對方給予正向回饋的線索中，發現自己和別人都不知道的能力、感覺或想法，所以多和人交流溝通，從自我揭露中得到更多訊息與回饋。對於正向回饋線索敏銳度較高的人，可以進一步的了解、發展自己從未開發的潛能。如果對息訊息敏感度一般的人，也可以讓自己的人生有機會嘗試新的事物。

未知區可能發現

1. 有些人能力被低估，是因爲缺乏嘗試、缺乏被鼓勵或是訓練自信的機會。在現今台灣的教育被分數化的時代，分數不高的學生應該其他方面也不會太優秀。這樣的刻板印象讓許多人因此缺乏鼓勵和自信，有可能其他優秀的才能或潛在的能力因此被壓抑、埋沒。

2.有人並不知道自己擁有一些天生的能力。

3.並不知道自己對某些事物是恐懼或厭惡。

4.有些自己不清楚的疾病或問題。

5.被長期壓抑的感覺或潛意識。

6.兒童時期就養成的行為或態度。

第二節　喬哈里窗與人際關係

　　了解喬哈里窗理論，並不只是藉著圖表知道自己處在這些區塊的哪個點而已，因為這個點會隨著你公開訊息、分享感覺和表達想法的多寡而有所改變，讓這四個區域的大小也隨之變化。更多的信任、訊息分享和回饋，會讓第二象限盲點區、第三象限隱藏區和第四象限未知區的範圍縮小，使得第一象限公開區達到喬哈里窗的理想模式。為達理想模式，訊息分享、公開與回饋是必需的步驟，但彼此的回饋必須正面且有建設性，才能有效的發現問題，針對問題做修正。所以當別人給予正面回饋或是被希望回饋時，正面有建設性的是必需的。

一、所給予對方的建議必須是具體、客觀的

　　比如有人跟你說：「你這個樣子，會讓別人的感覺很不好。」這個樣子是什麼樣子並沒有具體說明。如果無法明確表達建議的內容，就可能是個人主觀意識的問題。而如果明確說出是衣著不潔邋遢的樣子、彎腰駝背沒有精神的樣子或是目中無人沒有禮貌的樣子，這些明確且具體的表達，才能讓接受回饋的人清楚知道自己可以改進或修正的地方在哪兒。

二、回饋時訊息的目的是為幫助而非傷害

　　人際關係中的建議與回饋應該是正面、有建設性的，而不是帶有個人情緒色彩的惡意攻擊。身邊有些朋友或同事總是喜歡佔別人的便

宜，比如五塊、十塊零錢的借，也從沒見他還過，久而久之同事們對他佔人便宜的行為，也已經看不下去了。同樣的行為又再發生，一位平日對他已感不滿的同事對他說：「你跟人家借的五塊、十塊到底還過沒？你這種愛佔人便宜的貪心鬼，真讓人不齒！」這時說的人很爽快，聽到主角的耳裡，應該受傷很重。也許你會說：「事實為什麼不能說？」但如果同事間都還要繼續相處，如果彼此關係弄得太僵，也不是大家所樂見的。因為回饋訊息建議應該是正面、有建設性的，如果因為口語表達方式讓對方出醜或受傷，也不符合善意回饋的意義。我們可以說：「我有錢先借你，下次一定要記得還喔！」不但提醒了這位喜歡佔人便宜的同事，也不會撕破臉搞得以後難相處。

三、回饋建議必須確實可行

當給人建議前，必須要考量接受回饋的對象，對於建議的實踐是否可行，再決定建議和回饋，因為既然要有建設性，就是必須對現有不佳狀況，給予實際有效的建議，讓收到訊息的人覺得有幫助。有一企業人士，針對在台北工作但卻買不起台北住屋的年輕人給予建議：「可以到台中買房，搭高鐵上下班。」買不起台北住屋的人聽到這樣的建議，也不知道該哭還是笑才好。

四、回饋表達時降低負面語意的使用

有時要開口告訴別人他自己不知道的缺點，實在是不知如何啓齒，就算對方也很有誠意接收建議，也務必注意開口表達詞彙的使用。朋友有一次問我：「為什麼有些同事跟我說話的時候，總是會保持距離或是屏住呼吸的樣子，我是身上有什麼味道嗎？可不可以告訴我是什麼原因？」因為朋友確實有口臭的問題，既然他開口問了，也希望改善他的困擾，事實上口臭、腳臭或體臭多少會影響一個人的人際關係，所以我就回答說：「你的腸胃是不是不太好？刷牙的時候會

流血嗎?」朋友問:「我的腸胃還可以,倒是刷牙會流血是真的,為什麼會這樣問我呢?」我誠懇的告訴他:「因為這兩者都是造成口中氣味不佳的原因,如果刷牙經常有血,最好有空去牙科檢查一下,有可能是牙周病造成的口氣問題。」結果朋友接受了我的建議去牙科檢查,果然是牙周病的原因,經過治療後果然不再有口臭的問題,同事間也能近距離的交談溝通,讓他不舒服的感覺也不再發生。

五、回饋訊息要清楚讓人容易了解不會造成誤解

我們說要告訴別人他的缺點時,要注意口語措詞的運用,但也不要太過迂迴,讓對方弄不清你指涉的重點為何,或是根本不知道你在建議他什麼事情。例如有人個性節省,下班後總是會留下來等和他住附近開車上班的同事,可以搭他的便車節省交通費的開銷,剛開始同事也都沒說什麼,這天下班他仍然在等那位開車的同事,這時開車的同事想告訴他,每天這樣會造成他的壓力和困擾,決定要告訴他這樣的行為很令自己困擾,便說:「我今天會弄到很晚,你可以先走,耽誤你下班時間我會很有壓力。」搭人便車的同事竟回答:「不耽誤!一點都不耽誤!反正我也沒事,你不要有壓力,慢慢來!我等你!」這樣迂迴的表達不但沒讓對方知道,他這樣的行為已經造成別人的困擾了,還讓自己成為陷入不知如何解釋的窘狀。如果他說:「你可以搭車先走,我今天有事,以後你不要等我下班,因為這樣會造成我的壓力,希望你能諒解。」雖然是拒絕了別人,但並沒有無禮之處,也清楚的表達了你對他這樣行為的想法。如果對方惱羞成怒拂袖而去,和這樣不體諒的人關係也無須勉強維持,如果對方因不了解這樣的做法會造成別人的困擾,藉此機會告訴他自己不知道的缺點而改變,相信對人際關係的經營是有幫助的。

六、回饋訊息不應強調對方客觀無法達到的目標

　　給人回饋，其內容應該是針對接受回饋者客觀可行的狀況給予建議，而不是超過能力所及的範圍提出要求。

　　比如在高中按性向、能力分組時，老師會建議生物、數學、理、化優秀的同學選擇第三類組，這些科目較弱而國文、英文、歷史、地理表現較佳的同學選填第一類組，也就是按照學生能力可及的方向給予建議。給人回饋建議也是如此，如果有人因為外文能力不佳，而無法爭取到行銷經理的位置，他正為此事既苦惱又挫折，這時你說：「你之前就該好好加強你的英文能力！」或是：「我覺得現在是加強語言能力的好時機，有一家商用英文補習班口碑不錯，下班後我們一起去試聽看看好不好？」我相信後者的說法，不但積極正面且能達成，也能恢復接收回饋者的信心與繼續努力的精神。

七、給對方建議回饋的人必須注意其建議是否有建設性

　　給予對方的回饋須出於善意而非個人恩怨使然，所提供給對方的回應必定能得到相同善意的回饋。而收到回饋訊息的一方，在接收到訊息後也必須理性客觀判斷，對方給予的批評或建議是客觀、真實的回饋，而非情緒或個人好惡的表達。因為每一個人的口語表達、造字遣詞的能力並非都能精準掌握，有人習慣說話口氣的方式讓對方的感受不佳，會使得真心建議的美意容易被打折扣。

　　例如你說話的速度比較快，所以很容易因為對方說話速度較慢，在應對過程中發生打斷對方或搶先回答的狀況。而這些讓人感受不佳的情形，你自己並沒有認知到這是自己的缺點，直到有人告訴你說：「你很喜歡插嘴耶！」你才知道這是別人對你的看法。但是這樣的口語表達也許是事實，不過有的時候因為表達訊息，用字過於直接也就

容易傷人。如果判斷對方是出於好意給自己建議，就應該試著放開胸襟接受建議，以免錯失改善自己缺點機會。

喬哈里窗模式並非沒有缺點，但這個模式的也有很多的優點：

1. 讓人可以藉此更了解自己和別人。與人交往進入下個熟悉階段，會藉著自我揭露的方式讓關係的另一方更認識自己，自己也能透過對方所透露的更多訊息，更清楚對方的想法、個性甚至是價值觀。但如果彼此對對方都有保留，對於增進關係是沒有幫助的，想要建立更親近的關係也是不可能的。

2. 透過自我揭露的訊息分享得到正面且有建設性的回饋。

3. 提升個人自覺能力，了解真實的自我及個性上的優勢、弱勢，幫助自己做必要的調整，協助人際關係的發展。

4. 藉著這個模式了解自己的象限區域，了解自己個性上的屬性，掌握修正或學習的方向。

第五章
自我揭露

第一節　自我揭露理論

　　喬哈里窗模式曾經討論到自我揭露，自我揭露也是人際關係中增進彼此親密感很重要的過程。格林（Kathryn Greene）、德勒加（Valerian J. Derlega）和馬修（Alicia Mathews）在《人際關係中的自我揭露》（*Self-Disclosure in Personal Relationships*）一書中，認為自我揭露是人際關係經營，由生疏到熟悉親密很重要的行為，透過這樣的行為讓關係的雙方更能了解彼此。

　　自我揭露是社會滲透理論中一個很重要的一個概念，在人際關係的交流中，自我揭露訊息，是一種漸進展現內在自我的一種方式，也是讓別人了解你的有效方法，自我揭露藉著私密訊息的分享，讓關係更為緊密，增加彼此的信任感。

一、社會滲透理論（social penetration theory）

　　社會滲透理論簡稱SPT，認為人際關係的發展、人際關係的溝通，是從個體與關係由淺到深，從疏遠到親密，一層一層漸近滲透的模式所以稱做社會滲透理論。社會滲透理論是一種透過自我揭露的方式發展人際關係、觀察人際關係的發展如何由淺至深從疏遠到緊密而探討的一種理論。

　　奧特曼（Irwin Altman）和泰勒（Dalmas Taylor）1973年出版《人際關係發展》（*The Development of Interpersonal Relationships*）一書中提出社會滲透的觀點，在1987年提出社會滲透理論。從自我揭露訊息的廣度與深度做觀察，認為訊息透露的廣度和深度影響人際關係的發展。訊息的深度是指所揭露訊息有關個人且隱私的話題，訊息的廣度則是指揭露訊息的範圍，這個範圍可以是非常廣泛的。

　　社會滲透理論又稱做洋蔥理論，將自我揭露的行為比喻成剝洋蔥一般，洋蔥的外層代表著個體外在的表象，洋蔥越靠近核心則代表

著越接近個體的深層內在。當彼此給予對方的態度或訊息越明確時，雙方自我揭露的訊息也就越多，揭露訊息的層面既廣且深。這個人際關係中的自我揭露，在循序漸進層層滲透中發現對方真實自我，就好像洋蔥一層一層的被剝下，到最後進入洋蔥的核心所以也稱做洋蔥理論。

也就是兩個單獨的個體在發展關係的同時，必須透過自我揭露的訊息，讓對方了解自己，也能透過回饋了解對方，幫助關係向更接近、更親密的方向發展。彼此關係如果一般，所談論的話題較有局限性且比較表層，不會有深一層的討論，但雙方關係進入親密、穩定的階段，交談時的主題不但範圍較廣（好友之間無話不談），而且話題也會越深入。

我們檢視一下自己的人際關係，可能分成好幾個群組，這些不同的群組依自己人際關係目的需求的不同各有其功能性。有工作關係的朋友，有從小一起長大的朋友，有學生時代的朋友，還有朋友的朋友。在交友軟體中也都有依熟識與否、交情深淺的程度做訊息公開與否的設定，真實的人際關係中會因為更多細膩的感覺、想法、價值觀、文化、宗教、政治觀念的不同，做更多的關係分類。有些朋友可以聊工作不能談政治，有些朋友可以談抱負談理想卻無法談家人，有些好友卻能天南地北無話不談。

個人核心價值、信仰
（價值的探討與交換）

更深一層的訊息探詢與確認
（價值的認同與否的選擇）

普遍、共同認知與行為模式
（溝通的開始、話題的進入）

社會滲透理論中洋蔥的比喻是最為人所知的，所以有時候也稱為洋蔥理論。奧特曼和泰勒在他們的理論中提出人際關係的發展建立由淺到深有四個假設階段，有方向階段、探索階段、情感階段和穩定交換階段。

(一) 探索方向階段（orientation of interaction）

雙方的關係最初開始的階段，討論、交談的話題多半簡短，內容也不涉及敏感、尖銳或個人隱私，談話的內容多半從最基本的個人訊息如姓名、性別、年齡這類的話題展開，嗜好、喜歡的事物也會進入其中。話題中的主詞會是個體中的「你、你的、我、我的」形式來表達。

例如：甲：「工作之外的閒暇，你都從事什麼休閒活動？」乙：「放假時間我喜歡和三五好友看看電影，吃飯、聊天。」

這個階段關係的經營或建立多半在較公開的區域，例如一般的社交場合，多半是從第一印象的角度出發，所以當雙方地一次見面的感覺如果不好，多少影響下一次關係繼續與否的意願，也決定著雙方關係是否建立。

(二) 情感探索階段（exploratory affective exchange）

關係在此一階段會以朋友稱呼，話題可能談論較敏感與宗教、政治有關的主題，但也是屬於試探的模式，如果發現某些立場或看法截然不同，就不會對這類的話題繼續深入的討論。當雙方歧異過大而且沒有互相調適、修正的意願，則關係可能會停滯在此一階段。一旦探索階段過程順利，彼此的關係也會向下一個階段邁進，這時候討論或聊天時的話題會出現目標和想望，表達句子中的主詞如我們、我們的形式也會陸續出現。

例如：「聽說巷口轉角新開幕一家泰式餐廳，改天我們去試試看好不好？」

(三) 情感交換階段（affective exchange）

這個階段話題會涉入較私人的話題，也會在共同相處期間開始放鬆，讓自己的情緒和感覺少了些隱藏，會出現較真實的自己。正向的關係經營，代表雙方已經互有信任，也能接受對方真實的一面，很快就能進入親密穩定的關係。如果雙方是男女朋友的關係，這個階段會有肢體上的接觸，例如牽手、搭肩、摟腰等。但也會有負面情緒的產生，可能開始會有爭執或對彼此不滿的批評。情侶之間可能因為有較多的情感與情緒的互動，也會有爭吵、冷戰的狀況發生。

(四) 穩定交換階段（stable exchange）

價值、觀念、思想出現在話題中的頻率增加，雙方的關係進展至此時，已經可以較無顧忌的分享自己的感覺、信仰、想法和價值觀，或是和對方揭露心中的恐懼。縱使雙方的觀念不同，也都能透過溝通接受對方的想法，甚至可以站在對方的立場去顧慮對方的感受。此一階段的關係可以透過彼此的了解，能正確預期或預測對方的反應，有些想法已經不太需要使用太多的詞彙或言語的溝通，就能對關係的另一方的想法了然於心。或是當彼此分享心情時，能沒有顧慮的大哭或大笑，關係的另一方都能全然接受沒有修飾過的你。

例如：有時好友在處理感情問題的方式或態度是自己不認同的，但當好友面對感情挫折而失意的時候，還是會在身邊給予最大的支持與安慰。

二、社會比較理論（social comparison theory）

社會比較理論是由美國美國心理學家費斯汀格（Leon Festingery）在1954年所提出，費斯汀格認為社會比較是個體對於自我能力評量的一種內在活動，個體會對自身所具備的能力、想法或信仰在社會比較中自我評估，以期降低在團體中的不安全與不確定感。

將人際關係中使用自我揭露的方式，視為一種社會比較行為的理

論。哈基（Owen Hargie）的《人際關係互動技巧中的研究理論實務》
（*Theory that States We Evaluate Ourselves Based on How We Compare with Other*）（*Skilled Interpersonal Interaction: Research, Theory, and Practice*）中提到，個體自我揭露會將有關自己知識、能力的訊息釋出，接收對方相對的訊息後會相互比較，這樣的比較可以確定自己在關係中的某些能力是優是劣。如果自我揭露的訊息是有關自己的能力，自我揭露後的訊息回饋自正面積極的，可以讓自己的能力得到自我驗證。我們可以向對方揭露自己的信仰或價值觀，從訊息回饋中了解對方和自己是否相似或不同。也能從揭露自己的想法或認知，發現別人是否接受或拒絕。向對方白我揭露訊息或是接受對方訊息的揭露，這種對照模式的應用可以讓我們確定，是否繼續維持和關係另一方的高度互動與往來。

　　歐文將人際關技巧中的自我揭露區分成四個類別，觀察、感覺、想法和需要。

自我揭露訊息的內容分析有四個主要的類別

1. 觀察（observations）

　　這一類的訊息大都著重在事件，或經驗的描述，屬於較淺層的訊息揭露，例如我什麼時候結的婚、我高中畢業離家工作已經有多少年、我二年前去法國自助旅行。

　　「我在學校畢業的那年，就進入這家公司服務，一轉眼已經十年過去了。」

2. 想法（thoughts）

　　會有想法可能是自身經驗後的判斷。

　　「如果有機會重新選擇，我還是會選擇我現在的工作。」

3.感覺（feelings）

訊息著重在情感的表達：「我不喜歡被人瞧不起的感覺。」、「我對我的前夫已經沒有怨了。」、「我愛我的家人勝過一切。」

「雖然工作中常遭遇一些挫折和困難，但是我仍然非常熱愛我的工作！」

4.需要（needs）

這些訊息著重在揭露個人的需要和想望，也屬於較深層的訊息揭露。

「我很希望能在三十歲前成家立業。」

第二節　自我揭露在人際關係中的策略

喬拉德（Sidney M. Jourard, 1926-1974）出生在加拿大多倫多的人文心理學家，在《自我揭露的心理》（*Psychology of Self-disclosure*）一書提出對自我揭露的看法。他認為藉著自我揭露的關鍵是要先開放自我，讓自己透明可見，才能讓其他的人可以用自我揭露的方式表達自我，自己也可以藉自我揭露展現內在的自我，除了可以讓他人了解自己，也能讓自己更了解自己。

人際關係進一步的建立和維持跟自我揭露訊息意願有很大的關聯，自我揭露的意願高，表示想和對方建立關係或保持關係的親密度，反之則否。要讓別人能了解你，自我揭露個人的訊息是一種快速且有效的方法。但自我揭露也非全然無章法的想說就說，而是一種拉近人際關係的策略表達。

一、請你聽我說

　　人際關係不是一種單向進行的個人行為，而是關係雙方有來有往的社交活動。關係的雙方有自我揭露的行為發生，代表彼此有興趣繼續發展更親近的關係。當你和朋友想要分享自己的想法或看法時，必須也要獲得對方的興趣或情緒共鳴，所以當自我接露的行為發生，揭露訊息的另一方的注意力會在揭露訊息者的身上，而且對揭露的訊息感興趣。如果當你想要和對方分享這些訊息，對方卻不感興趣或缺乏注意力，有可能對方並沒有意願和你經營更親近的關係。

二、我可以說什麼

　　自我揭露的訊息除了包括自己想說的，還包括關係另一方想聽的訊息，自己想說的可能和對方想聽的會有一些落差。這些落差是因為自我揭露的訊息是比較私密且個人的，一定會有不同看法和意見的產生。如果雙方建立關係意願都很強，對於之間的歧異雖然會有其他緩衝調節的機制，但最好在自我接露時先了解可以被接受的範圍在哪，避免訊息才出便被差異較大的價值觀，將彼此的關係推得更遠。訊息的內容是否與對方觀念或想法差異太大，如果是就必須調整自我接露訊息的方向。所以在揭露訊息前，務必思考揭露訊息是在對方可接受的範圍下進行，才能獲得比較正面的回饋。那麼，什麼議題和內容在自我揭露前必須要謹慎評估呢？
　　1.對不同宗教、文化信仰，和不同價值觀的看法。
　　2.家人、朋友、同事的關係的評估。
　　3.政治的傾向不同。
　　4.對兩性議題的看法（大男人主義、不婚主義）。
　　5.是否真實揭露內心的害怕與恐懼。

三、我該怎麼說

「自我揭露」是經營或維持人際關係中,讓關係的另一方了解自己的有效方法,但是當說話或表達的方式不恰當,也會在揭露訊息的過程中,讓對方產生惡感或不愉快的感覺,使增進關係的良意打折。也就是說儘管自我揭露是一種較私密情緒感覺的表達與交流,仍然必須要注意說話表達時的用語、表情和態度。

向朋友自我揭露心中的感覺或情緒時要注意:

1.分享揭露的訊息對事不對人

我們常會有這樣的經驗,當遇到不愉快或讓自己憤怒的人、事、物,或在情緒低落挫折時,會和好友抱怨或大吐苦水,內容不外乎抱怨其他的人。自我揭露的訊息應該是自己對事情感受覺後的表達,而不是針對人的喜好做批評或判斷。要讓別人了解真實的你,自我揭露訊息表達對事情的看法,才能讓別人在這些被透露的訊息中,了解你的思想、觀念、價值觀,了解真實內在的你。

2.誠懇、坦白與適當的口語表達

想要和對方建立更親密的關係,必須展現高度的誠意,而自我揭露訊息就是這種意願的展現。說話時務必讓對方感受到你的真誠,使用的詞彙語意要明確、簡單、易懂。如果對一個相識且心儀已久的女生表白:「認識你這麼久,真的覺得你很好,我很喜歡你,也很希望你給我一個多認識你的機會!」我想不管這個女生接不接受,都已經感受到你的誠意了。但有些人害怕被人拒絕,為保留一些面子可能說:「認識你這麼久,覺得你還不錯,我還滿喜歡你的,要不要讓我多認識你一些!」這樣的表達方式,讓人感受不到一點想增進彼此關係的誠意。

3.主詞用你代替我

我們常提醒自己,與人溝通交流時要注意與人溝通的禮節,不

要將「我、我、我」掛在嘴邊，也要多聽聽別人的說法：「你認為、你覺得、你有什麼想法？」但是，自我揭露訊息既然是讓對方能了解自己，代表訊息中的內容主題多半是自己，所以主詞會常會使用到「我」，「我覺得、我認為、我在那個環境下過了好多年……」如果處在自我揭露的情境下，多表達以「我」為出發的想法與話題，才能讓對方了解自己。

4.知道何時停止

人際關係的狀況並非如自己的想法和意願，能一直無礙無阻的順利進行著。有時你有高度意願和關係另一方提升或增進彼此的關係，但對方可能沒有和你一樣的想法和意願，所以自我揭露的行為，有時會順利的拉近雙方的距離讓關係更緊密，但有時也可能會被對方拒絕讓關係停滯。如果對方的回應也是積極正面的，不表示自我揭露時可以沒有節制的暢所欲言，當對方有回應時應稍作停頓，視回應的內容做調整，讓自我揭露不是個人獨秀，而是探索彼此內心的溫馨小品。當自我揭露時，對方的表情是不專心、忽視或是沒有正向積極的回應時，表示對方沒有積極加強關係的意願，就是該結束或轉換情境的時候了。

四、什麼是我不能說的

會有人認為：「自我揭露就是私密訊息的分享，有什麼東西是我不能說的？」自我揭露中所揭露的內容是自己清楚知道的事情，對於不清楚、不了解甚或一知半解的訊息，都不是自我揭露中該有內容。例如「我聽說」或是「有人說」，但這些聽說或有人說的事情，多半屬猜測或杜撰，已涉及不實之言或是八卦，這已經偏離自我揭露訊息的範圍。所以在人際關係提升關係雙方親密度時，自我揭露的內容必須是揭露者個人想法、信仰、價值觀等較私人的真實訊息分享，而非不實或他人訊息的揭露。

另外對於不同文化的差異，自我揭露訊息的內容也必須要在對方可接受的範圍中，如果超越對方可以接受的界線，反而容易造成反感，影響關係的建立。例如文化禁忌、性別歧視、宗教信仰、政治立場這些較涉敏感的訊息內容，在沒有確定關係另一方的界線時，不要輕易碰觸。

第三節　自我揭露的目的

一、自我揭露的目的

(一) 增加和維持關係

自我揭露的最大目的為了增加關係的親密度，所有人際關係的初期，都會視對另一方的好感程度，來決定是否保持原有關係狀態，或是向親近好友關係邁進，向對方自我接露更多私人訊息。自我揭露訊息的用意，是希望藉著分享個人私密的訊息，讓雙方的關係增加親密度。人際關係交往的雙方，彼此保留太多個人隱私，絕對不會有關讓係進展的可能，透過自我揭露的過程，用對等的、循序漸進的方式從揭露的訊息中，拉進彼此的距離，了解對方也讓對方了解自己，才能使親密感提升。例如我和甲、乙二人是高中時的死黨，但甲對我自我揭露的訊息中有許多是乙不知道的，這樣的感覺我認為我和甲的關係，比起甲和乙之間，關係要來得更為親密。

自我揭露可以維持雙方關係在一定的程度，朋友甚至是家人有可能因為工作或遠行、忙碌，無法直接或間接聯絡彼此，因此可能有一段時日不曾聯絡。但當再度見面時仍然會將這段沒有聯絡時所發生的事，或是心中的想法、感覺告訴對方，讓這段沒有聯繫的時間獲得心理、精神上的連結。就像我們在處理人際關係時，一些曾經往來聯繫熱絡的朋友，一旦疏於聯絡久而久之就不容易維持如同以往的關係。

(二)降低彼此的緊張關係

在生活的經驗當中和關係親近的家人、朋友之間發生讓對方不容易被原諒的情事，雙方的關係可能會暫時處於緊張且不和諧的狀態，要恢復以往的關係，必須有人主動解除這樣的緊張關係。這個方式可能是向關係的另一方，以自我揭露的方式向對方懺悔表白，獲得對方的諒解或原諒，緊張關係可以獲得紓解。

(三)獲得情感和精神上的支持

有時人際關係中的自我揭露，為的是揭露訊息後能獲得情感上的支持。例如工作中被人誤會或誤解，因為不願意橫生枝節，於是選擇對別人誤會的事不多做說明、不試圖解釋，但是壓力與情緒讓人無法喘息。回到家中把事情的始末告訴最親近的另一伴，在這種狀況下的自我揭露，接受你自我訊息揭露者和你的關係有一定程度的信任，才能在你分享訊息獲得精神上的支持後，還能替你保守這個訊息。

(四)降低關係中的不確定感

在個人的社交圈裡，會有不同親近程度的朋友，和點頭之交的朋友，你不會和他討論你懷疑自己的另一半有外遇，但你可能會和自己最親密的好友，分享心中的焦慮與恐懼。而自我披露訊息的增加，也是為了減少關係中的不確定性，尤其在男女交往之初，一方為確定關係，會以自我接露訊息的方式來確認雙方的關係，降低雙方關係中的不確定與不安全感。

(五)獲得相對的資訊

當人們向關係中的人自我揭露訊息時，也會希望對方在接收揭露的訊息後，有相對的回應，同時也能對自己揭露訊息。也就是說自己向對方揭露訊息的同時，希望藉著這個行為交換對方自我揭露的訊息，訊息的揭露必須有來有往，揭露訊息的質和量也要是互惠相等的。在這些訊息中獲得更多對方或其他人的資訊，希望和對方建立更親密的關係。如果僅一方有揭露訊息的意願，另一方卻明顯有所保

留，沒有辦法建立更進一步的關係。

㈥關係的終止與結束

　　自我揭露訊息的行為，並非全然是為了建立、維護、提升雙方彼此的關係，有時候自我揭露的訊息是為了終止或結束關係。前面提到自我揭露訊息如果為了維持或增進彼此的關係，揭露訊息的內容必須要對提升關係有助益，也就是對雙方而言都是比較正面的訊息。但當有結束雙方關係的必要，自我揭露訊息也是必要的方式之一。比如男女朋友中有一方告訴另一人說：「我們分手吧！我已經不再愛你了！」或是事業上的工作夥伴，因為觀念、想法漸行漸遠，最後兩人都認為不適合再合作下去了，有一人揭露了這樣的訊息，讓雙方了解彼此的關係終止。

二、拒絕自我揭露的原因

㈠害怕被拒絕

　　在朋友或同事的關係中，對對方的感覺很好，希望有機會能從同事、朋友的關係變成戀人、情侶的關係，但遲遲不敢向對方揭露這樣的訊息，最主要的原因是害怕被對方拒絕。因為會害怕一旦向對方自我揭露這些感覺時，預期對方的反應負面，害怕被拒絕會感到沒面子，還有可能會影響原有的互動關係。

㈡恐懼隱私被揭露

　　自我揭露對於關係也是一種信任的考驗，有時不願意自我揭露的原因是因為對方口風不緊，恐懼自己的隱私被揭露。人際關係中向對方自我揭露一些訊息時，常會聽到這樣的對話：「這件事我只告訴你，你不可以跟其他人說喔！」或是：「你放心跟我說，我絕對不會說出去的！」這些想要拉近或維持彼此關係的祕密，說出口才沒有多久，第二天可能全世界都知道了！因為保證不將你所講的話說出去的人，其實是一個「大嘴巴」。

㈢周遭環境不適合

自我揭露大部分表達的是比較私密的訊息，通常自我揭露訊息的人，會是在最適切的狀況下進行。既然私密就不會希望太多人知道，想要表達時周遭如果有其他人，一定會影響自我揭露的意願，可能是等人離開或是打消揭露訊息的念頭。

㈣個性、文化背景的差異

發展人際關係過程的自我揭露，對於一個個性外向善於表達的人，這樣的訊息表達並不會有太大的問題，但是對於一個生性害羞的人，看著人說話都會手足無措，如果要他在別人面前自我揭露訊息，對他而言該是不容易達成的艱巨任務。所以在我們生活的周遭，個性內向的、不擅表達的人際關係多半不活躍，並非說這樣特性的人不會有知己交，而是不擅表達的個性會影響個人的社交意願，別人也不容易從自己有限的的訊息中了解你。

第四節　自我揭露的歸因

自我揭露在人際關係中是種有來有往互動的行為，這個互動包含了向對方自我揭露訊息，和接收對方訊息的揭露。接收對方自我訊息的揭露如何回應，取決於造成自我揭露行為的原因，也就是使人們產生自我揭露訊息行為時的原因，這些因素的歸因包括個性、環境與人際關係。

一、個性歸因（dispositional attributions）

個性歸因的解釋是指讓個體產生自我揭露行為的原因，是因為個體本身特性所致。一般而言，生性害羞、沉默寡言或是對人之間的信任感比較沒有信心的人，對於要向人說出內心真實的感覺想法（自

我接露）的這件事，是要比個性外向、敢說多言或是與人交際不太設防的人需要多花些時間調適與準備。或是在人群中有些人個性喜歡八卦、探人隱私，會以自我接露訊息的方式互惠，獲取別人所接露訊息中的隱私。

二、環境歸因（situational attributions）

相對個性歸因，環境歸因就是指個體之所以有自我揭露的行爲，是因爲環境中情境的影響，使個體有自我揭露的行爲產生。簡單的說，就是當個體處在某種情境下，而這個情境氣氛下會使個體分享自己較私密的訊息。例如宗教裡的告解，戒菸、戒酒、戒毒的團體之治療中的自我訊息分享，都屬於環境歸因的自我揭露。

三、人際關係歸因（interpersonal attribution）

人際關係歸因裡的自我訊息揭露，也是一般人出現自我揭露行爲中最普遍發生的歸因現象。人與人交往關係由疏漸近，從點頭之交發展成至交的過程，關係的雙方就會歷經自我揭露的過程，彼此交換較私密的訊息。也就是認知人際關係中親近的家人、好友、同事所做的訊息分享，就是人際關係歸因的自我揭露。

第五節　自我揭露的方式

一、面對面的自我揭露

自我揭露通常是較個人隱私的訊息，所以訊息的接收者一定是揭露訊息者信任的人。一般面對面自我揭露訊息時，多半是一對一的方式進行（一些團體治療則採一對多的方式），因為一對一的自我揭露也是一種重視對方的一種儀式，透過這種只有你我的形式，代表彼此

信任。面對面方式的自我揭露，除了口語表達，還有非口語的肢體語的輔助（握著對方的手、看著對方的眼睛、一個鼓勵的眼神、一個安慰擁抱），也讓雙方關係更爲緊密。但這樣的方式會有自我揭露者未預期的狀況產生，例如訊息接收者對你所揭露的內容提出問題，而可能這個問題是你不願意揭露的，如此反應，反而使得自我揭露某些訊息來提升信任度和親密感的用意被打了折扣。

二、非面對面的自我揭露

自我揭露也是一種訊息的傳達，除了最直接的面對面方式，還有非面對面方式的自我揭露，例如使用文字方式表達的書信、E-mail。遠距離無法面對面時會使用這樣的方式，但使用這樣的方式自我揭露，通常是揭露訊息者害怕被拒絕，或是擔心會有不預期的提問，而不是透過面對面方式的自我揭露。在接受訊息方，只會接收到單一的文字訊息，無法透過面對面時的肢體接觸的動作，讓雙方能立即感受到更多的眞實感和親近感，或是觀察到訊息接收者的立即反應。

三、第三人媒介式自我揭露

非面對面自我揭露的方式，除了使用文字、書信的方式向對方自我揭露訊息外，還可以透過媒介的第三者傳遞想要揭露的訊息。這種靠第三人自我揭露訊息的方式，揭露訊息者對媒介第三人必定是有高度的信任感，或是這個媒介能對被揭露訊息者產生一定程度影響的人。喜歡一個女孩不敢當面告訴她，這時最好的哥兒們實在不忍好友單戀苦，決定自告奮勇替兄弟跟這位女孩告白。想和心儀的女同學進一步交往，透過兩人共同認識的同學也是這位女同學的姊妹淘，爲自己表達想要進一步交往的訊息，也藉此影響這爲心儀女同學的好感度。

第六節　自我揭露的原則

一、自我揭露有不同的深度與廣度

　　奧特曼和泰勒根據社會滲透體論發展出一種模式，個體從開始不被人知道到了解，如果想要了解必先從這個個體表象開始認識，大約身高、體重、穿著、打扮、喜歡的休閒活動、喜歡閱讀等，綜合許多了解個體的面向，都是人際關係中自我揭露所代表的廣度。但是透過自我揭露由個體透露出的訊息，你可以知道：她身高一百七十五公分，體重七十公斤；因為喜歡運動，工作之餘的休閒穿著多屬運動休閒風；喜歡一個人騎單車，因為騎單車除了可以享受風馳電掣的速度感，還能讓思慮更清明；喜歡看柯南・道爾的小說（推理小說作家）。如此種種讓別人能更清楚明確了解更深一個層次的訊息，就是自我揭露訊息中所說的深度。自我揭露訊息初期多半深度較淺，隨著訊息深度增加也意味著彼此關係緊密度更勝以往。

二、自我揭露是一個漸進的過程

　　人與人交往的過程，從建立關係到維持，都不是一天兩天、三次四回就可以讓雙方的狀態，從初相識一躍到成為知交程度的關係。時間長短並不一定，但一定會經過雙方循序漸進的過程，閨中好友會知道你有裸睡的習慣，但這個習慣應該不會在自我介紹的個人資料中出現，如果別人沒說，你不會第一次見面就問對方三圍多少，因為這個是屬於個人私密的訊息，沒有一定的交情應該不會了解這樣的訊息。對另一方了解的程度多寡、彼此互相揭露訊息的深淺，都隨著關係親密度的提升而增加。有一定年紀的人常常身邊的好友都是一二十年的交情，時間也許未必是關係深淺的絕對，但關係親近緊密覺對需要時間經營。

三、自我揭露是一個刻意有目的的行為

　　人際關係中有些關係的產生是無法選擇的，親屬關係、師生關係、同事關係等都不是由自己的喜好或感覺決定關係的存在，但關係的好壞與經營，刻意的痕跡就已開始斧鑿。不是所有的親子關係都是融洽的，也並不是任何手足關係都是和諧的，要維持經營任何一種關係，都必須花費心思與氣力。在和別人互相揭露訊息時，不會是沒有目的隨口說一句：「你是我最信任的朋友。」會說出這一句話，當然就是希望對方將自己也看成好朋友一樣的對待。

　　自我揭露訊息是有其目的性的，自我揭露訊息的另一方，往往是有好感度且也願意提升關係的對象，你會想要藉著自我揭露訊息的行為，達成關係更緊密的目的。但有時候自我揭露的目的是為了尋求協助，可能是精神上的慰藉，心中有許多委屈時找到一個可以吐露心事的人，一吐心中所有不滿的情緒，也許說出來未必能對現實有所改變，但是從好友或家人那得到許多精神上的支持與安慰，對於心理壓力的紓解卻是一個有效的方法。

四、自我揭露代表著信任

　　當我們和關係中的成員揭露心裡較私密且深層的訊息時，表示對方和自己的關係已經存在著某種程度的信任，因為彼此存在著信任，不擔心對方會將自己私密的訊息公開或是告訴他人。如果關係中沒有信任，就不會和對方有自我揭露訊息的行為，也就是雙方沒有經營更深一層關係的意願。當然另一種狀況就是訊息揭露者以為對方可以信任，但對方卻將訊息傳遞給別人，也就是自我揭露行為的風險之一，這樣的結果可能是雙方關係停滯或退後。

五、自我揭露的互惠原則

　　人們經營關係時，會因為彼此好感度高而提升關係意願的程度也高，雙方在自我揭露時會遵守互惠的原則，也就是你跟我說一些心裡的想法，我也告訴你我內心的感覺。但如果一方只有接收對方揭露的訊息，但自我揭露的訊息卻沒有相對表達，這樣會讓對方感覺你的意願不高，或是你仍然對關係的另一方缺乏信任。如此另一方便會重新評估是否繼續對你揭露訊息，所以當和對方為提升關係自我揭露訊息時，必須注意訊息要有來有往、公平互惠，才能發揮效果加強關係。

六、自我揭露出於個人意願

　　自我揭露訊息是人際關係中的雙方，有提升或加強關係意願的行為，應該是關係中成員自主的想法，不會有非自願的自我揭露。加強關係的意願高，自我揭露就是希望對方能透過揭露的訊息了解真實的自己，如果自我揭露訊息的行為非出於自願，揭露的訊息也勢必有所保留，也無助於關係的加強。

七、自我揭露的內容，對於波此關係必湏是正面的

　　關係雙方互相方揭露的訊息必須是是雙方都會有興趣的訊息，雙方所揭露訊息是比較正面的，對於關係也許不能保證一定能增進彼此的親密感，但是如果自我披露的內容屬於較負面的訊息，一定會直接影響兩造關係的連結。我們常在關係中和對方自我揭露一些悄悄話或所謂的祕密分享，基本上這些私密分享的內容，如果對分享的一方出於批評或是對方不感興趣的訊息，不但無法使雙方關係更加緊密，反而因為惡感而使關係發生障礙。

第六章

溝 通

第一節　何謂溝通

溝：「深四尺，廣四尺。」寬廣之謂也。通：「達也，行不相遇也。」意思是通達沒有阻礙。這是中國傳統字書、辭書對溝、通的訓詁和解釋。至於現代社會因為對「溝通」二字有廣泛的使用，依領域不同對「溝通」二字，也有一些不同的解釋。

溝通是一種思想交換過程。

溝通是團體內部為達協調的一種方式或手段。

溝通是人與人傳達訊息的一個過程。

溝通是一個動態歷程，利用媒介傳遞訊息，以期達到彼此了解的目的。

溝通的解釋很多種，這裡歸納現代人對溝通的共通解釋，溝通是一種訊息雙向交換的模式，也是一種動態行為過程。其必要條件一定要有訊息傳遞者和訊息的接收者。由想要傳達訊息的一方，使用文字、語言、符號（非語言的各種符號）作為傳遞訊息的媒介，透過訊息傳達的過程，讓收訊一方得到正確訊息，了解訊息中所代表的情緒、情感與內涵，最後將處理後的訊息回饋給訊息傳遞者。

溝通是雙向或多向互有往來，如果只有單向，就像一個人在自言自語一般，或是上司向下屬下令一樣，這都不是有效溝通的行為。

第二節　溝通的行為模式

溝通是為傳遞交換訊息，溝通是有來有往的的行為，有行為發生就會產生一些模式。溝通行為有以下幾種形式：

一、內在溝通

內在溝通是一種內在自我對話的溝通模式，個體接受到訊息刺激後的反應回饋，只是訊息的傳遞和接收都是個體本身。個體對話有時是在心中表達，話沒有從嘴裡說出來，但卻是在個體心中默默進行著。但有時候個體的內在溝通，卻是將對自己心中的對話說出來，可以用「自言自語」來形容這樣的狀態，但這樣的自我對話卻不似精神病患般的自言自語。雖然這種方式不像其他的溝通模式一樣，有其他的溝通的對象，但在人際關係的經營和維持還是有一些助益的。

內在溝通可以幫助自己發洩或紓解一些情緒，這些情緒可能是正面的，也有可能是負面的。當心中有憤怒或生氣時，可能會躲在房裡藉著自我對話發洩心中的不滿，可能不停的說：「氣死我了！氣死我了！」或是心中不斷的問著：「為什麼他會這樣對我？」當知道自己期待的事物成真後，周遭卻又都不是可以和你分享的人，這時只能按捺心中的興奮不斷在心中大喊：「耶！耶！耶！」

這樣的自我對話有自省的功能，可以隨時提醒自己該注意的事，幫助自己在改善或建立人際關係。比如一位個性謹慎嚴肅的主管，嚴肅緊繃的表情也隨時掛在臉上，讓和他工作的夥伴也緊張不已，常無法在工作上有好的表現。為改善這樣的狀況，這位嚴肅又無表情的主管，決定改變自己無法讓人放鬆、接近的個性，所以臉上多了一些笑容和親切的表情。但要改變長久以來的習慣並不容易，所以這位主管每天踏進辦公室前，都會自己告訴自己：「保持微笑！保持微笑！」說完後臉上便會掛著微笑。

二、人際溝通

人際溝通是個體與關係另一方的訊息交換與傳遞，也就是我們一般和人際之間的關係的交流，個體在人際關係的經營中，人際溝通是

所有溝通模式最常被使用的。這樣的溝通方式可能會是隨機的，比如在路上巧遇許久未見的國中同學，也有可能是刻意的，可能是兩個星期前安排好的相親會面。因為只要是關係的連結就是一對一的溝通，別人不能替我交際，我也不能代替別人溝通。我有四個好朋友，彼此也都是好朋友，但是同樣的一句話對於我們有四種表達方式，也有四種接收訊息的反應或回饋。人際溝通是個體為滿足人際關係需求的行為，所以個體必須學習更多人際關係溝通的技巧，也有助於建立後關係的維持。

三、團體溝通

三個或三個以上的人際溝通稱為團體溝通，通常這樣的模式是為了一個強有力的動機目的而為的溝通行為，也就是目標導向的溝通。為了共同的目標團體的成員，在達成目標前團體的共同利益是放在個人利益之前的。例如學生時期參加的社團、工作時的為短期業務所組成的工作小組，或是社會團體。在團體中溝通者至少三人以上或更多，如果在團體的關係中扮演的角色是領導者，要如何在複雜的溝通環境裡任務的指派、工作的協調，讓多個溝通者能了解訊息或命令而且能順利達成任務，或是如何處理其他人的挑戰，還是面對衝突時如何處理，人際關係溝通技巧的學習是少不了的。

四、公開式溝通

公開式的溝通比團體溝通、人際溝通的目的性更強，也更強調訊息傳遞者的個人特質，例如大型的公開演說。2008年美國選出了第一位非洲裔總統歐巴馬，一般美國政治分析都認為歐巴馬的競選成功，有一半原因是在於他優越的表達能力與充滿個人魅力的演說方式。人際溝通和團體溝通裡成員的關係可能是朋友、同學、同事，當溝通結束後彼此的關係依然存在。公開式溝通裡說話或演說的人，雖然和聽

眾或接收訊息者是面對面溝通，但這種模式的溝通，訊息傳遞者和訊息接收者的關係的存在，就是從演說的開始到結束。

第三節　溝通的方式

時代發展至今，人與人的溝通方式也隨著科技進步持續在變化著，古早以前有飛鴿傳書，現在有E-mail及線上及時通。科技的日新月異讓傳統的溝通模式有了大改變。雖然傳遞的媒介改變，但是溝通仍然脫離不了這些方式。

一、口語

語言學家認為語言和說話事實上是兩件事，語言是我們存在於大腦中的能力，而說話則是表現在外的一種行為。也就是說語言是一種內在能力，將其形之於外的方式則是口語和文字。接下來的討論多使用「口語」稱之，使更貼近一般人對用說話來溝通表達的認知。

除了因為遺傳或意外造成傷害，而不能言語者，大多數人生活中，最常用來與人溝通交流的工具，就是口語表達。口語溝通就是一種用說話的方式，來傳達你想表達的訊息。而這樣的口語必須是日常所用且雅俗皆通。

「主人家，你且來看我銀子，還你酒錢嗀麼？」
「有餘，還有些貼錢與你。」

《水滸傳‧景陽岡武松打虎》跟人買東西用這樣方式表達，肯定沒人聽懂。如果同樣的情況我們會這麼說：「老闆，這是上次欠你的酒錢，夠嗎？」「夠啊！我還要找你錢呢！」

或是一個抱怨餐廳服務太差的客人：「小姐！你們餐廳的price

太高了，quality太低了！」不要覺得每個人都聽得懂英文，說不定會誤解成物美價廉的稱讚呢！要抱怨就要清楚讓對方了解，該說：「小姐！你們的價格不低，但是品質卻有待加強！」

　　一般人在面對面時，多半以說話方式來溝通表達，但說話有兩人或兩人以上近距離的說話（交談、聊天），有一對多距離較大的說話溝通（演講、講座、會議）。

　　另外一種用說話的溝通表達的方式，是說話的雙方沒有面對面（打電話、視訊通話）。

　　視訊通話可以看見對方的影像，但視訊交談少了面對面談話時肢體語言的接觸，情感表達效果較不及面對面說話來得好。而且視訊的表達仍有時間差，多少會降低一些溝通時的品質與效果。

　　每一種方式的使用都有其優、缺點，使用口語的也有其優缺點。

　　1.優點是傳遞訊息、接收訊息與回饋的速度快，訊息傳輸量大。

　　2.缺點是如果空間距離過大，訊息在傳遞過程中失真，造成誤解。人類記憶功能的限制，經多次轉達的訊息，訊息容易發生誤差。

　　例如：媽媽跟大姊說：「頭痛，人不舒服。」大姊告訴二姊說：「媽不舒服，要去醫院看病。」最後小妹聽到：「媽住院了！快去醫院看看！」不易記憶，話一說出口就消失不見。如果訊息傳遞過程中，有其他噪音干擾，或是一次訊息太多，都不利訊息儲存記憶，最後無法有效處理與回饋。

二、文字、符號

　　文字是語言的另一種表現的方式，與口語不同的是，文字是無聲的，也可以說稱做是一種無聲語言。而用文字溝通的方式有我們知道的書籍、信件、報告、memo等。文字語言雖然沒有時間（古時的文章、經典以文字形式流傳至今）、空間的限制，但在溝通的局限性卻高過口語。雖然國民義務教育讓識字率提高，文盲也許在台灣並不多

見，但在非洲、印度或一些中南半島上的國家或地區，不管是否因為戰爭的結果，或是宗教文化的影響，這些國家或地區不識字的比例都偏高，如果在這些地方使用文字來溝通，效果就會比口語表達的方式差。

符號是一種不同於文字，也可以用來表情達意的溝通方式，只是這個溝通方式表達單一，對於比較抽象的意義不易完全表達。網路通訊後，不少人使用表情達符號來表情達意，所以類似的符號表情在網路上被大量傳遞著。

表情符號有許多種類有，微笑☺、大笑☻、苦笑☹、露齒而笑☺、流著眼淚的笑〜〜^〜，但帶著緊張的情緒微笑著，如果沒有文字輔助，是無法精準表達的。

文字符號（注音符號）、訊號符號（紅綠燈或其他交通標誌）等，也都是傳遞訊息的方式之一，但這些傳遞的訊號或符號，也必須是在接收訊息者能清楚了解，這些符號和訊號的意義下進行，這樣的溝通才會有效。

三、非口語（臉部表情、姿勢、肢體動作、穿著打扮）

口語表達能讓說話者傳達訊息，非口語表達可以強調說話時的情感或情緒。一個有效的表達和溝通，這兩者其實是缺一不可的，有時不用說出一個字，臉上的表情就可以清楚傳達訊息。

1. 參加告別式向家屬致意，如果致意者與家屬相熟，這時一個擁抱更勝十句安慰的話語。

2. 在一公開的選舉造勢場合，候選人在談上滔滔不絕，台下有人比出勝利手勢，也有人比個握拳拇指向下的手勢，此時誰支持、誰不支持不言可喻。

3. 服裝也可以表達訊息，平常穿著簡單，一日正式西裝出現，看到

的人一定會認爲你不是去參加喜宴，就是要去某一個正式場合。

4.身上的味道有時也是一種訊息。先生深夜回家，老婆大人從先生的身上，聞道濃重的菸味、酒味和香水味，先生剛才去哪兒，九成九的太太心中一定有譜。

第四節　溝通處理的過程

溝通處理是指溝通行爲中，發送訊息的人，透過溝通管道或媒介，將訊息編碼以適當的方式輸出，傳遞給訊息的接收者。而訊息的接收者將訊息解碼，從解碼的訊息了解意思，最後對發出訊息的人做出反應與回饋。

溝通處理的過程中，每一個階段都有潛在的因素，使訊息傳達錯誤，最後成爲無效的溝通，所以每一個溝通處理的過程，都要注意錯誤原因的產生，以避免誤解。

所有的溝通從訊息表達到訊息被有效接收，都有一個完整的處理過程，而這個溝通過程依訊息的處理包括了訊息接收（訊息接收管道）、訊息編碼、訊息解碼、回饋。

一、訊息接收

溝通有發送訊息者與接收訊息者兩端，溝通管道就是連接這兩端，用來交換訊息的工具。隨著時代的進步，溝通方式也從單純的面對面溝通、書信溝通、電話溝通到最新的網路溝通。不論是什麼樣的溝通方式，都一定要接收到訊息，才能處理做適當的回應。

㈠面對面溝通（face to face）

多半是用口語溝通的方式，溝通表達情感或情緒效果最直接，但也最容易被周遭環境影響訊息的接收。說話者（訊息表達者）和聽

者（訊息接收者），就是溝通管道的兩端，靠口語傳遞使對方接收訊息。

㈡網路溝通（E-mail, social internet）

時下年輕人最普遍使用的溝通工具，你還會發現一種奇特的現象，面對面的兩人，竟然使用網路軟體交談，而不是使用最直接的口語工具交談。訊息此端到彼端的距離可以無遠弗屆，不過一旦網路出現狀況，就會影響溝通的品質。而較虛擬的網路交際溝通，在實際的人際關係建立與維持，效果遠不及面對面溝通的模式。

㈢信件溝通、文章、書籍

以往傳統手寫的書信、文章甚至書籍，因為傳遞速度不及網路，載具漸漸由紙張變成電腦記憶體或是所謂的雲端。也許因為這樣的原因，一般人的書寫能力也普遍降低，錯別字的機率增加，字寫得工整漂亮的人也不多了。如果必須使用手寫的方式傳遞訊息，字體務必整齊避免潦草，不要書寫錯別字，讓接收到訊息的彼方產生困惑造成無效溝通。

㈣電話溝通

傳統電話溝通沒有臉部表情、肢體語言的輔助，說話者必須注意發音正確、咬字清晰、語氣適當，讓訊息的傳遞清楚。

多年前在美國因為帳單問題，打了一通電話給電話卡公司的客服部門，雖然可以使用英文溝通，但英文並不像使用母語那樣自然嫻熟，加上客服人員並不熟悉中文姓氏發音的拼音習慣，光是和對方說清楚我的姓氏（last name）和名字（first name and middle name）就花了三分鐘的時間，搞得我和電話客服人員哭笑不得（因為姓名中的英文字母拼音多c、t、g和e國語中都屬於齊齒發音，電話中沒有其他輔助辨別不易）。現代的網路電話軟體也有視訊功能，雖然使用的機會並不多，但當使用時也必須注意非口語的表達技巧。

二、訊息編碼（encoding）

　　是一種認知知覺轉換的一個過程，轉換過程是複雜多層次的，而且發出訊息者的編碼系統，必須和接收訊息者的認知是可以溝通的。如果使用口語來溝通，使用的語言必須是雙方聽得懂或了解的。這樣的解釋很抽象，讓我們舉一個例子：握拳伸出大拇指，在台灣普遍的認知是「很好！」「很棒！」「很讚！」的意思，但是在一些地中海國家和中東地區，卻帶有侮辱或不敬的涵義，所以到了這些地區或國家要特別注意手勢的禁忌。對於編碼訊息的意義而言，相同的手勢，卻有著截然不同的意思，也就是說這符號的兩個意思代表著兩個不同的編碼系統。所以當他們溝通時使用這樣的手勢，是無法有效溝通的。

三、訊息解碼（decoding）

　　編碼的相對就是解碼，解碼的意思是收訊者將收到的編碼訊息轉換成另一種格式，這樣的格式是傳達訊息的人和收到訊息的人，所共同使用或了解的相同格式。義大利人跟台灣人說「ti amo」，意思是「我愛你」，這個台灣人如果聽不懂義大利文，有可能將「ti amo」的發音聽成台語發音的「聽無」，也就是「聽不懂」的意思。在訊息解碼轉換過程不是使用相同或互相了解的系統，就會將「我愛你」解釋為「聽不懂」，產生無效溝通。這些影響解碼的正確性導致溝通無效的因子，稱做干擾。在解碼過程中會產生的干擾有噪音干擾、語意干擾和環境干擾。

㈠噪音干擾

　　在對方傳達的訊息中，可能有不預期的噪音產生，影響接收訊息者無法清楚或完整接收訊息。兩人在火車平交道旁停車聊天，一列自強號列車快速經過，火車在經過平交道時，說話者的聲音被急駛而過

的列車聲響蓋過，對訊息接收者造成干擾。

㈡ 語意干擾

　　溝通時的語意干擾發生在訊息傳遞者使用的文字或語言，是訊息接收者無法認了解的意思，讓溝通產生障礙。到荷蘭旅遊想要問路，你用中文和人溝通，除非你很幸運碰到會說中文的人，我想對方絕對無法了解你在說些什麼。使用同一種母語溝通也會發生語意干擾的情形，例如表達訊息時，使用對方不了解的成語、專有名詞或專業術語。雖然使用同一種語言，對方不了解你所傳遞的語意即無法正確解碼，對溝通造成干擾。

㈢ 環境干擾

　　和人對話或傳遞訊息的環境，可能對訊息表達者或是訊息接收者都會產生程度不一的影響，這樣的影響會使得解碼發生障礙。造成障礙產生的環境影響，就是環境干擾。在一個生意很好的咖啡廳和朋友喝下午茶，一邊喝著咖啡一邊與好友閒話家常，但這個談話的過程可能被遞送茶點的服務生打斷，以及鄰座借過的客人、懸於店門前叮叮作響的風鈴等，都是環境中在傳遞訊息時可能產生的干擾，讓溝通不易順暢。

四、訊息回饋

　　訊息接收者從發出訊息處，收到正確的口語或非口語編碼，解碼後反饋給訊息發送者。而溝通有效或者無效，也是依據回饋後得到的反應判定。例如電影《大尾鱸鰻》中有一橋段的對話，服務生問老大說：「飲料要冰的還是不冰的？」老大回答：「冰ㄅㄡ啦！」幫眾以為老大要大夥掀桌了，便各自翻桌開打了。對於服務生所接收到的訊息要冰的飲料，但對於其他訊息的接收者卻是掀桌、翻桌（台語）。所以由幫眾接收訊息的錯誤回饋與反應，代表著溝通產生障礙而發生錯誤。

第五節　溝通的目的

溝通是一種有目的的行為，這個行為包括了訊息表達者和訊息接收者，透過訊息的表達和溝通，獲得達成需求的目的。

一、溝通是為滿足需要

所有人際關係裡的溝通交流都是有其目的的，為滿足生理、心理、物質、情感等許多不同的需要。口渴了到飲料店買杯冷飲為消暑解渴、打電話和好友訴苦為解心中鬱悶，就算是和人閒聊殺時間都是一種溝通的目的。家中小孩正值青春叛逆期，有事情不說，有感覺不講，讓爸媽傷神煩惱，如果有心的家長會找出最好的溝通方式，讓孩子能把心中的想法說出來，父母才能從孩子的表達中了解他們的需要，協助孩子順利渡過艱澀時期。

二、溝通是為建立及維持人際關係

在社交和團體中人際關係的建立和維持須仰賴溝通，人際關係溝通的不只是口語的內容，有情緒的表達，有情感的交流。一句「我愛你！」或是說不出這幾個字的時候，改以一個深情的擁抱，我想對方一定能清楚感受到你的愛意。但是什麼話也不說，也沒有任何的表情與動作，你的心思是沒人讀得出來的。藉著溝通將我們要表達的情緒、感覺、想法讓對方能了解，達到經營維持彼此關係的目的。

三、溝通是為了獲得和交換訊息

溝通的行為在人際關係中的作用是為獲取他人的訊息，要了解一個人必須先獲得一些必要的資訊，才能從這些訊息中藉著溝通交換獲得更多的訊息。想要知道架上掛的洋裝多少錢，就必須要開口問，就算是不開口問，也必須使用書信、文字、E-mail甚或手語的方式溝

通，除非你沒有想要得知任何訊息。溝通既然是互有來往的行為，訊息的傳遞也必須是有來有往，與人初見面你問別人的姓名、工作和電話，對方都告訴了你，但當對方詢問你相同的問題時，你卻沒有給予相同的回饋，我相信這樣不遵守互惠的訊息交換原則，接下來的溝通應該會受到阻礙也會讓關係無法進展。

第六節　造成溝通障礙的原因

一、口語表達不適當

溝通障礙的發生最容易產生的原因是口語表達不適當，可能是說話的語氣不適當、說話的語意不適當、說話的方式不適當等。不適當的語氣可能來自於情緒的影響，也就是說話時盡量控制情緒，不要讓自己負面的情緒影響和你說話的人。

說話語意的不適當可能是在某些場合說了不適當的話，形容好朋友的交情說是兩人「狼狽為奸」，形容懷孕的婦人是「珠胎暗結」，諸如此類形容詞或成語的用法，如果不是清楚了解其中的意思就不要輕易使用，以免造成誤會。

說話時的方式不適當可能是音量過大或太小，此外說話咬字清晰與否也是引起溝通產生障礙的原因。

過了晚餐六點吃飯時間，太太打電話問先生：「幾點回來？」先生說：「十一點。」後頭還加了一句：「晚餐別等我了！你先吃。」太太聽成七點，於是想再等等也不差那一小時，等先生七點回來一起用餐。未料左等右等，九點多了先生還沒回家，除了飢腸轆轆還一肚子火。可以想見先生十一點回家一定少不了一頓吵。

二、不專心

我們知道與人溝通時，每一個訊息都有意義，如果不專心或晃神，很容易會漏失部分或關鍵的訊息，而影響溝通效果或是造成無效溝通。當我們在接收對方訊息的時候，理所當然的必須專心注意對方的每一個訊息。但當我們在表達訊息時，也必須注意，對方在接收訊息後給予的回饋，藉以了解自己想要表達的訊息已確實無誤的被傳達。

例如上課時因為被教室外操場上跑跳或打球的景象吸引，沒有專心聽講，當老師提問就會因為不專心而漏失訊息的接收，而無法正確回答。老師表達訊息為讓學生了解，為確認自己的訊息內容，確實無誤的被接收，所以向學生提問。當發現提問時學生無法正確回答，也就是學生的回饋代表的意義，訊息因為不專心而沒有被確實接收造成溝通障礙。

三、不當的肢體語言

前面談到，大部分的行為心理學家研究發現，人在表達溝通時，非口語的肢體行為表達對訊息接收、意義認知的影響遠超過口與信息的表達。也就是說口語表達的內容與非口語知體表達的訊息有出入時，一般人傾向相信肢體語言訊息的表達，才是訊息表達者想要傳達的真正意思。

例如：服務業常標榜著：「為您服務，是我們的榮幸！」有時在餐廳用餐，一些服務人員會訓練一些制式的標準話術和客人應對。但當一連串聽來熱誠的話術，被他們流利的背誦著，但臉上卻沒有任何愉快的表情，我相信這樣的肢體訊息已經告訴你：「我沒有熱誠！」或：「今天心情不好。」或是與人說話溝通時，對方因為害羞而不敢直視或刻意躲避眼神的交會，如果不知道對方是因為個性的原因，這

樣的表達會讓接收訊息的人有不受尊重的感覺。因此不適當的肢體語言或表情會直接影響人際關係的溝通，產生障礙。

四、難懂的術語或俚語

　　一般對於術語的了解就是專業的語言，也就是每個專業領域中對事物或概念的特有詞彙或說法。或是一些特定的團體內成員所互相使用的專有語言，意思是說只有團體內或同業彼此才會了解的語言，一般人不經過學習是不容易了解的。因此當和人溝通交往時，表達訊息的一方，如果不時說著對方不了解的專業術語，會讓聽者在接收訊息後會有不了解或誤解的狀況產生，也容易使雙方的溝通產生障礙。

　　例如有三個人在互動，其中兩人是同行從事資訊軟體設計業，另外一人是美術老師，從事電子業的兩人不停的用彼此了解的專業術語聊著工作上的種種，另外一人也許很想知道他們在說些什麼，但是又怕打擾而不敢多問。如果使用術語交談的兩人沒有注意到這樣的狀況，第三人很快的會被他們排除在溝通交流的範圍之外，也無益於人際關係的建立與維持。不管是國語或是台語方言，都有一些俚語或俗語，有些說法比較通俗且流傳比較廣，例如：「一兼二顧，摸蛤仔兼洗褲。」是一舉兩得的意思。或是：「歹竹出好筍。」是說雖然父母沒有很優秀，所養出的孩子卻是很出色。與人溝通時使用以上這些用語可能不會有溝通障礙發生，但是如果是流傳不廣，或是溝通的另一方與你習慣使用的母語不同時（國語、台語、客語或原民語），最好減少使用俚語的比例。若是非得使用這句俚語表達，不然無法精確表達語意時，最好能對接收訊習的人解釋一下這句話的意思。或是當你不經意的說了一句俗語或俚語，發現對方眼神閃過一絲疑問的表情時，貼心的解釋一下，會讓溝通更為順暢。

五、文化差異

　　雖然時代進步，人與人交流頻繁，世界地球村的型態早已成型，正因為如此，不同國家、文化的人有了更多互相接觸的機會。所以和不同國家尤其是風俗文化相異的人溝通交流，一定會有文化差異造成的溝通障礙。印度的瓦拉納西是恆河沿岸的一個古城，城市河岸常見漂浮的垃圾、浮木，還有許多人在河中刷牙、洗澡，岸邊同時在舉行火化往生者的儀式。一切看來與我們既定的認知有很大的差異與衝突，但在印度（尤其是信奉印度教者），恆河是他們的聖河，在聖河中洗聖浴可以洗淨生者的罪惡與過錯，在聖河邊火化能讓亡者免去輪迴之苦，對這種不同宗教文化的認知差異要抱持尊重的態度。所以對於與不同文化背景的人交際溝通，一定要有同理心，未必全然接受不同的文化，但彼此對相異的風俗、習慣要試著了解、包容與尊重。

六、語言隔閡

　　常常聽到異國通婚者的婚姻生活中，最大的問題是語言的隔閡。也許你會說：「只要學習好另一半的母語，溝通就應該不成問題吧！」但就語言學家和心理學家的研究，在語言學習（learning）的過程中，母語習得（acquisition）和第二語言或外語的學習過程略有不同。母語學習和第二語言習得不同之處，在於當要表達抽象的感覺、情緒時，如果兩人使用相同的母語溝通，細膩情感的表達，適當的語意使用不成問題；相反，如果二人不是使用相同的母語，而是中介語言（例如英文），或是其中一人學習另一半的母語溝通，當雙方要表達溝通時，對於使用另一種語言，要向對方流利的表達所有想要表達的訊息，事實上是不容易掌握的。

七、口音

　　台灣雖然不大，但也有一些除了國語（通用語）外，因地區語言習慣而有所謂的地方語言，例如台語、客語，台語因為地方不同有些發音腔調也有些許差異，包括北部腔、南部腔、海口腔、內埔腔、宜蘭腔，客語也分四縣腔和海陸腔。所以，有時母語是台語的人因為台語發音相對於國語發音缺少捲舌音、唇齒音，說國語時會有一些發音上的差異（ㄖ、ㄓ、ㄔ、ㄕ、ㄈ），當說到國語裡有這些發音的字，習慣語是台語的人，可能就掌握得不夠精準。反過來說，國語的聲調有四聲，但是台語卻有七個聲調，所以當習慣語是國語的人，說起台語來對台語的聲調也是無法駕馭自如的。當然，我們說：「語言只是一個溝通的工具，能溝通就好了，為什麼要注意那麼多？」但有些時候發音不夠精準，可能會造成訊息傳達錯誤，讓溝通無效。

　　例如：四川話裡的四和十的發音常讓人分不清楚，曾經到四川成都，上街買東西問多少錢，如果是四或十，我就得再比手畫腳來確認到底是四還十。最後經朋友解釋，才了解四和十的些微差異在聲調，掌握之後就沒再發生類似的困擾了！與人溝通交流，如果自己一些發音不夠精準，可以再次確認對方所接收的訊息是否無誤，或是多一些解釋讓對方能真正了解你的意思。多一點點細心與貼心，在人際關係的溝通是會讓人記憶深刻的。

八、禁忌話題

　　禁忌話題有許多，因對話溝通的對象不同，禁忌話題也會有所改變，但有時與人初見面，無法當下獲得足夠的訊息，了解對方有些什麼禁忌話題。一般人在與人交際溝通時，盡量不要對年齡（除非對方非常自豪於自己外表保養有術，並不在乎別人提及年齡的話題）、外貌、身高、體重、性別、政治、宗教或太過私人領域的話題（你一個

月賺多少錢？你有多少存款？）。如果不知道要談什麼話題，以對方有興趣的話題著手，如果談到某部電影是你也看過或喜歡的，就可以依著電影話題的發展延伸出更多話題。但是，如果對話的過程中，發現對方有某些話題是點到為止，有些話題不表意見或不想繼續往下談的時候，就代表這些話題是對方不願意談論的話題或禁忌，也可能與你認識還不夠深，就必須得顧慮某些話題此時不宜。當然我們會說不知者無罪，但不慎談及別人忌諱或討厭的話題，有時氣氛也會弄得非常尷尬。

　　例如一群同事中有人身材圓潤似貴妃（身材豐腴的楊貴妃），有人苗條賽飛燕（趙飛燕窈窕輕盈可作掌中舞），大家聚在一起聊天、吃零食，有人遞了一塊滷豆干給趙小姐，趙小姐說：「不要，謝謝！我在減肥。」聽到這句話，旁邊的楊小姐不開心的說：「你都要減肥了！那我們怎麼辦啊？」趙小姐接著又說：「你不胖啊！不需要減肥。」這時氣氛弄到尷尬得不知道該把零食收起來，還是要請趙小姐離席為佳。

九、主觀意識

　　認知會因為個體的學習經驗、環境、文化的不同而有差異，所以看事情的方式一定是會從自己學習經驗中的角度出發，不受主觀意識的影響幾乎是不可能的。但這裡強調的不是絕對的主觀，而是在和人溝通交際時相對的客觀，也就是不預設立場，多一點同理心，和試著站在對方的立場，別讓過多的主觀意識影響自己，讓自己變成一個堅持己見不易溝通的人。

第七章
人際關係的處理

第一節　人際關係階段

　　任何一個人際關係的發展都是從不認識、認識、熟悉，到關係緊密或結束，都有一個模式規則可循。德維托（Joseph A. Devito）在1993年出版的《人際關係訊息》《*Interpersonal Massages*》一書中，談到人際關係的週期模式，有接觸期（contact）、涉入期（involvement）、親密期（intimacy）、衰退期（deterioration）、修復期（repair）和解離期（dissolution）六個階段。

一、接觸期

　　這個是每一段關係的開始，有正式場合、非正式場合中的介紹，不熟悉或陌生的人也許離你一步之遙，跨過這一步可能成為好友，但沒有接觸可能永遠都是陌生人。有人搭車上班，同一路線、同一時間也許有相同的人和你一起乘坐，也都意識到對方的存在，一次、二次，開始也許保持距離，但只要有人先開口，彼此溝通接觸，一個新的人際關係可能就此展開。從接觸到決定關係展開與否有三個階段：感覺階段、互動階段、評估階段。

(一)感覺階段

　　不論是正式或非正式場合的介紹或接觸，有時一個肢體接觸（握手）、眼神交會（注視）的感覺，就可以激勵或打消向下一階段邁進的想法。而這個階段視覺喜好程度可以決定要不要進入下一階，所以給人良好的第一印象是很重要的。

(二)互動階段

　　當彼此接觸後可能開始會交談，但交談內容不外乎一些應酬式的對話：「您好！在哪高就？」「因為今天天氣很好，所以帶家人出來走走。」比較表象、不涉及私人領域的話題。如果這時有人談論對方敏感的話題，相信他們要成為好朋友的機會應該不大。雖然此時的談

話不宜涉及太私人的話題，但不管是向對方提問或接受提問，所給予彼此回饋的訊息務必清楚讓人容易了解。不要故作神祕，給予對方的訊息曖昧模糊、迂迴難解，這樣不但不會讓人對你產生繼續探索的興趣，還可能會失去一個建立一個人際關係的機會。

(三) 評估階段

短暫的接觸交流，接觸期的最後階段是評估，評估對接觸的另一方，有沒有繼續發展成朋友的可能。如果可能就留下繼續接觸的機會，往下一步發展，但如果沒有就會在這個階段表現一些並不積極的訊號，像是不時的看手錶、看別處而少有視線上的接觸，或是對於下一次的聯絡沒有主動、積極的態度，讓對方明顯感受到你對他沒有建立關係的興趣。

二、涉入期

當接觸期彼此互有好感，對對方感到有興趣，都有意願且期待下一次的接觸，就進入了涉入期。這個時期的接觸變得頻繁，接觸前也是愉快或期待的正向情緒較多，而涉入期有互動和測試兩個階段。

(一) 互動階段

人際關係中的雙方，這時除了有較多的接觸，也有了更多互動。雙方互相表達或接收許多訊息，從訊息中找到共通處增加更多連結。

甲：「你住台中？我也住台中耶！」

乙：「真的嗎？我住台中科學博物館那條路上，你住台中哪兒？」

甲：「實在太巧了！我也住那附近。」

乙：「有緣千里來相會，我們真是太有緣了！」

甲：「我有兩個女兒，大的十歲，小的六歲。」

乙：「我有一個女兒，跟你的小女兒一樣大耶！」

㈡ 測試階段

當彼此經過頻繁的互動後,在關係裡的雙方如果仍有保持連結的意願,就會從彼此意願的表達,找到繼續維持或加強關係的動力。這裡測試的方式,多半是向另一方提出要求,看這個要求能不能被接受或完成,而被要求的人也將要求轉換為承諾,這個階段測試完成,就會進入親密期。

甲:「我好喜歡吃新竹城隍廟的××炒米粉喔!」

乙:「我下禮拜要到新竹科學園區出差,要不要我幫你帶一些回來?」

甲:「不用啦!又不順路,這樣還得麻煩專程跑一趟。」

乙:「開車很方便,不會麻煩啦!真的不要客氣!」

甲:「既然你這麼說,那就麻煩你跑一趟了!謝謝你!真的好開心喔!」

三、親密期

這個時期彼此互動頻繁、密切,且互相有極高度的好感,最重要的是關係中的承諾。這也是進入親密期後,維繫彼此關係與否的重要因素。親密期的階段有個人承諾、相互承諾、社交結合、焦慮等階段。

㈠ 個人承諾階段

關係雙方如果各自為對方的要求做了承諾,或是自己向對方提出承諾,這些承諾多半被完成的意願較高,因為這些承諾多半是自己獨立可以承擔的。像關係是朋友或同事,代買東西、代辦事物或請客吃飯,都是常見的個人承諾。關係是交往中的男女朋友,接送女友上下班,或是替男友準備早餐的承諾行為也非常普遍。西方文化對於「我愛你!」這三個字,代表著男女關係經營的承諾,初交往中的男女

大都是以「我喜歡你！」表達愛意，「我愛你」是不輕易說出口的。這幾個字代表著想和對方往固定、長期的關係繼續發展下去，當然這幾個字也代表了對這個關係的承諾。有時在西方的電影或戲劇中，你有時會發現，當開始交往的男女，其中有一人跟對方說出：「我愛你」時，有時另一方並不是以「我也愛你」回應，取而代之的是有點猶豫、退縮的表情。這時正處於個人承諾期，所以當說出「我愛你」時，同時也代表著一個承諾和責任的表達。

(二) 相互承諾階段

任何一種人際關係，都是互相的、有來有往的，比如親子關係，父母也許無私養育，但對孩子多少都會有期待，兒女長大，多數人也會照顧年邁父母，各自為對方承諾後，彼此關係可能更為緊密，也有意願相互承諾。但如果個人承諾階段，雙方的回饋明顯的不對等，處於朋友或男女朋友的關係，可能就會停滯不前或提前中止。例如朋友間互相幫忙是天經地義的事，但有人常常要求別人幫忙，但是當朋友有需要幫忙的時候，卻永遠有理由不提供協助，我想除非是傻子，一般人是不會將他當成好朋友的。互相承諾是在彼此關係中，關係裡的成員對未來的方向有共識，而且願意努力一起向同一個方向前進。這時的承諾通常無法獨立完成，因為關係的彼此有相對的責任和義務，例如一支棒球隊，隊員們共同的目標是爭取第一，相對的義務則是犧牲玩樂的時間，不斷的努力練習。

(三) 社交結合階段

關係發展到這個階段，如果雙方已彼此確認或承諾，關係可能由朋友變成男女朋友，也會互相參與對方的社交活動，並且公開或宣示現在的關係或狀態。如果關係是男女朋友，可能這時已論及婚嫁準備進入婚姻。藉著婚禮儀式，也意味著雙方各自的社交與人際關係未來將會有更多的互動與連結。男方的父母、兄弟姊妹，女方的哥哥嫂嫂、表弟表妹。這些原來跟你沒有關係的人，會因為這樣的儀式，未

來都會和你和你的家人產生連結。

（四）焦慮階段

隨著關係的緊密連結，產生更多的責任和義務，而過多的責任與義務，也會因為是否能夠實現而產生焦慮。這些焦慮有安全感焦慮、實踐焦慮、刺激焦慮，人際關係的經營，常常要處理比較現實或實際的狀況。夫妻婚後有可能外遇或被拋棄的不安全感；好朋友跟自己借了不少錢，擔心這筆錢要不回來的焦慮；工作環境中一成不變的人、事、物，缺乏刺激讓人對失去熱情產生焦慮。許許多多的焦慮在這一個階段陸續出現，如果處理或協調不當，都會成為影響關係穩定的因素。

四、衰退期

衰退期也是決定關係是否能長時間維持的一個階段。而造成雙方關係惡化的原因，可能是一段時間的相處後，發現彼此的想法、觀念差異太大，或是一些情緒產生的衝突造成雙方彼此不滿，發生衝突的當下也許立刻修復（道歉或求和），不滿的情緒也許被壓抑，但如果引發問題的原因沒有獲得正面、有效的解決，類似的衝突會一再發生，且影響關係的發展、維持，甚至好感度漸漸消失，導致雙方關係結束。這個時期也因衝突造成關係惡化，產生關係損害階段和結構弱化階段。

（一）關係損害階段

關係損害的原因有很多，可能是承諾沒有實踐，可能是做了傷害對方的事，或是說了傷害對方的話，導致衝突出現、惡感發生，損害原有關係建立之初的好感。常聽有人說被最好的朋友背叛、最好的姊妹淘搶了自己的男友，或是借錢給好友卻從此避不見面。不管是什麼樣的事，只要是會傷害彼此關係的行為，都會讓建立起來的關係發生變化。但讓彼此關係惡化，絕不是單一事件造成，應該是由許多的

抱怨、委屈或不滿累積而來，最後由一件事情成為壓倒駱駝的那根稻草。

(二)結構弱化階段

關係結構弱化，是指雙方衝突關係損害後，會減少互動與交集，就算有互動，正面情緒也會少於負面情緒，衝突的次數會更頻繁。如果是朋友關係，可能會盡量減少見面機會，如果是同事，互動也多不涉及私人話題。當然如果是天天見面的夫妻或情侶，可能見面也不交談。如果這樣的狀況持續沒有改變，彼此關係的中止或停滯也是可以預見的。婚姻中發生的外遇狀況，如果只有一方願意繼續維持關係（繼續維持的理由有：為了給孩子一個完整的家，或是不願放棄，認為對方一定會回頭），這時候彼此關係多半是表面上的維持。如果想要繼續維持關係的一方，不願意繼續隱忍或是不再堅持，雙方的關係也可能在此終結。

五、修復期

在這個時期，有些人並沒有想要繼續維持雙方的關係，就決定中止彼此的關係。但大多數人會想要修復建立不易的關係，會試圖找出造成衝突的真正原因，或是為修復彼此的關係，願意為對方調整自己可能引起衝突的想法、行為，以期重建或恢復以往的感覺。這個時期的修復又分為內在修復階段、人際關係修復階段。

(一)內在修復階段

有人會較理性面對問題思考，造成關係損害的原因為何，如果大部分原因在自己身上，會考慮改變或修正。但如果改變修正後，關係的對方也必須有相對正向的回饋，才能讓修復關係的意願提高。夫妻雙方，太太對嗜賭如命的丈夫已無法忍受，要求離婚，而先生不想失去這份關係，體認必須徹底戒賭才能挽救婚姻，所以改變自己的行為與態度（決心戒賭），希望藉此修復彼此即將瀕臨破裂的關係。

㈡人際關係修復階段

　　損害關係造成的原因，並非只有關係中的你我受到影響，大部分的情況也許是周遭親人、朋友直接或間接的受到影響或傷害，所以要修復已經損害的關係並不容易。有一位好友，結婚後因為家庭的支出和負擔，及雙方不同的價值觀，夫妻兩人大吵小吵不斷，但是吵完後，總能以兩人習慣修復關係的模式言歸於好，但前不久聽說他倆還是以離婚收場了。原因是每當兩人吵架，都會打電話跟自己的爸爸媽媽訴苦，雙方家人對親家也產生了不滿，導致最後兩家人根本無法溝通和對話，讓兩人最後還是決定離婚。當雙方關係公開後，彼此關係維持的好壞，也會被彼此交錯的人際關係中的成員知悉。所以一旦渡過關係惡化進入關係修復期，並不是修復兩人間的關係即可，還有關係因惡化過程被影響的其他人（雙方的家人、彼此的朋友），被影響的關係也必須一併修復，才不至於造成日後小兩口關係修復後，手牽手一起逛街、看電影，雙方父母卻還緊皺雙眉擔心他們的未來。

六、解離期

　　雙方如果經過修復期，關係可能會更穩定或長期的被經營，但如果經過修復但結果仍讓人失望，彼此的關係可能因此解離終止。解離期的三個階段有內省解離階段、人際關係解離階段和社交解離階段。

㈠內省解離階段

　　當決定終止或結束關係，這時的心理狀態已經準備好，此時與對方的心理距離已經拉開，心中也會產生許多彼此相異且無法相容的想法。常有分手的情侶或離婚的夫妻會說：「我們因為了解而分手。」如果心中產生距離，以往所產生的好感，此時也會被惡感或冷漠取代，雙方存在的歧見或問題已無法解決，或是解決方式超過雙方所能承擔的責任，分手或中止彼此的關係是目前可見最好的選擇。

(二) 人際關係解離階段

人際關係解離階段，已經不是一個心理解離的狀態了，此時希望任何的接觸交流都能避免。如果是夫妻關係，此時可能分居或離婚，如果是朋友關係，可能因此關係終止不再往來。曾有同事因故交惡，其中一人申請調往其他單位，而共同的朋友之間也會盡量避免提及與你關係解離對象的話題，或是以往共同朋友間的聚會也會盡量避免或拒絕。如有無法避免接觸的場合，也會以冷漠不關心的態度應對。

(三) 社交解離階段

我的朋友乙認識甲，我因為乙認識了甲，我的另一位朋友丙，也因為我而認識了甲和乙，人際關係因為互有連結，連結的網絡綿密又複雜。所以當你和某位朋友絕交或不往來後，彼此的人際關係仍會有重疊，而彼此都認識的朋友可能不會因為你們的交惡而選邊站，所以當有宴會邀約時，對主人來說邀請誰都很難避免尷尬。一對夫妻因外遇離婚，他們離婚前共同的夫妻好友辦彌月，經夫妻討論後，這對離婚夫妻好友都沒有被邀請。原因是兩位都邀請，誰要來、誰不來，或是兩位都來參加但彼此都不開心，最後雖然決定兩位都不邀請，但他們的好友仍然送上彌月禮盒，表示願分享喜悅之意。

德維托提出的人際關係的幾個階段，也許不見得是每一種關係的發展都符合，或者是按著德維托每一階段的順序經營或結束。人與人之間的互動有不同的模式，發展的順序上也因人而異。但德維托所提出的人際關係策略，說明人際交往時普遍的模式與可能歷經的階段，了解每一個人際關係的階段會面臨什麼樣的問題或情緒，對於不善於處理人際關係的人，如果有類似階段問題的發生，有多一些的了解和面對問題處理的能力。

第二節　人際關係中應具有的能力

　　人際關係好的人，處理人際關係的能力也比一般人來得好。這些能力包括了口語表達能力、傾聽的能力、理解判斷和協調能力，以及情緒管理的能力。

一、口語表達能力

　　大部分人都有開口說話的能力，但是能開口說話並不代表會說話。會說話是指，在任何情況下要開口時，知道開口要說什麼，也知道開口要怎麼說。有些人說話常得罪人，但也有人說話適當得體。人際關係裡，「說什麼」和「怎麼說」的能力，對於在不同的場合面對不同的對象時的溝通表達，是很重要的。

二、非口語表達能力

　　這裡的非口語，簡單的說，就是除了口語以外所有表達情感或情緒的動作與表情，都是我們所說的非口語表達。非口語表達也對口語表達不足的加強有很大幫助。一個人說話時的肢體動作絕對會直接影響和你說話對象的感覺，如果不是刻意而為，口語表達所說出的語意，應該要跟我們非口語的表情和肢體動作所表達出來的意思一樣。當我們對他人口語表達敬意，臉上就不該有不屑或輕視的表情，肢體也不會有輕浮的動作。如果表達的語意和肢體動作的意思兩者有出入，會讓和你說話的人不能清楚了解你想表達的意思與想法，也有可能會使別人認為這樣的表達是刻意而且沒有善意，造成溝通雙方之間產生不必要的誤會。我們常常看見別人說話或演講時，好的內容可以引起共鳴，如果有適當的肢體表情輔助，更能打動人心。

三、傾聽的能力

「一個好的說者也一定是一個好的傾聽者。」與人交流溝通時，並不是一味的說，而不聽別人講，在我們身邊周遭的一些人，口語、肢體表達的能力都很好，但常常會犯一些溝通時會發生的小毛病。想表達的事很多也有有說不完的話，或是在別人說話的當兒，急著表達不同的看法而打斷別人說話，也就是忽略了在溝通時的互惠原則中傾聽的原則。因為溝通既然是有來有往，就不只要有說話的能力，也必須要有傾聽別人說話的能力。

四、理解判斷與協調能力

我們所說的與人交際溝通不僅僅是聊天、八卦，話題結束就可遺忘，大部分的時間我們與人溝通是為了解決問題，所以判斷與協調就是溝通時解決問題的基本能力。別人問你一個問題，當然先要了解問題是什麼，也就是經過認知理解、判斷，知道是什麼問題、要用什麼樣的方法解決。如果要解決的問題並不是自己可以獨立作業，必須透過他人的協助才能完成的話，此時就必須運用溝通協調的能力。人際關係溝通時的能力並不是與生俱來的，需要不斷的學習，或是從錯誤中得到經驗，這也是我們為什麼要對直升機爸媽喊話，對孩子過多的照顧一定會影響孩子們成長後遇事的判斷和處理能力。

五、情緒管理能力

一般和人溝通時，我們會要求自己的口語表達或是肢體語言的協調，提醒自己不要出現不禮貌的語氣或表情，讓對方不要誤解我們想要表達的意思外，也不希望因為不適當的表達讓別人產生負面的情緒。常有人因溝通不良一言不和惡言相向，或是出手互毆，事後了解真的沒有什麼了不起的深仇大恨，非得要拚個你死我活的理由，其原因就是雙方的情緒管理能力欠佳。溝通時發生爭執的原因很多，但是

如果適時的控制情緒，可以避免許多溝通時非故意因素所導致的衝突。

第三節　如何開啟人際關係

人際關係隨著年齡增長、環境改變會不斷增加且互相連結，但是每一個關係的發展與維持都不可能在無作為的狀態下自動維繫，而是得靠關係雙方的努力與付出。當然彼此要產生關係，必須先要有個起頭，有了開始後所有建立關係的步驟才能連結，如果這個過程順利，一個新的人際關係也許就此被建立。一個新的人際關係從開始到關係建立與維持會經歷幾個過程，包括：人際關係的啟動，在關係中相互交換訊息的自我揭露，對關係另一方因為不同看法或不滿而產生衝突，協調與解決衝突則是為求關係維持所產生的行為等。

人際關係中所有的歷程都是因為關係被建立後才會發生，關係的建立就是彼此連結的開始。我們常說好的開始就是成功的一半，但如果開始就讓人感覺不佳，當然就不容易順利和人建立好的人際關係。為讓關係無礙的建立，在和人展開溝通時有一些步驟和方法。

一、打破沉默、主動出擊

在公開的社交場合，想與人建立新的人際關係，直愣愣的站在一旁，或呆呆的坐在位子上，對拓展人際關係都是沒有幫助的。想要和人建立關係，一定要主動，主動打破沉默，主動尋找話題，主動打招呼問候。先一步伸出手來和對方握手致意，然後自我介紹。當然也有可能是被人介紹，這時你可以說：

「您好！敝姓陳，我叫陳××，請您多指教！」
「您好！我是×××，很高興有這個機會認識你！」

你也可以回答：

「陳先生，您好！敝姓劉，劉××，也請您多多指教！」
「陳先生，您客氣了！認識您是我的榮幸！」

有了順利的開始，可以找一些可以多認識彼此的話題，像是：
「今天天氣真好！」

1. 用天氣、假日、旅遊、運動類較溫和的主題，取代政治、宗教或性別較易引起對立的話題。

「住台北嗎？」
「喜歡打球嗎？」

2. 剛認識對方，提問的內容，私人話題不宜，如果問：「你住哪？」有些人也許一開始並想讓你知道他住哪，但說：「住台北嗎？」如果對方不介意，會回答：「喔！不是，我住桃園。」這個話題還可以繼續延伸。但是如果對方回答：「不是，我不住台北。」或：「不是。」接下來就沒有繼續回覆有關他住哪的訊息，就必須改變其他話題，以免讓對方產生不愉快的感覺。

如果想討論工作，可以問：「您在哪高就？」「從事什麼樣的工作？」但不要問別人：「一個月多少錢？」

二、鼓勵與刺激

話匣子打開後，會有更多的訊息被交換，為了獲得更多資訊，可以使用口語或肢體訊息鼓勵對方說話。像是對方在表達時，適時的使用肢體語言點頭表示同意他的說法，或是對方談到某次國外自助旅遊，讓他留下很棒的回憶，你可以說：「聽你這麼說，我也好想去體

驗一下，可不可以告訴我你如何規劃你的行程？」或是知道他家住台中，你可以說：「連續假期想帶家人去台中走走，有什麼好吃好玩的地方，可不可以給我一些建議？」

三、專心傾聽

交談溝通，不論是說話還是傾聽，都必須要專心不晃神，當對方在說話的時候，專心傾聽不斷釋出的訊息，尋找可提供相關連結或可延伸的話題，也可以從訊息裡了解對方的相關資訊。比如：「我大學放榜前去美國爺爺奶奶家過暑假，十五年了沒機會再去看看他們，今年有計畫帶老婆去一趟。」說話的人雖然沒告訴你他今年幾歲，但前面的談話資訊就可以知道他今年約三十三或三十四歲左右。如果想要找出對方喜歡或有興趣的話題，知道年齡就很容易搜尋對方熟悉的話題了！像是學生時代流行歌曲、好看的電影，都會是拉近彼此距離的好方式。但先決條件是必須在對方表達訊息時務必專心聆聽。

四、提問回饋

前面提到要鼓勵交際溝通的另一方多說話，才能獲得更多的訊息，提問是一個很好鼓勵對方開口說話的方式，但要對方開口多說，就必注意提問的方式。提問的方式有封閉式提問和開放式提問。

(一)封閉式提問

當提出問題後，溝通另一方的回答是「對！」或「不對！」、「是！」或「不是！」、「好！」或「不好」的這種二元模式（不是肯定就是否定）。比如說想要請對方喝飲料，卻說：「要不要喝可樂？」其實對方想喝水，但不想喝可樂，此時他的回答可能就會是：「不要，謝謝！」

(二)開放式問題

提出問題後，回答時的答案有許多種，而且可繼續延伸話題，就

是開放式的提問方式。比如：「我有點渴，陪我喝點東西好不好？我想喝可樂，你想喝些什麼？」或「我喜歡吃川菜，你喜歡吃什麼樣的料理？」

在人際關係建立之初，使用開放式提問的方式會比封閉式提問更容易獲得更多資訊。

五、確認反應

步驟走到這裡，就該注意對方的反應、回饋，有沒有略顯不耐，或是仍有興趣。如果是前者，先調整你的話題，仍然是興趣缺缺的表情，這時就該考慮結束對話了。

想知道對方對你的話題有沒有興趣，可以檢視一下對方有否不想繼續話題的行為或肢體動作。

1. 不時的看別處或是避免眼神交流。
2. 坐立不安，不斷的改變坐姿。
3. 不停看手錶。
4. 回答總是「喔！」「嗯！」簡短字詞帶過，沒有太多回饋。

這些肢體語言所代表的意義非常明顯，如果溝通的另一方有這些動作或行為，就該提醒自己：是不是耽誤人家的時間，還是自己的溝通表達方式讓別人不喜歡？事後都要尋找原因然後改進。

六、結束話題

社會化學習後，一些說話的方法、表情、肢體語言，都可以很明顯讓你知道話題該結束了，不論這次交談有多麼愉快，都必須為期待下次的會面而結束。對於有任何一方不想繼續交談，巧妙的結束話題是對彼此的尊重，兩人相談甚歡、欲罷不能，適時的結束也是為下一次愉快的開始做準備。

「啊！都九點了，很想繼續跟你聊耶！你什麼時候有空，我請你

喝咖啡？」這種訊息應該是有誠心期待下一次的會面。

也有因為交談溝通後覺得索然無味，釋放出快點結束的訊息。

當對方略顯不耐想結束對話時，有可能盡量避開眼神接觸，或是轉頭轉身看別的地方，要不就是說：「這樣好了，我們再約時間好了！」「那先這樣，有空再聊好了！」這些說話和肢體語言都要注意觀察，以免造成不必要的困擾。如果在溝通對話的剛開始，為鼓勵對方多說多表達，可以使用開放式的提問。但想要結束對話時，可以使用封閉式的提問方式，讓話題不容易繼續延伸。

第四節　人際關係的特性

一、不可逆性

在日常生活裡，字寫錯了可以擦掉重寫，電腦打字打錯可以deletet後重新來過，但在人際關係中的表達溝通是無法重來一次的。「覆水難收」形容說出的話、做出的動作「無法重新來過」是非常貼切的，只要訊息一旦被對方接收，就不是按一個刪除鍵（delete）就可以當作一切都沒發生過。如果說了一句不適當或傷人的話，有時話一出口便知道說錯了，這時就算立刻開口道歉，有時傷害或誤會已經造成，再多的懊惱可能也於事無補。正因為人際溝通表達有這樣的不可逆性，所以當表達訊息前，一定要給自己一些時間思考什麼話該說、什麼話不該說。對於歧視性或政治敏感話題，不要毫無顧忌的發表自己的看法，以免後悔道歉都來不及了。NBA快艇隊球團老闆斯特林（Donald Sterling）就是因為嚴重的種族歧視言論被公開，讓他損失不貲之外還名聲掃地。

所有形式的溝通一旦被表達後，不管是否感到後悔，都不能當作一切好像不曾發生一樣，一切的溝通都是不可逆的。正式場合說了

一句不得體的話，事後可能懊惱不已；對朋友或家人說了一句傷人的話，語畢可能後悔自責萬分；被人發現做了一個不雅的動作，可能恨不得找個地洞鑽進去。不論何種形式的溝通，一旦發生後就是發生了，也許有人會將PO過的訊息刪除，但是只要有人讀過這個訊息，就代表溝通的行為已經產生。所以對於已發生的溝通的行為感到後悔或懊惱者，除了要對自己說出來的話負責外，也必須要向對方道歉，而不是將訊息刪除就以為一切會像打怪一樣回到原點重新開始。人際關係溝通的不可逆特性，也可以時時提醒自己盡量不要因為一時衝動，做出使自己後悔、讓別人受到傷害的溝通行為。

二、複雜多元性

與人交際溝通就是訊息的表達與接收，但在處理訊息的過程中，除了自己可以控制讓訊息順利被表達外（音量、詞彙、語氣、肢體語言等），還有許多複雜不可掌握的因素（噪音、距離、接收者誤解等）干擾著訊息被順利且正確的接收。像在航空公司或軍事單位，對於一、二、三、四、五、六、七、八、九、十這種數字發音，為了使數字訊息能正確無誤的被接收，將容易產生誤解的數字發音做了一些調整。因為一和七、二和六的發音和音調接近，所以將「一」的發音變成「一ㄠ」、「二」的發音變成「ㄅㄧㄤˇ」，以避免訊息傳遞發生錯誤。對於溝通時訊息的表達和接收，也並非每一次都是單一訊息的接收和處理，有時不同的訊息在同一時間傳遞情況也非常多。早上兒子出門上課前，老媽交代：「別忘了吃早餐，要記得帶便當。」這時間老爸也說：「快點！再不出門就要塞車了！」此時兒子同學正在Line他。同一個時間裡兒子接收到來自多方的訊息（老爸、老媽和同學），這時他正發揮人類多元複雜訊息處理的功能。看到他接收所有訊息後，嘴裡含著早餐三明治，手上勾著便當帶，穿上鞋急忙忙的要跟上老爸（鞋帶沒綁好，腳後跟還露在外頭），還不時滑著手機和同

學聊天。

和人溝通時一定是有來有往、一來一回的雙向溝通，一定是兩人以上的型態才能做溝通。不管是表達或接收訊息溝通，都要經過複雜的感官認知處理過程，就算是簡單一句：「你決定就好！」在知覺和認知處理過程中，你要先分辨對方說這句話的先行詞是什麼，如果說的是：「你比較有概念，你決定就好！」那認知經驗告訴我們這句話除了「你決定」外，並沒有其他特別的意思；但是如果說的是：「你既然這麼行，你決定就好！」我相信一般人聽到這樣的表達，肯定知道話中有話，絕對不能自己決定的意思。人與人之間的溝通之所以複雜，因為這些口語中代表的意思，不僅僅是字面所代表的意思，還必須判斷表情、肢體動動作、聲調、語氣許多因素結合後，才能了解說話者真實的語意。為什麼在進入社會與人接觸的機會增加，就一定要學習一些適當的溝通技巧？因為語意、語境的學習與了解並不容易，而不同的人、不同的場合也會有不同的溝通方式，所以我們說人際關係的溝通是一個複雜的行為，真的是一點也不誇張。

三、目的性

我們為什麼要和人溝通？溝通是為了表達自己的想法、感覺讓對方知道，溝通是為了說服別人同意自己，溝通也是為了了解別人，這些都是溝通的目的。任何形式的溝通都是有目的的，就算沒事和人閒聊、哈啦都是有目的溝通，透過聊天的過程，可能彼此關係更接近。

人際關係的交際與溝通，不會是漫無目的的，不同的目的源自於不同的需求，如情感目的、社會目的、學習目的。

㈠情感目的

回顧戀愛史，很多人的另一伴都經由朋友、同事或親戚介紹認識，這樣的人際網絡，確實對結識異性朋友提供了機會。通常在這樣的場合你可能會聽到男士說：「你好！我是×××，很榮幸有這個機

會認識你！」

　　我們對家人表達關懷或愛護之意，可能會藉著相互擁抱的肢體語言讓家人感受我們對家人的愛，或是和家人說聲「我愛你們」，都能讓家人了解你的情感。這些口語和非口語的表達，目的也是為了維繫家人之間的情感。

（二）社會目的

　　很多人在社交場合中，就是想藉機認識不同的人，也許在拓展人際關係時，也同時拓展了業績。或是在與人建立關係時，碰到一個志同道合的人，彼此相知相惜成為工作夥伴也有。也許在接觸交際之初，並沒有對特定對象設定特定目標，但表達訊息的人一定會希望得到認同。

　　例如甲乙雙方在社交場合認識，彼此的招呼用語，甲說：「您好！我叫張××，初次見面，請多指教！請問您貴姓？」乙回答：「您好！張先生，敝姓莊，我也很高興能認識您！這是我的名片。」「我在保險業服務，如果有任何可以效勞或服務的地方，您可以隨時聯絡我。」藉著自我介紹的機會，釋放一些業務上的訊息，達到拓展人脈和業務的目的。

（三）學習目的

　　從小到大，我們所認知的學習大都在課堂裡發生，學生經由老師口說、書寫或具體溝通的行為，了解老師所講授訊息的內容。但其實在日常生活與人溝通的同時，學習行為也正在進行著，比如我們在表達訊息時，會同時觀察對方的回饋（微笑點頭表示認同、緊皺雙眉可能表示不同意或疑問），當接收到正向回饋時，這樣的溝通經驗值會被加強、鼓勵而被儲存，可能有相同的對話情境，會被拿出來再度使用。但是，當對方給予負面的回應時（例如說錯話讓對方不開心或是說的話讓對方不感興趣），這時表達訊息的人，就會知道這樣的應對、說話的方式是會讓人感受不佳的。這樣負面的經驗值會被弱化、

修正，學習到同樣的錯誤溝通不要再發生。

1. 溝通除了有學習上的目的，溝通技巧也是可以透過學習獲得。經過學習過程後的檢視，從觀察他人的溝通的方式，模仿這些溝通的行為模式，將人際關係溝通的技巧運用在實際的生活中，經過錯誤修正後將所學習到的技巧吸收內化，讓學習到的溝通技巧符合自己的表達方式。

2. 人際關係溝通技巧學習的運用也有一些重點要注意。

從不斷的練習和不同的回饋中學習增進自己的人際關係與溝通能力。

整合連結相關口語和非口語的訊息回應。

溝通訊息的意義表達以目標為導向。

所有溝通時的動作行為的表現要流暢且態度有禮。

四、非選擇性

有的時候心情不好不想與人說話溝通，但仍然必須要回應別人說話的情況。也就是說，除非自己一人獨處，否則只要是與外界交際連結，就無法按照自己的意思，「想說話就說話，不想說話就別來煩我」。尤其在工作環境裡更是無法隨心所欲的選擇溝通與否。雖然無法自主選擇說話溝通，但這時候肢體語言常會不自覺顯露出你的情緒。有時會心不在焉，有時會皺眉表現不耐，有時甚至面無表情，這些肢體語言都明顯表達出你不想要溝通的訊息。在服務業中，當有服務人員說話時皺眉或面無表情，一定會引起客人的不悅，結果不是被客訴就是客人不再光顧。

五、必然性

人是社會群體的動物，為滿足生理、心理的需求，就必須和人溝通。也許有人會認為宅男、宅女們天天窩在家裡掛在網上不需要和人

交際溝通，但是網路也是一種溝通行為。上網買東西、賣東西，上網交友，甚至上網對戰，都會發生溝通的行為。但畢竟不是所有人都喜歡宅在家中不交朋友也沒有社交，所以與人溝通交際是生活當中的必需也是必然。

許多人際關係的理論探討都認為，溝通是人際關係中的必然，因為不論是個性外向活潑、內向害羞或是沉默寡言，儘管是住在偏遠的山區，都有和他人溝通的需要。也許你認為只要不說話就不必也不代表溝通，事實上一個眼神、一個動作也都是一種溝通的表示。不擅言詞的人就算不說話，害羞的表情和肢體語言，也都在和人溝通，讓人從這些訊息中了解他是一個不擅表達的人，所以說溝通是人際關係和生活中的必然。

六、連續性

我們聊天說話，不論參與話題的人數有多少，一個話題從開始到結束，訊息的表達必須有連續性。如果訊息傳達被突然中止，或被干擾，都會導致無效溝通。當一個訊息表達後，經過認知處理接收，再由接收訊息者回饋，不停的表達、接收、回饋，讓被傳達的訊息不被中斷、持續的被正確接收。如果交談的兩人正在談論下次會議要提出的建議，話沒說幾句，有人想和交談兩人的其中一位商量事情，所以話題因此被中斷，兩人之前的交談訊息被打斷而被迫中止，這段訊息溝通是不完整的，所以當下一次同樣的兩個人重啟一樣的話題，一定得重新開始或從被中斷的訊息處連結，繼續未完成的話題或內容。

一些日常生活可能會有的實際經驗，當撥打網路電話時，因為線路或網路傳輸有干擾，可能對方說了三句話，只聽到後面兩句：「媽媽在家嗎？我是小俊，可不可以請她聽電話？」由於小俊成績單快寄到家了，怕爸爸看到生氣，想請媽媽幫忙攔截，但因為電話干擾，沒聽到找媽媽，爸爸卻接了這個電話。或撥打國際電話時因為時間差的

原因，讓雙方說完話後遲遲收不到回饋的訊息，而要開口說話時，對方也跟著一起說話，讓訊息無法連續，使得彼此無法順利溝通。

七、關聯性

人際關係訊息的傳遞「回饋」，雙方有來有往，而這個不斷往來的許多訊息前後都有關聯，除非話題結束或是改變話題。你也許有這樣的經驗，在餐廳或是喝咖啡時，入坐前鄰座的客人就已經開始某個話題了，雖然話題的開始你並沒有聽到，但是聽到後面的敘述，十之八九可以猜到他們在說些什麼。或是你聽到旁邊客人的話題剛開始，中間去上了個洗手間，回到坐位上話題仍然持續著。

例如甲說：「那天聚會結束後，你和老婆就回家了嗎？」乙回答：「沒有！結束之後我們去看了午夜場。」或：「嗯！第二天一早還有事，所以早早回家休息。」看似理所當然的回答，因為彼此訊息的表達和回饋有關聯，才會符合我們說話溝通的邏輯。如果乙的回答是：「那天晚上的電影很好看。」我相甲會認為自己的問題表達不夠清楚，應該會再一次重複表達的問題，試圖得到問題中符合邏輯且有關聯的答案。

我們和人說話溝通時，溝通往來的內容在一問一答、一來一往之間，每一句話的前言和後語都互有關聯，不會是一句話一句話都單獨成立，不與前後詞彙發生關係。比如我問：「你早上上班是開車還是坐車？」有可能的回答是：「我都開車。」、「我都坐車。」、「有時開車，有時坐車。」或是：「我不開車也不坐車，我走路上班。」絕對不會有人回答：「我身高一百八。」這樣回答別人可能認為你聽錯了或是你在胡說八道。

八、人際關係是一個處理過程

人際關係的經營要有兩個或兩個以上的參與者，表達訊息者將訊

息表達、傳遞給接收訊息者，使訊息被有效傳遞和了解的過程。老師跟學生說：「這次數學小考不及格的同學起立！」不及格的同學站了起來，代表老師訊息表達後，訊息被清楚的傳遞和接收，所以不及格的同學會起立。從老師的訊息被表達到學生接收訊息後反應的過程，就是讓溝通有效的處理過程。

第五節　人際關係溝通的元素

溝通在我們的生活中是無所不在的，也是無時無刻不在發生，一大清早起床後溝通就開始了。當然所有的溝通都都是有一定的目的與意義和一些必要的條件。

構成一個有效的人際關係溝通有幾個必要的條件，有人際關係裡溝通的人、溝通的訊息內容、溝通利用的管道、溝通時所在的環境，和溝通過程中的回饋。

一、溝通的人

人際交往溝通的元素中，溝通的人是最重要且不可缺少的，溝通時沒有人就不成溝通，且溝通時必須有兩人或兩人以上的參與。如果一個人對著物品或自己跟自己說話，我們說這是自言自語。如果自言自語的頻率太高，多數的人會認為說話的人行為較異常，這樣的方式不是我們認知的溝通。在路上偶爾會看到有人自言自語，可能是戴著耳機和人講電話的個人習慣，而戴著耳機和人講電話也是我們認知的一種與人溝通的形式。有兩個或兩個以上的人，縱使說話的人只有一個，但仍有訊息傳達的一方和訊息接收的一方。

1. 有兩個人一對一的溝通（交談、聊天），有一對多的溝通（演講、簡報、主持會議），有多對一的溝通（面試）。
   兩個或兩個以上的溝通方式。

2.有與人面對面的直接說話溝通方式

　書面、文字、視訊、電話間接的溝通方式。

3.溝通時與溝通者的關係

　溝通時彼此有來有往，就是所謂的雙向溝通。例如無話不談的好友、老師和學生、哥哥和弟弟、同事同學間的對話。依據溝通對象關係的不同，表達時的態度和用語也會不一樣。

4.溝通的角色可以互換

　在表達溝通時，有說話表達訊息的人、有聆聽對方說話的人，這時你是聽別人說話接收訊息的人，下一秒你可能立刻變成開口說話表達訊息的人。上課時老師講、同學聽，但當老師提問時，就是學生講、老師聽，也就是聽者與說者角色的互換。

二、溝通的訊息

　溝通要有意義，一定要有溝通的訊息和內容，沒有訊息內容的溝通是不具意義的。早上出門碰到鄰居，沒有對話，但彼此互相點個頭，這個動作就是溝通的訊息，代表著跟對方道早問好之意。如果一早出門碰見鄰居，只是互看一眼沒有說話、沒有點頭示意，可能代表雙方的關係不佳。不說話、不點頭也是一種訊息的表達，溝通必定有訊息、有內容，才能使得溝通有意義。

　溝通時不管用什麼方式傳遞，一定要有傳送後可知的訊息。而溝通訊息的內容有口說表達的：「你是我最好的朋友。」用文字寫張卡片寄給好友上面寫著：「你是我最好的朋友。」或是不發一語握著好友的手。這些訊息不管是使用口語、文字、肢體表情，收到訊息的另一方，都可以很清楚的從你表達的訊息中了解，他是你最好的朋友。

　溝通訊息的傳遞方式是雙向交流，雙向訊息溝通傳遞就是溝通的兩造，都使用口語方式互相傳遞訊息。另一種訊息傳遞則是指溝通的一方以口語表達傳遞訊息，但溝通的另一方則使用非口語或表情肢體

語言回應。溝通訊息的傳遞，不會因為溝通的另一方沒有說話，就代表溝通沒有進行。

例如兒子超過門禁時間回家，老爸責問：「幾點了！還曉得回家啊！」兒子不吭一聲，摔門進了房間。

例如公司業務部門主管宣布：「下個月業績必須成長百分之十以上，而且目標一定要達成！」而部屬們縱使覺得不合理，此時大家可能面面相覷，但也都噤聲不語。只有努力的達成目標，要不就得有換工作的打算了。

例如將領率兵打仗，下令：「死傷不計，唯一使命就是完成任務！」而士兵仍然直挺挺的。我想這時候不會有人舉手說：「我好怕！我要回家！」這種命令或宣布行為的溝通方式，感覺上好像不是溝通。因為既然是溝通就會有來有往，而不是只有一人說話，另一人或其他人都沒有回答。但事實上這些例子不說話的另一端，他們的溝通方式選擇了非口語的方式表達。兒子摔門表示不滿，有可能的OS是：「你說夠沒？」「你講完了沒？」部屬們面面相覷的表情或士兵們從容的表情，都是一種非口語表達的溝通。

你跟朋友說：「你是我最好的朋友。」朋友可能會回答：「你也是我最好的朋友。」如果沒有說話，也會用感動或心有同感的表情，給你一個溫暖的回應。如果對方沒有任何言語或表情動作訊息回應，你一定會以為對方沒有聽到你方才所說的話，可能會重複一次你想表達的訊息確認對方了解。因為訊息的傳遞必須互有往來，才能讓溝通的行為延續，但如果訊息的傳遞沒有獲得相應訊息的回應，溝通就會變得無效。

三、溝通的工具與感官訊息傳導

人與人溝通需要的訊息需要被傳遞，訊息傳遞可以從視覺和聽覺的方式被接收，也就是聽到對方說的話、看到對方的表情或是以文字

形式表達的訊息。自古人與人的溝通除了用面對面的方式，文字書信的溝通是最常被使用的方式之一。現代人的溝通方則多了電話、三C網路、視訊等多種媒介，不論何種傳統或先進的訊息傳遞媒介，最終目的就是要將訊息準確無誤的傳遞，使得溝通有效。

所謂的感官就是指我們的感覺器官，包括眼睛（視覺）、耳朵（聽覺）、鼻子（嗅覺）、皮膚（觸覺）和嘴巴，這些感覺器官在溝通時扮演著訊息接收與表達的傳遞媒介。少了任何一樣，對於溝通都會產生不便或障礙。

㈠視覺訊息傳導

如果以文字訊息傳達，我們則使用視覺管道來接收傳達。當和人面對面溝通的時候，我們在說話表達時，會使用視覺觀察訊息接收者對我們給予訊息的的反應。或是當對方說話時，使用視覺接收說話者的肢體語言，確認對方所說的話和非口語行為所表達的訊息是否一致。若不是以口語或非口語的方式進行，而以文字形式來溝通，就更需要依靠視覺的功能。在人際關係中所強調的第一印象，就是由第一眼的視覺接收，透過個體認知決定好感度的高低，穿著得不得體、服裝整齊乾淨與否，都會經過視覺的傳導，影響別人對我們第一印象的好壞。

㈡聽覺訊息傳導

當使用面對面的方式口語溝通，我們用說話來表達，對方或自己都會使用聽覺，專注口語訊息的接收。但說話時也伴隨著一些肢體語言，這時我們靠聽覺和視覺，同時接收訊息傳遞到大腦。

撥接電話時我們必靠著聽覺和對方溝通，沒有視覺感官的輔助，這時聽覺專注就變得很重要了。比如電話中看不到另一方的表情，聽到一個嘆氣聲，我們會可能緊張的問：「怎麼了？」因為沒有肢體或其他表情的行為輔助，只能從聽覺中接收對方說話的內容、語氣、音量、速度，來判斷真正的語意，在感覺認知中較容易有誤差而產生溝

通障礙。

(三) 嗅覺訊息傳導

背後有人走過，不知性別、身高、年齡，但伴隨著一陣風，聞到一股淡淡茉莉花的香水味。味道也有溝通的效果，這個香味的訊息也透過嗅覺傳達，讓我們知道從背後走過去的人，八成以上是位女士。有位男士跟你問路，還沒張口就聞到老菸槍身上的味道，一開口還飄出口中殘留的檳榔味，實在讓人好難不屏息以待，原因不是對方讓人期待，而是身上的味道令人不敢大口呼吸。

有人會懷疑：「嗅覺如何影響溝通？」很多人有習慣在約會前先洗個澡、打扮一下再踏出家門，或是沒有時間就換個乾淨的衣服，出門前還噴了點香水或是口香劑。這些行為都代表了我們在意身上的汗味或體味，會影響別人對我們的感覺。尤其當對方對自己身上所散發出的汗味、體味或口臭感受不佳時卻也不好當面說出來，也因此對人際關係的建立與經營多少都會有些影響。這也就是為什麼香水或身體清潔產品歷久不衰，還能說嗅覺不影響溝通嗎？！

(四) 觸覺訊息傳導

協助視障人士使用的點字模式，則是靠觸覺來傳達訊息。當然一般人面對面溝通時，肢體的接觸所使用到的觸覺在人際關係的經營也是不可少的。

例如西方人為了表達情緒或感覺的支持，往往會給對方一個溫暖的擁抱，或是在額頭上親吻，表達對家人的關懷之意。

東方人表達情緒相對含蓄，父親表達對子女的鼓勵或關懷時，會拍拍孩子的肩膀，或是當姊妹淘有傷心的情緒時，好姊妹會握著她的手，讓她感受到精神上的支持。

雙方見面問候行握手禮，對方也可以從觸覺知悉你握手的力道、方式所代表的意義。筆者好友曾經有過一個不愉快的經驗：在某個場合，朋友的老闆介紹另一個大廠的老闆給她認識——這位大老闆在商

場上的策畫與謀略一直是她的學習標竿，對方主動伸手行禮，好友也伸手回禮，未料此時感覺對方用手摳著她的手心，讓好友對此人的尊敬感頓失，取而代之的是厭惡與噁心。

觸覺溝通在人際關係中對象的使用，多半屬於家人、好友之間的關係，而對於初次見面或點頭交的關係，肢體接觸的觸覺溝通最好僅止於握手問候。

四、溝通的環境

人際溝通交談一定有溝通發生的地點，這個地點可以是任何地方。溝通時的地點也會影響溝通的品質和效率。當與人對話溝通時，人們會選擇適合話題內容的環境，可以配合說話時的情境，提升訊息的表達和溝通的效率。男女約會或是求婚的地點希望是浪漫的；談論重要的事務表達訊息的地點可能要求嚴肅；在喜宴的場合中少有傷病或悲傷的話題；醫院加護病房前，也不太會有人開心的聊著好笑的事情。

與人交談時的空間、地點並非固定不變，有時會在室內，有時在會大街上，有時可能會在安靜的圖書館，或是發生在嘈雜的市場中。如果所處環境是舒適的，情緒上相對穩定，溝通表達就會比較順暢；相反的，所處溝通的環境充滿噪音，或是不時有一些干擾，這樣的溝通品質一定較差。

溝通所處的環境會有許多干擾，包括外在環境干擾，和說話者本身心理因素產生的內在干擾。但無論是內在還是外在的干擾，多少都會造成溝通者情緒上的干擾。

造成情緒干擾的原因有很多，氣味干擾、噪音或周邊來往人員的干擾、說話溝通地點的溫度太高或太低，這些原因多半來自接收訊息者和訊息表達者外在的干擾。

㈠氣味干擾

當交談溝通的所在位置有讓人不快的氣味產生，會讓對氣味敏感的人坐立難安，影響接收訊息而造成干擾。曾經與朋友同遊巴黎，在歐洲仍然有些餐廳未實施禁菸，讓抽菸的人和不抽菸的人坐在同一個空間用餐，餐畢鄰桌的男士隨手就抽出一根菸，好不享受的吞雲吐霧起來，讓不抽菸的我和朋友們一邊吃著牛排配著紅酒還不停的咳嗽。之後大夥也沒心情聊天說話了，忙著大口吃肉、大口喝酒，豪邁不輸北方漢子，只為速速逃出那煙霧瀰漫的地方，好一副狼狽的畫面。我們所有的用餐談天的好氣氛，也隨著巴黎先生所吐出的二手菸煙霧一樣的煙消雲散了。

㈡噪音干擾

交談溝通的空間或地點，如果所處的環境音量過於嘈雜，這時說話的音量必須提高。一般正常說話的音量約在五十分貝左右，如果超過六十，都會影響心跳或血壓。所謂的音量干擾，並不是只有音量大才會造成干擾。音量過大就是噪音，也絕對會造成溝通時的傾聽障礙；如果口語訊息音量太小，一樣會產生接收訊息上的障礙，也屬於音量干擾。當然在要求絕對安靜的場合或地點說話溝通，也絕對不是一個理想的說話環境。在圖書館中說話的音量必須降低，但是音量如果低於對方可接收的範圍，容易使接收訊息的一方產生無效傾聽。

有時候住家或工作地點附近如果有工程在運作，工具機挖土鑽地的噪音，常常搞得人心浮氣躁。與人溝通交談時，類似這樣的噪音出現在周遭，我想工程運作機器的音量會影響傾聽的品質外，噪音的頻率也會讓處在這樣環境的人，沒有辦法心平氣和的與人溝通。

㈢溫度影響

皮膚是人體最大的感覺器官，太熱、太冷都會讓人馬上感覺到不舒服。百貨業者也做過調查，夏季氣溫上升一度，百貨公司的來客率就會多個幾成，代表著人人都喜歡待在舒適的環境。如果和人溝通說

話時，所處的地點溫度太高，讓人熱汗直流、渾身濕黏、汗臭薰人，一定周身難過，情緒也不佳，這時候的對話品質一定不好，還有可能因爲太熱產生浮躁的情緒，在對話中容易發生摩擦或是衝突。

㈣內在情緒干擾

　　另一種干擾是說話的人的內在情緒的影響。我想很多人都有相似的經驗：和家人爭執或跟男朋友、女朋友吵架，情緒低落影響了心情，這時候有人跟你說話，通常就算是回應了對方，也會讓人感覺沒有專心應對；或是心中掛著一件事，卻必須與人溝通說話的時候，總是會分神或不夠專注，影響溝通品質。

　　有一些干擾卻是來自於和你交談的對象，這些情況有對方的不專心：「不好意思！你說到哪兒了？」或是：「蛤！你說什麼？可不可以再說一遍？」忽視（眼睛看著窗外的風景或不看著說話者的眼睛）、不耐煩的表情（不時看手錶、抖腳或敲桌面的肢體動作），都是造成我們說話情緒干擾的原因，而這干擾都會影響說話者的心情，造成彼此的溝通無效或是發生障礙。

五、溝通時的回饋

　　我們說溝通時要有兩人或兩人以上，因爲溝通是一種有來有往的交流方式，一方不論是使用口說或是肢體語言行爲的表達，溝通的另一方都會接收到對方的訊息。接收到對方表達的訊息後，會對訊息的內容給予回饋或做出適當的回應，如此對方在收到回應或回饋時，確認想要表達的訊息已被正確傳達。讓溝通有回應，才能使溝通的行爲繼續，使溝通有效、有意義。如果溝通過程中，接收訊息的一方，對於接收後的訊息沒有任何回應，訊息傳達者會認爲可能對方沒聽到，或是對方不想搭理，都會導致溝通無效。

　　溝通時的回饋，簡單的說就是發出訊息後，接收訊息的人，接收到清楚的訊息，了解訊息內容後所做出的反應。發出訊息的人會依這

些反應，判斷自己的溝通是否有效，這些反應就是回饋。發出訊息的人依據對方有效（點頭）或無效（「蛤？你說什麼？」）的回饋，對下一個訊息做調整（音量調高或降低）。

也許在交際溝通時，你無法掌握對方給你的回饋是好還是不好，但我們必須注意當自己在扮演接收訊者的角色，不管是使用口語或表情、肢體語言回饋時，都必須適當合宜。否則會因為一個不佳的態度或一句不太有禮貌的話，讓交談的過程產生不佳情緒，使得溝通發生障礙。除非是對方惡意的攻擊，溝通回饋時我們的行為、態度、詞彙必須注意不帶負面情緒。

回饋或接收回饋時也有幾個技巧可以幫助你有效溝通，間接的也可以藉此提升我們的人際關係。

(一)回饋必須要及時

與人對話時，回饋應該是立即、當下的，有人說了笑話，旁邊的人都笑了，而你卻遲了五分鐘才笑出來，這時的反應與回饋會讓人覺得奇怪且不知如何以對。

當我們從別人的眼神或表情，察覺出有不確定、不愉快或不耐煩的負面回饋時，我們也得要立刻、及時的做調整。像是說了笑話都沒人笑，就代表你說的笑話真的不好笑，也許換人說說看，或是聊聊其他話題，會讓接收訊息的人因為有興趣的話題使得交談氣氛更加輕鬆。

習慣使用網路傳達訊息的人，發出簡訊後（尤其是詢問或求助的訊息），最不喜歡有些人訊息顯示已讀，卻沒有任何回覆，這樣會讓人覺得你並不在乎。當然，如果收到訊息，當下無法回覆，記得有空回覆時別忘致歉及說明，而如果有時間回覆壓力的訊息最好是使用電話溝通，可以避免三C產品（無網路服務、工作中使用靜音模式等）限制造成溝通的誤會。

㈡回饋要拿捏時機

前面談到回饋有時效，必須及時，但有些時候溝通回饋的時機必須視狀況調整。如果對話當時有情緒產生，應該先處理或安撫情緒，而不是問一些看似關心的詢問。事實上，在情緒的當下，沒人會顧慮溝通禮貌的。如果談到令人情緒激動的話題而放聲大哭，這時得先讓情緒稍稍平復，而不是急於詢問：「你怎麼了！你怎麼了！你先冷靜！」所以對於不預期的情緒或狀況的溝通，應該要調整回饋的時機。

㈢具體優於抽象

訊息回饋往來間，有問有答，當別人問你問題或尋求協助時，回饋的訊息最好是有具體的方法與做法，而不要是抽象的感想。甲女士說：「小孩不讀書，功課差，該怎麼辦才好？」乙女士回答：「等開竅就會讀了。」不管心情的安慰或是實際的幫助，這句話完全解決不了甲女士的煩惱。較適當的說法該是：「找時間和孩子聊聊，問問孩子學習上有什麼困擾！」或是：「和班導師聯絡一下，了解孩子在學校的學習狀況。」

常常會與三五好友逛街shopping，總有人會問：「你覺得那家的起司蛋糕好不好吃？」有人會說：「好吃！」有人會說：「我覺得不好吃！」還有人會用搖頭或點頭，明確的表示對這起司蛋糕的愛惡。但其中有一人不說話卻只聳聳肩，讓人不知道她覺得好吃還是不好吃；這樣的人在與人交際溝通時，總讓人覺得不太好相處。

㈣情感優於情緒

在許多人際交往的場合，總是可以觀察到，有些人說起話來，也許堆滿笑容但無法體會到溫暖，有人不擅言語，但和他握手的剎那卻能感受滿滿的真誠。男同事劉先生和電話中的老婆大吵一架，才掛電話，隔壁女同事陳小姐有工作上的需求，喊了一聲：「劉先生！」這時劉先生沒好氣的說：「幹嘛啦！」陳小姐有可能被這沒來由的氣也

搞得情緒不好，最後導致兩人的溝通無效，甚至有可能因而影響到同事情誼。

　　所以當有負面情緒時，不要將情緒帶進溝通和回饋裡，以免造成接收訊息或回饋時的障礙。但只要是發自內心的情感，不論言語、面部或肢體表情的回饋，都能讓接收訊息的人清楚感受到你的溫暖。

㈤ 適當的表情、肢體語言

　　嘴上說著：「真開心！」臉上卻是悲傷的表情；口裡說著：「你說得非常有道理。」但卻不停的搖著頭；口語加上不適當的肢體表情，讓人無法了解真實的語意。所以和人溝通說話時，必須配合適當的表情和肢體語言，除此之外，不同的語言環境也必須有適當的表情和動作。

　　1.與人見面接觸隨時保持微笑。

　　2.談話內容嚴肅或涉悲傷情緒時，面部表情應該肅穆與莊重。

　　曾經參加朋友的告別式，是一個悲傷離別的場合，當然未必所有的人都得要跟著哭泣，但隔壁另一喪家家屬的年輕朋友，竟自顧自的玩笑打鬧起來，後經旁人提醒才停止嬉鬧，讓人看了不禁搖頭。

　　3.對收到的訊息表示同意或認可時，可以點頭示意。

　　4.遠處與對方眼神接觸，可以抬起雙眉加上微笑，表示：「很高興看到你！」

㈥ 不適當的表情、肢體語言

　　1.別人說話時，不時的舉起戴錶的手腕看時間。

　　2.不時的看窗外或經過的人。

　　3.打哈欠、伸懶腰、抖腳、翹二郎腿。

　　4.對方表達過程中，不時以搖頭表示不同意。

　　5.玩手指、用手指敲打桌面。

　　6.單手或雙手托著下巴。

　　7.把玩手中的筆或紙上塗鴉。

第六節　經營人際關係的優缺點

一、經營人際關係的優點

㈠藉人際關係的連結取得優勢

　　許多社交場合，總是會發現有人高調說：「某某政要，和我上禮拜才一起吃了一頓飯。」「某某企業總裁是我的好朋友！」不管他所言是真是假，總是會有一種攀親帶故的嫌疑，或是想藉此自抬身價。但不可否認的，人際關係經營得越深，人脈越廣，機會相對會比經營較少的人要多。所以藉著人際關係的網狀連結，有很多人因此得到較多的機會。如果你自己也準備好了，相對的成功的機率也會比較高。例如你認識的朋友是某大企業的主管，交談中知道這個企業有招募新人的計畫，如果你或是你的親朋好友，對這家企業極有興趣，就算無法請託介紹，也比人家提早知道訊息和準備的方向，多了些達成目標的機會。

㈡增加自信、快樂

　　人際關係經營的過程中，不只是訊息的交換，還有成就的分享。也許每個人對於成就的主觀定義並不相同，有人認為當老闆是一種成就，有人將家庭照顧好視為一種成就，也有人認為錢賺得越多就代表越有成就。不論成就的大小，總是希望能與人分享，在分享的過程中得到別人的稱讚，因此增加自信，得到精神層次的滿足。例如馬斯洛在1943年發表的文章〈人類動機理論的心理學探討〉（A Theory of Human Motivation Psychological Review），提出「需求層次理論（Maslow's hierarchy of needs）：「基本生理需求、安全的需求、愛和歸屬需求、尊重的需求、自我實現的需求」，探討人在基本需求被滿足後，會尋求更高層次的需求滿足。人際關係的經營就是要滿足愛與歸屬需求，努力在團體積極努力表現獲得認同與尊敬，進而能發揮

潛力，完成自我實現的目標。

㈢ 維持生理或心理健康

　　人是社交群體的動物，可以短暫獨自一人思考、工作、休息，但絕對無法長時間獨自一人生活。也許有極少數的例子，有人長時間離群索居，不與其他人接觸仍可以存活，但那樣也許只能滿足基本生理需求，連低層次的安全需求都無法被滿足，更遑論要滿足較高層次的社交、尊重需求，當然最高層次的自我實現更不用討論了。精神層次的需要無法被滿足，長期如此一定影響心理健康。現代醫學常識也告訴我們，人的心理狀況有問題時，也一定會直接或間接影響到我們生理的健康狀態。

㈣ 安全感與歸屬感

　　人際關係的經營不僅僅是為了維持生理和心理的健康，個體也從經營的人際關係中獲得所需的安全感和歸屬感。父母給予子女的關愛，夫妻、情侶之間情感上的支持，朋友間的信任，個人得到團體成員的認同等，個體從不同關係的經營得到所需要的安全感與歸屬感。

二、經營人際關係的缺點

㈠ 金錢與時間的付出

　　聽到很多做太太的，會抱怨另一伴常常喝酒晚歸，而被抱怨的先生總是會說：「交際應酬啊，那也是沒辦法的事！」雖然我並不認同人際交往一定得喝酒晚歸，但是與人交往，從陌生到認識，彼此有好感成為朋友，如果認為有必要維持關係，花時間繼續經營是非常必要的。我們常說家人、朋友都是需要經營的，如果朋友心情不好打電話訴苦，你得花時間聽他說話或是安慰他，朋友生小孩請滿月，不管你是要打金鎖片還是要送其他禮物，也都會增加一些人情世故上的花費與支出。

(二)責任義務的增加

　　許多人建立人際關係後，人脈增加，自信增加，相對的責任、義務也會隨之增加。就像現在有很多網路交友軟體，會有一些親切提醒功能，這些提醒功能包括了約會提醒、生日提醒、託辦事項提醒等，這許許多多的功能，在人際關係的經營中多少對使用者會有些幫助。例如：朋友多，生日不可能一一記在腦中，但卻不能忘記；出國旅遊shopping或買伴手禮，有送親朋好友，也有朋友託買；朋友小孩想找工作，託你向你的企業主管好友說項；這些都是在建構人際關係網絡過程中，必須付出相對的義務和責任。

(三)感情投入後不易抽離

　　每個人經營人際際關係的過程中，和你人際網絡中的所有對象的關係，都會因為環境、思想的改變而產生變化。例如國中時期與高中或大學時期，往來頻繁的好友一定會有所不同。但到了一定的年紀一定會有一些關係穩定的好友，彼此經過長時間的經營與付出，相互給予心靈與情感上的支持。當這樣穩定的關係因為某些原因中止（因故離世或因衝突導致關係終止），而關係終止後對個體的心理和情緒會產生較負面的影響（負面情緒如悲傷、憤怒、感覺被欺騙、背叛），這些影響也需要較長的時間修復。

第八章

人際關係與衝突

第一節　衝突的定義

衝：「引申之義爲當也，向也，突也。」所以「衝」、「突」二字都有突然、阻擋或攻擊之義。

彼此關係因想法、利益牴觸相左而產生爭端。雙方因爲感覺、認知、價值觀的不同所產生的不一致。

兩個或兩個以上的個體，因不一致的價值或認知而引起對立的狀態。

雙方因爲想法或所關注的焦點不同，產生彼此不相容、對立的不和諧狀態。

因對立、緊張的情緒所導致心理、精神上神經緊繃的狀態。

林林總總對「衝突」的解釋，雖有些許差異，但對「衝突」的共同定義都是雙方不相合、對立的狀態。

我們從小到大的成長歷程，衝突在每個學習的過程中不斷的發生，我們也在衝突的過程中學習如何面對衝突、解決衝突或避免衝突。從出門堅持要穿一雙可愛的小花涼鞋（在一月又濕又冷的天氣）和媽媽在門口堅持不下、和大學室友在寢室裡因爲睡覺關燈或不關燈的問題各持己見，又或是端節、中秋假期和老婆爲了決定先回誰家而互不相讓。

我們每天所接觸的人、事、物何其多，與人發生衝突也是在所難免的，而衝突的發生沒有性別、年齡的限制，也不會因爲彼此的關係不同，就不會有衝突產生。雖然說我們的學習認知告訴我們要避免衝突的發生，但有時衝突對立也可能突顯問題的所在，爲避免下一次的衝突產生，發現問題、尋找解決問題的方法，也是衝突比較積極正面的意義。

每一個個體在面對衝突時都會有立即的反應，這個反應不論是選擇逃避、正面迎擊或是迂迴處理，與我們的認知和個性有很直接的關

係。比如說個性較衝動或血氣方剛、英雄主義的人，面對衝突時的反應較大，可能會採取直接回擊、硬碰硬的方式處理；而個性溫和或是較怯懦的人，有衝突發生時，則可能會盡量降低姿態，避免衝突。許多時候衝突的發生也許不是我們可以控制的，但我們可以學習去了解衝突產生的原因、分析衝突的類型，讓自己在面對衝突時可以用適當的方式處理，讓可能產生負面影響的衝突，因此化解甚或轉換成有效且正面的能量。

第二節　衝突種類

　　衝突的產生是因為不同的想法、利益發生對立所產生的行為，這樣的衝突有個體內在產生的衝突、有個體與人際之間的衝突、團體中內部產生的衝突和團體與團體間的衝突。

一、內在衝突（intrapersonal conflict）

　　內在衝突是指個體內在有兩個或兩個以上的動機相互作用的心理活動，而這兩個或兩個以上的動機是不相容且相互衝突的狀態。這樣的衝突是來自於個人內在心理的認知衝突，包括了人生觀、家庭觀、感情觀、金錢觀等與價值、原則、情感、想法或感覺有關的內在心理行為。接觸的人、事、物所釋放出有關內在價值觀、感情觀與自己的認知有所不同或衝突時，會和原有的認知發生懷疑或產生矛盾。如果新的觀念被評估為有價值，會變成新的認知，和原有的認知產生質變，而改變或調整自己對原有事情的看法與態度。例如異文化的融合最能表現內在認知衝突後的改變，新加坡多元種族文化的國家就是很貼切的例子。

　　例如一位環保人士對於「雪隧」的興建影響當地生態，和自己對環境保護的立場不同，誓言隧道建設完畢後絕不使用，因為這和他堅

持的信念有衝突。但不久前這位環保人士卻打破自己的承諾坐車利用雪隧通行，他的理由是與人相約從不遲到。不遲到、守時也是他的內在價值觀。因為「雪隧」距離短、速度快，為了守時做了不得不走隧道的決定，就是一個內在價值衝突的例子。

內在衝突中，角色衝突是一個非常明顯的例子。現代婦女多數是職業婦女，有些女性在仍然是男性為主的職場表現突出，一旦結婚生子，許多職場女性就會面對，媽媽和職場上的角色扮演是否適當，這樣的問題而產生內在衝突。在面對類似的內在衝突時，個體會有幾種處理方式：

㈠解決內在衝突

當內在衝突發生時，在競爭衝突中如果試圖解決認知上產生的衝突，會傾向面對衝突，會選擇兩種衝突認知中較吸引自己的一方前進。如上例女性主管結婚生子後仍然希望在職場上有所表現與經營，就會選擇繼續留在職場中，但這樣的選擇就得面對當家庭和工作無法兼顧協調時接踵而來的壓力。

㈡內在衝突妥協

選擇衝突雙方相似或接近的範圍做一定程度的妥協，是一種內在衝突妥協溝通的行為模式。職場中女性空服人員因為工作的性質常無法有正常作息，所以當結婚生子後，如果沒有家人的支持或援助，有許多人會選擇做一定程度的妥協。可能幾經思考後放棄喜愛的空勤轉調朝九晚五的地勤工作，因為地勤工作雖然不能繼續飛翔，但卻能天天看到小孩，免去飛至外地的思念之苦。

㈢避免內在衝突

當發生競爭衝突時，個體為避免已知和可能發生的衝突（另一半或相關成員的抱怨）會選擇較負面的結果。當關係中的家人都希望你辭去工作在家專心帶小孩時，縱使仍有強烈意願留在職場，為避免和家人未來一直在這樣的問題上發生衝突，可能會選擇離職。當然離職

對關係中的其他家人，可能是最好的選擇，但對於選擇的當事人可能是最不願意選擇的選擇。

二、人際衝突（interpersonal conflict）

人際關係的衝突是指個體關係中其他人的觀念、想法的不同，所導致無法達成目標而產生的衝突。其對象可能是父母家人、同學朋友、同事老闆或是服務或是被服務的對象。每個人從小到大在人際關係的溝通與建立，應該都經歷了無數次衝突或對立。如果不是自己個性問題使然，多數人會在每一次的衝突中學習經驗，避免同樣的衝突再度發生。人際關係的經營並非一帆風順、無風無雨，因為關係中會有彼此的好惡與情緒，長期的經營和維持也是要歷經許多的衝突、妥協、調整，才能讓彼此關係更為穩固。

父母的價值觀直接影響孩子對事情的看法，有些父母教導孩子要有節省的觀念，不該、不需要的東西一毛也不會花。從小在這樣的認知影響下，認為勤儉、節省是理所當然而且是正確的價值觀；但是當結婚後發現另一半對金錢的看法卻和他不一樣。對方的成長過程從小是在父母的呵護下長大，該有的東西從沒缺過，想要的東西父母能力許可一定盡量滿足。夫妻因為金錢觀念有著南轅北轍的差異，而無法一起繼續生活，所以選擇分手結束關係。

我們不能評論哪一方的觀念、價值是對或錯，因為內在思想或價值沒有絕對的對與錯、好和壞，只有相對的適合或不適合。

三、團體內衝突（intragroup conflict）

兩個或兩個以上不同個體在團體中，因為想法、態度與團體的目標不一致而產生衝突。傑恩（Karen A. Jehn）在1995年針對團體內衝突提出兩種衝突的形式：

㈠任務衝突（task conflict）

任務衝突是指在組織或團體中個體和團體中的其他人，因為不同的觀點、態度、想法意見而無法繼續共同完成任務或目標所產生的衝突。

任務衝突包含了幾個要素

1.第一個要素是認知

當自己的利益、需求和目標認知與團體內的另一方有差異時所產生的衝突。餐飲服務企業的工作目標，是希望人員的服務要讓所有客人滿意，個性較積極且性急的服務員甲，認為快速的服務就是好的服務，也就是盡快將客人的餐點送至客人面前。個性較沉穩、緩慢的服務員乙覺得好的服務並不是快速，而是要將餐點送至客人面前之前，應先確認餐點的細節，認為服務人員的表現也是影響客人感覺滿意與否的因素。甲、乙對完成目標、任務的看法不一致，也因此產生任務衝突，如果在團隊中的成員，對於共作目標有不同的認知理解，就會造成工作的不和諧影響目標達成。

2.第二個要素是情感因素

情感因素包括了個體的情緒、感覺，不佳的情緒和感覺是造成衝突的原因，也就是說衝突中加入了許多個人情緒。同一個團體中的成員，因為不滿情緒而與其他人發生衝突，這些衝突後的負面情緒會影響團體內的工作效能。因此，有些機關或是企業的內部規定，如果同一部門的同事談戀愛結婚，會要求其中一人轉調其他單位，就是希望避免未來兩人可能因為家庭衝突的情緒因素而影響工作。

㈡關係衝突（relationship conflict）

關係衝突也可以稱為情緒衝突（emotional conflict），是指在團體中人際關係的不協調，讓關係緊張，產生對立。在團體內如果發生關係衝突，對團體常會有負面的作用，當有決策或討論時，也會因此對決定有不好的影響。關係衝突會讓團體內的成員情緒緊張或產生焦

慮，因此成員無法清楚有效的提出建議，關係衝突也會造成內部的誤解和對抗。

　　例如同一部門的工作好夥伴，因爲一次的晉升機會彼此產生衝突後，兩人關係並未修復反而漸行漸遠。因爲同時參與一個新的企畫案，兩人都必須提出建議，但彼此似乎沒有專注企畫案本身，而是針對對方的建議提出反駁。如果團體內發生關衝突，勢必對團體的正面效能產生抵銷作用。

四、團體間的衝突（intergroup conflict）

　　是指團體與團體之間的衝突，這樣的對立團體，雙方大都因爲利益不同，想法、觀念相異，而產生矛盾或對立。例如餐飲企業多半與消費者團體站在不同角度看待交易：企業認爲一分錢一分貨，想要得到好的品質，就要付出更多的費用；消費者則認爲花錢就要享受應有的服務。因此，常見的消費糾紛，大都是因爲觀念、想法的對立而產生的。

第三節　衝突的階段

　　任何一個衝突發生，不管衝突維持的時間久暫，每一個衝突都有開始到結束的循環模式，這個模式的階段分爲衝突潛伏階段、衝突危機階段、衝突感覺階段、衝突處理階段、衝突結果產生階段。根據羅賓斯（Stephen T Robbins）1998年出版的《組織行爲學》（*Organizational Behavior*）中提出的羅賓斯模式（Robbins's Model）將人際關係中衝突產生的過程分爲五個階段

一、衝突對立潛在階段（potential opposition or incompatibility stage）

這個階段是衝突的前兆，衝突是存在的但還沒有被發現，彼此可能因為潛在的對立，或是在這之前產生過衝突但並沒有被適當的處理。這個階段引起衝突的潛在危機有溝通時不當的口語、非口語訊息的表達，當然也包括影響個人情緒等其他因素。

例如小張、小王兩個是公司業務部門的同事，兩人在業務部門的業績表現都很出色，小張和小王交情不錯，平日下班還會相約吃飯聊天，也會互相切磋業務上的心得，以及分享面對難纏客戶的經驗分享。公司業務主管有職缺，希望從業績表現較佳者中晉升，小張、小王都有角逐這個主管職務的意願與資格，這讓兩人從原來的合作夥伴關係變成競爭的對手。兩人為在工作中求表現，也不像以往那般可以毫無顧忌的閒聊或分享，隨之而來的可能是為爭取更好的業績彼此激烈的競爭。最後由小王爭取到主管的位置，但小張對小王爭取主管職的過程與方法有諸多不滿，這樣的情緒雖然沒有表現出來，卻可能成為衝突的潛在危機。衝突的產生有個人、結構、溝通等幾個因素。

(一) 個人因素

衝突產生是因為個人的因素導致，每個人都有自己對事情獨有的看法，或是對事情認知產生的偏誤，許多的行為表現也會因為個人特質或個性而有不同的結果。一個個性慢條斯理的人和一個個性急躁沒有耐性的人共事，在彼此適應的最初，一定對於彼此處理事情的方式或多或少會有不滿的情緒發生，如果沒有一個適當的協調溝通和適應彼此的方式，衝突必定隨之而來。

(二) 結構因素

結構因素所造成的衝突：

企業體系龐大或是公務體系的公家機關，人員眾多結構複雜，成

員容易因為考核、升遷、責任的劃分產生衝突。一個以年輕、創意為號召的廣告公司，公司的成員多半會因為在工作上堅持自己的創意和想法，和其他成員產生想法上的衝突。

(三) 溝通因素

溝通因素產生的衝突，包括口語表達、非口語訊息的傳遞，舉凡在人際關係中所使用的溝通工具，都可能因為技巧不佳或是雙方理解程度的誤差產生衝突。口語表達時使用的詞彙、語意不夠精準，非口語訊息的行為，例如表情、姿勢及動作的不恰當，都有可能造成溝通雙方的誤解而產生衝突。常在路上看到有人因為一句話、一個表情，和對方發生言語或肢體上的衝突。上下班趕車有時搭手扶梯，如果前面路人的行進速度過於緩慢，可能影響你趕車的時間，這時我們通常會說：「麻煩！借過一下！」或是：「對不起！借過一下！謝謝！」聽到這樣的話絕大多數的人都會欠身一讓。但如果你說：「走開！」或是說借過時帶著不耐的語氣，我想修養好的不跟你計較，遇到脾氣不好的兄弟或大哥，不被海扁一頓就要偷笑了。

二、衝突覺察階段 (recognition and customizing stage)

衝突覺察時期的階段，衝突雙方彼此都能接收到對方不滿的情緒，潛在對立變得有感而且感覺不舒服，其中有人感覺到焦慮、挫折、生氣而對對方產生敵意。彼此關係變得緊張，只要有任何一個缺乏善意的行為出現，一個動作、一個表情、一句話，都能成為引發衝突的導火線。在這個階段如果已經感受到衝突一觸即發，不同的人在這時會有避免衝突或面對衝突不同選擇的機制產生。

三、衝突動機階段 (intentions stage)

這個階段會延伸衝突覺察階段時的防衛機制：避免衝突？或是面

對衝突？如果是想要避免衝突會採用衝突避免策略（avoiding），和衝突和解策略（accommodating）讓可能白熱化或可預見的衝突不要發生。如果選擇面對衝突也會評估面對衝突後的結果，採取衝突競爭策略（competing）、衝突妥協策略（compromising）或是衝突合作策略（collaborating）。

例如在夜店常會有一些酒醉鬧事的人，當一個醉醺醺、大聲說話的人從你身邊走過，不知是刻意或不小心的撞了你一下，這時如果閃過的念頭是：「撞我？活膩了？」你可能採取的是衝突競爭策略，就是要給對方一個教訓。但此時閃過的念頭是：「這人喝醉了！不要惹這種人。」你採取的是衝突避免策略，決定明哲保身不惹麻煩。

四、衝突行為階段（behavior stage）

衝突在這個階段是明顯可見的，衝突的雙方已經有衝突的行為或動作發生，通常由一方做出行為或動作，而另一方在接收到對方負面行為的訊息後，也會有防禦或反擊的行為相應，因此衝突行為產生。像是雙方因為互看不順眼，一方先出言挑釁，另一方接著也以言語還擊或是出手打人，從一方言語挑釁到另一方的言語或動作的回應行為，就是衝突實際行為發生的階段。

五、衝突結果產生階段（consequences effects stage）

當衝突行為產生後，實際的衝突行為並不會持續很久，當衝突結束後可能有正反兩種結果。

（一）正面的結果

1.引導出新的想法。

衝突、對立的另一種思考模式是不同的觀念與不同的思維。包容接受另一方迥異的觀念、想法，不同的想法可以創造出更多的新概

念。

2.刺激創新的能力、激勵變革。

3.提升決策的品質與組織活力。

4.衝突後會增加互信。

衝突前可能因為不同的立場、觀念、想法，讓彼此互有競爭與懷疑，但當衝突被積極解正面解決後，雙方會因為取得共識、理解而信任增加。

5.為個人或團體建立特色。

(二)負面的結果

1.危害健康

有些人處理衝突的方式選擇逃避或不面對，或者是面對衝突的強勢的另一方，所採取的方式就是接受對方的要求，或對對方的堅持讓步。長此以往會造成心理的壓力和負擔，而長期的心理壓力如果無法釋放，造成生理健康發生狀況是可預見的。

2.造成不佳氣氛與敵意

通常衝突處理不當，雙方的對立、不滿的情緒仍然持續著，雖然不再有明顯的衝突行為發生，但雙可能因此陷入冷戰。這種狀況在家中、學校、和工作場合常常發現，雙方因衝突冷戰，周遭被影響的有可能是家人、同學或同事。周遭的人會因為顧忌雙方的感受，而避免碰觸造成衝突有關的話題，比如平日工作上的聯繫，這時候會透過第三人傳達，也會影響整個環境原有的氣氛。

3.破壞團體的凝聚力

有時衝突並不單單發生在兩個人之間，有時會發生在團體與團體間。如果一個組織或企業中的部門與部門間，彼此為績效或表現讓資源產生排擠作用，影響其中一個團體的利益而產生衝突，這樣的衝突如果處理不當，團體彼此間的互助和諧會轉變成掣肘對立，也絕對無益於組織或企業的發展。

第四節 造成衝突的原因

人際關係中的衝突發生在個體和家人、朋友、同事之間，發生衝突時無法有效協調彼此不同的看法、觀念或感覺時所產生矛盾的狀態。讓雙方產生衝突的原因多半是認知不一致所造成的，這些原因有價值觀、時間、溝通的方式與態度、情感與資訊不足。

一、價值

夫妻、朋友、家人、同事，不論是什麼樣的關係，只要是彼此對於金錢的觀念或價值有所不同，就很容易為此發生爭執。尤其當發生金錢借貸時，而借貸行為大都是和你熟識的人，有人借了錢不還，被借貸的人還不太敢催促還錢，怕催促太急破壞彼此的關係。但還是有很多人因為金錢關係造成衝突，多年好友甚或家人反目的情況也時有所聞。

二、時間

約會等人的經驗不會少，有守時習慣的人會提早一些時間到達約定地點，但很多時候是看著有人匆匆忙忙的趕至相約處，還不時的為遲到向對方鞠躬道歉。但當道歉也無法平息對方的怒氣時，衝突也許就會因而產生。可能因為你的遲到，以致眼看著所要搭乘的交通工具駛離月台；因為你的遲到而讓一筆簽約生意泡湯。不要讓時間成為別人對你不滿的原因，準時、守時是第一要務，時間的管理與安排也很重要。有些人沒見他忙什麼大事業，但總覺得像個無頭蒼蠅一樣，不知在忙些什麼；但一些事業有成的人，時間管理卻是非常有效率。如果不希望因為時間和人衝突，就得好好學習時間的經營和管理。

三、溝通方式與態度

　　有時在餐廳吃飯，可能聽到有顧客向主管抱怨，說××服務人員態度不好。或是父親對兒子說話時，兒子的回應不佳，父親就會怒斥說：「跟你講話，你這是什麼態度！」這些態度之所以讓人不滿而產生衝突，可能是因為一個眼神、一個表情或是一個動作。排除故意或挑釁行為，要減少因態度造成的衝突，說話表達時要注意避免不適當的口語和非口語表達，以免讓人產生誤會而發生衝突。

四、關係中的情感

　　人際關係造成衝突常見的原因就是家人、夫妻、情侶、朋友關係情感處理不適當所產生的衝突。因為每一個人表達情感的方式不一樣，所以當男女朋友交往到一段時間，有些人會因為雙方對於情感的表達、需求和認知不同，而不時產生衝突。比如：女生認為愛就是要大聲說出來、愛就是無時無刻的在一起，生命中愛情是偉大的；但是男生卻認為愛就是你知道就好，愛有空間才會更好，人生除了愛情還有事業、友情。不同的感情觀與態度，造成許多認知上的衝突，不能說誰對誰錯，而是他們可能不適合，或是彼此為對方做些調整。如果雙方都願意為彼此付出，衝突對彼此也是有一些正面意義的。

五、資源的缺乏

　　需求理論提到，人類為了生存而有許多需求要被滿足，有些資源需求必須能夠被滿足，但在資源有限的情況下，勢必有部分的需求無法被達成，有相同需要的人就會因為互相爭奪而與別人發生衝突。有人為了搶停車位發生言語或肢體的衝突，這樣的事情屢見不鮮。全球資源短缺已經成為世界各國共同的議題，石油、天然氣、水資源的爭奪也成為許多國家與國家之間衝突的主因。不管是停車位還是石油、

礦藏、水源的衝突，都是因爲資源缺乏所造成的結果。

六、資訊的不足與錯誤

人與人溝通是要藉著口語或非口語的方式傳遞資訊，讓接收訊息的人知道我們所要表達的意義，但是訊息如果發生錯誤或者是缺乏正確的訊息，就會使得接收訊息的人得到錯誤的訊息，影響判斷以致做出錯誤的決定。此時如果錯誤的影響過大，也必定造成傳遞訊息者與接收訊息者之間的衝突。

「你沒告訴我，我怎麼會知道？」這是一句常聽到因爲缺乏正確的資訊表現不滿情緒的回應，訊息錯誤的不滿情緒也是造成衝突的原因之一。

第五節　人際關係中衝突的對策

人際關係中發生衝突，如果你的目的是要讓自己贏、別人輸，你就是屬於對自己關注度高、對別人關注度低的衝突處理模式類型。通常好勝心強的人，處理衝突時會將衝突視爲一種競賽，一定要爭個你輸我贏，似乎輸了就是一件不光彩的事。有時夫妻因爲一件事情的看法發生口角衝突，兩人互不相讓都要爭個輸贏，最後從問題的爭執變成人身攻擊，這樣的衝突已經模糊原來問題的焦點。如果沒有競賽輸贏的念頭，就應該是尋找衝突的肇因，最後目的就是解決衝突。

如果要在衝突中降低損失，尋求彼此最大利益雙贏（win-win）結果，在人際關係的衝突處理模式，必須對自己和別人都是高關注度。航空公司常常有班機客人因爲遲到沒有搭上原來的班機，這是屬於搭機客人自己造成的失誤，按理航空公司並沒有疏失。但遲到客人的行程，有下一段轉接班機時間上的壓力，客人的行程會因爲遲到而大亂或是延誤。這時可能因爲情緒的轉移會和航空公司的人員抱怨或產生

衝突，如果航空公司人員不理會抱怨，這位遲到的搭機客人也許會因為服務不佳的理由，不再搭乘這家航空公司的班機。但如果航空公司採取的方式，是協助遲到旅客轉搭相同目的地而且起飛時間最近的班機，能盡量趕上下一個轉機行程的時間，讓客人最後順利抵達最終目的，會使客人感受到滿意的服務，願意繼續選擇搭乘，達成一個雙方都滿意的雙贏局面。

Thomas-Kilmann衝突處理模式

衝突競爭
結果非輸即贏
一輸一贏的權力策略

衝突合作
增加可能的選項
達成雙贏局面

獨斷性
關注自己的需求在乎
個人需要是否完成

衝突妥協
盡量降低關係雙方的損失
在衝突中達成妥協

衝突避免
遠離衝突情境
保持中立

衝突和解
理解對方立場
保持和諧

合作性
關注他人的需求與關係的互動

　　TKI衝突處理模式（Thomas-Kilmann Conflict Mode Istrument）是由托馬斯（Kenneth Thomas W. Thomas）和基爾曼（Ralph H. Kilmann）在1974年提出的處理衝突的模式，從合作與競爭的角度解決衝突。

　　TKI是一種為處理人際關係衝突所發展的模式，模式有個基本的關注方向，一個是自我關注較高的方式處理人際關係中產生的衝突，也就是以自身利益滿意為前提下去解決衝突，這樣解決衝突的方向容易產生的結果大都是win-lose或者是lose-win一方得利的局面。另一個是對他人關注較高的方式處理衝突，在衝突的處理中，將他人的利益

與滿意放進衝突處理的考量當中，也就是處理衝突時比較能拋棄本位主義，也能站在對方的立場，使衝突結果盡量達成平衡甚至達到雙贏（win-win）的結果。人際關係不像商業競爭是一種長久經營的事業，經營的關係該是合作大於競爭，當人際關係發生衝突時，我們可以試著用不同的角度、換個立場看事情，對解決衝突可能有更好、更兩全其美的方式，讓彼此關係不會因為一個衝突而畫下句點。

這個模式提出五種面對衝突解決的策略：有衝突競爭策略、衝突避免策略、衝突和解策略、衝突妥協策略、衝突合作策略。

一、衝突競爭策略（coumpeting）

這種面對衝突的處理的模式，是與衝突的另一方直接面對競爭、對抗的策略，通常會利用權力迫使對方屈服，或是用勸說或建議的方式讓對方妥協。這是一種典型對自己高度關注、對他人低度關注的模式，採用這個方式的結果，必定造成衝突另一方的損失，也就是win-lose一方得利一方損失的局面。

例如：爸爸每個月給兒子五千塊的零用錢，兒子大半將零用金花在購買線上寶物，父親認為這不是發給兒子零用金的本意，於是要求兒子不要將零用金花在這裡，使用勸說的方式試圖改變兒子的行為。但兒子並沒有停止購買線上寶物的行為，於是父親便不再發給兒子零用金，沒有零用錢當然就無法購買，父親停止零用金的行為，就是在衝突發生時，使用權力要求對方改變行為或想法的一種衝突競爭策略。

這種衝突處理的策略模式，多半是在權力、地位、階級較懸殊的狀態下發生，表現在人際關係口語的表達通常也比較直接，大都是帶有命令、抱怨、氣憤或威脅等負面語意的詞彙。

例如：「如果你再……我就……」

例如：「你最好不要再……」

例如：「不要敬酒不吃，吃罰酒。」

例如：「別說我沒事先提醒你。」

類似語意的句子都帶有命令威脅的口吻和負面的情緒，會讓接收訊息的人感覺不佳，有時處理衝突的當下，情緒不受控制的狀況難免有之，如果再加上一些負面語意的表達，就算是贏了面子、勝了對方，但有時也可能輸掉別人對自己的尊重和維持不易的關係。

二、衝突避免策略（avoiding）

這是一種對自己低度關注、對他人也是低度關注的衝突處理模式，希望一切如常避免進入衝突的狀態。當有意識快要有衝突發生時，有些人的的處理方式會選擇忽視或是逃避，當作沒事一樣或粉飾太平般的想要將衝突或問題擱置。這樣的方式也許能將衝突暫時平息，但造成衝突的問題沒有消失，一旦有其他任何可以引爆的因素產生，衝突的再發生只是時間遲早的問題。避免面對衝突的策略，通常會造成彼此雙輸（lose-lose）的局面，採取避免衝突的方式處理人際關係，不願意讓任何一方受到傷害，真實的情緒或想法通常會被隱藏不被表達，如此任何一種關係的建立或維持都會發生問題。

例如一對結褵多年的夫妻，在經營夫妻關係的一開始，當感覺衝突或矛盾將要發生時，為避免爭吵或爭執，有時也不希望在父母或孩子面前出現衝突的場面，會選擇壓抑情緒避免衝突。但這種避免衝突的方式並不是冷靜處理，事後解決或溝通彼此的差異，最後調整自己達成彼此協調的結果，而是逃避、忽視問題，雙方變得沉默、不溝通，所以當有對立產生，沉默、不對話成為唯一的態度。長此以往，表面的衝突看似消失，事實上夫妻的距離會越來越大，就算沒有走向離婚一途，夫妻感情也會是相敬如冰的雙輸結果。

採用這種處理對策的人，雖然會盡量避免衝突，但表達的方式也非無聲無息的略過，有時衝突發生時，有一些人會用自我解嘲或是用

說笑話暗示的方式，來表達不滿的情緒與感覺，其用意也是希望用自我解嘲的方式帶過而避免發生衝突。與人接觸溝通時，常會聽到有人面對衝突時為避免衝突，使用一些自嘲的口吻表達，例如有同事甲理財有術加上省吃儉用，貸款買了一間地段好、位置佳且價格不低的房子。大家都好奇羨慕的討論著，同事乙酸溜溜的說：「唉喲！買豪宅耶！中樂透了？還是……」語氣中沒有聽出善意。同事甲為避免產生衝突，壓抑自己不愉快的情緒回答：「別開玩笑了，是好窄好窄，哪是什麼豪宅？」

　　蘇東坡的妹妹長相額頭飽滿，蘇東坡取笑的說道：「未出堂前三五步，額頭先到畫堂前。」蘇東坡的妹妹也不甘示弱，對蘇東坡扁平不突出的五官和較長的臉形回敬一筆道：「天平地闊路三千，遙望雙眉雲漢間；去年一滴相思淚，至今留不到腮邊。」歷史佚事有一段蘇東坡與其妹蘇小妹的一段互相取笑對方的對話，不論這段記載是真是假，現在看來，古人避免衝突的方式既幽默也不失格調。

三、衝突和解策略（accommodating）

　　衝突發生時採取和解的策略，表面上是維持和諧的狀態，但心中的情緒與問題仍然存在，是一種對他人高度關注、對自己低度關注的模式。解決衝突的策略的態度是消極、被動的，面對衝突的來源是包容的，這樣的包容在人際關係中的關係維持是有些許作用的。在衝突發生時會採取包容和解的狀況可能會有，當個人想法和認知被壓抑、衝突中有其他更好解決的方法時、退讓不會損失太多時、雙方產生衝突自知有錯時，或是當衝突會損害雙方關係的建立與維持的時候，衝突和解的策略較容易被使用。服務業中的工作時間通常與規律的上班族不一樣，非朝九晚五，更別說週休二日了，通常排班輪班制，一個月只能遇週六日休一次，因為服務業假日生意最好。同事甲因家中有事必須與同事乙換這個星期休假日的班，但同事丙也想和同事乙調這

個星期的假日休假日。丙同事是甲同事的工作組長，甲為了不讓組長因調班而對他產生不滿情緒，所以放棄和乙同事調班的念頭，決定再看看有無其他辦法可尋。

在人際關係中面對衝突時採取這樣的策略的人，一般在團體中會是別人眼中的好好先生或是好好小姐，通常是有求必應不太會拒絕別人的人。但在人際關係中真實的情緒或感覺有時必須要表達出來，就得學會適時的拒絕或「Say No」！

四、衝突妥協策略（compromising）

顧名思義，這個策略就是在衝突發生時，雙方採取互相妥協的方式來消弭爭端，是一種關注自己也關注他人，但是用最少的人力、時間、金錢成本花費節決衝突的方式。策略成功的結果會比衝突和解策略佳，但又不似衝突合作策略那般是雙贏的局面。因為採衝突妥協的雙方都會有一些堅持或需求得被迫放棄，才能與對方協調達成雙方妥協的狀態。這種策略最好使用在衝突的彼此屬於權力、地位相當的關係，或是在有限的時間下必須立刻解決衝突時。我們常常聽到企業與企業之間的競爭，大都使用這種低時間、人力、金錢成本的策略與產生競爭衝突的另一方談判、妥協。

大多數人有上網買東西的經驗，買家看到一個喜歡的物件想買，買家對這個物件的預算最多三千塊，但賣方的底價是四千塊。幾經訊息往來，賣方決定最多降五百，因為四千是他的成本價，三千五不接受就留著自己用了。思考再三，買家決定挪用這個月吃飯的預算五百塊，用三千五百塊買下這個物件。

例如在傳統市場的攤販拚了命的扯著嗓子叫賣，買菜的婆婆媽媽殺價的功夫也很了得，常常是討價還價的幾個回合。老闆抱著少賺不要賠的心情、婆婆媽媽懷著少花就是賺的信念，最後兩顆甜椒四十塊（比隔壁攤少五塊）成交。

五、衝突合作策略（collaborating）

在衝突處理的五個策略中，衝突合作策略在人際關係的衝突處理是最理想的方式，是一種對自己高度關注、對他人也高度關注的模式。使用這樣的方式處理衝突，可以讓雙方達成雙贏（win-win）的局面。處理衝突時的態度是積極主動且正面，衝突的雙方願意尋求最適合的方式解決問題，讓彼此對解決的問題都能獲得最大效益。

例如：老闆發現平日表現良好的小陳，最近上班總是遲到早退，交辦的工作常常無法準時完成。後來發現小陳因為太太生病住院兩星期，家中有兩個三歲、五歲的小孩需要接送照料，時不時的還得往醫院跑，家庭、工作、醫院讓他無法應付。了解狀況後，老闆讓小陳申請特休（待薪休假）一個月，有期限完成壓力的工作，可以帶回家中完成，讓小陳可以暫時好好的照顧家人。一個月後小陳結束休假，不再遲到早退，工作表現更勝以往。老闆提出可以為小陳暫解多方壓力的方法，小陳也以更好的工作表現回報，這是關注自己也關住別人達成雙贏的最佳模式。

根據哈吉（Owen Hargie）的《人際關係互動技巧的研究理論》（*Skilled Interpersonal Interaction: Research, Theory, and Practice*）提到，人際關係中面臨衝突時採用合作策略時，使用高關注且積極應對的技巧和態度，可以幫助你在處理人際衝突時達成雙贏（win-win）的局面。

1. 面對衝突時，不要將衝突視為競賽，抱著一定要在競賽中爭個輸贏結果的心態。

2. 對衝突產生的問題保留解決的彈性與空間，因為思考過後可能會有更多更好的解決方法。

3. 衝突產生，不針對個人，要保持對事不對人的態度處理問題，不要因為個人喜好愛惡或個人恩怨影響對事情的判斷，讓問題失

焦、衝突擴大。

4. 發生衝突，先確定是什麼樣的需要導致衝突，導引他人接受其他可替代的需求，因爲不同的方式仍然可以讓原有的需要被滿足。

5. 降低雙方歧異，找出彼此共同點和共同利益，使雙方由衝突對立變成爲共同利益或努力的目標，創造更多更好的衝突解決方法。

6. 產生衝突後不一味的堅持己見，採用問答方式，讓對方回答問題，可以幫助你了解衝突的的原因和找到解決衝突的辦法。

7. 不要讓衝突影響情緒，注意傾聽，使用適當的口語表達和肢體語言訊息，讓對方接收到誠意，避免引起其他情緒上的衝突，讓原有問題或衝突的原因失焦。

第六節　如何解決人際關係衝突

「一種米養百樣人。」意思是說每個人來自於不同的家庭和生長環境，當然也造就了不同的價值觀和對事物的看法與見解，所以想要別人和你的想法完全一致，那是絕對不可能的事。人與人之間相處不會天天都是開心日，常會有因看法、態度、價值觀和對事情處理方式意見相左而產生衝突。衝突在人際關係中的發生是必然也是無可避免的，因爲衝突代表著雙方有不同的想法、意見。在處理衝突的積極面而言，衝突可以在彼此關係中找到雙方協調溝通的管道，或是發現自己必須修正的錯誤，更進一步增進彼此關係的緊密與穩定。大部分的人都傾向避免衝突的發生，不過一旦有不能避免的狀況，試著讓自己學習面對衝突、解決衝突。不過解決衝突也必須是要在雙方都有意願的狀況下進行，才能產生正面的意義與結果；如果沒有解決的意願或誠意，一切都是紙上談兵，沒有幫助。在面對人際關係產生衝突時，如何有效的處理，有一些值得注意的技巧。

一、面對面溝通，了解衝突原因

　　不論是對父、母親、家人、朋友、同事或者是你每天接觸到的人、事、物，一個不留神可能就會和對方發生衝突。很多時候造成衝突不滿的原因不是在事件發生的當下，可能肇因於之前彼此不滿的情緒或經驗。有些人會將不好的情緒暫時壓抑，但並不表示不滿就此結束，多數時間會在另一個負面情境下的引導，將此次壓抑不滿的情緒一塊兒宣洩出來。經常出現在人際關係中的流言蜚語，在衝突的雙方沒有直接接觸的情況下發生，也就是有人可能刻意的中傷，或是不經意的談論八卦，而造成的衝突或不滿。如果想要清楚了解造成衝突的原因，最好是面對面的溝通，把疑問當面釐清，才能發現真正引起衝突的原因，對症下藥找到解決衝突的辦法。面對面的溝通是最直接、有效的溝通方式，電話、E-mail、社群網路工具，對於處理、解決衝突的效果，都不會比面對面的溝通來得有效。面對面的溝通必須使用口語和非口語或肢體語言來表達，如果衝突後要表達歉意，你說一句：「我誠心的為我之前的行為向你道歉，希望你能接受！」加上真心道歉的表情，我想大多數的人都會因為你這句話和這些動作，多少都能減少對你的不滿和敵意，如此接下來的溝通才有繼續的可能。

二、有效的傾聽

　　在溝通的章節談到，有效的傾聽對於溝通是非常重要的，而解決衝突時更需要注意傾聽對方，不打斷對方說話、專心聆聽。因為衝突產生時會有許多的負面情緒，這時候如果想要急於解釋而插嘴、打斷，這些舉動可能火上加油，不但原有的不滿無法解決，新的衝突也會產生。服務業中每天面對客人的服務人員，很容易因為服務的態度、口語、非口語肢體語言的表達，讓客人誤會或不滿而產生衝突。這個時候當客人有抱怨或不滿的表達時，不管客人表達當中是否有誤

會或與事實不符，都不要急於為自己辯護而試圖打斷對方的說話，這樣的舉動十之八九會引起新的衝突。因為傾聽的作用是要了解對方要表達的意思，衝突發生時的傾聽，也能使對方適時的舒緩情緒。有時客人不滿定位的限制而向服務人員抱怨，因為想要解釋實際的狀況，在對方有負面的情緒下打斷對話，最後客人抱怨的原因不是定位規定的不周延，而是服務人員態度不佳，我相信這是很多服務人員的實際經驗。

三、適時的道歉或感謝

雙方發生衝突，自己在衝突中是造成錯誤的一方，如果有意願為衝突做些彌補，一定要在一開始為解決衝突時的溝通，向發生衝突的另一方致歉，說聲：「對不起！」或是：「我為我的行為向你道歉！」就算只有部分的責任造成衝突，有誠意的道歉一定會讓對方感受到也釋出善意。一個面對衝突處理永遠不會道歉或表達歉意的人，在人際關係的經營與表現應該也是差強人意。除了適時的道歉，在衝突的處理中，表達感謝也是一種化解對立和敵意的方法。當雙方有歧見時，在衝突的當下可能因為情緒或情境，讓自己堅持自己的看法而不妥協、退讓。衝突後經過理性思考的過程中，發現對方的意見、看法的確比較好，要有認錯說「對不起」的勇氣外，如果能有接受對方看法的雅量，甚至向對方表達感謝之意，相信對方一定能感受你解決問題的誠意。

四、使用適當的口語溝通表達

日常生活中與人溝通就要注意口語表達適當與否，有人因口語表達技巧不佳與人發生誤會，有人因為說錯話而得罪人。當衝突發生時都會帶有負面情緒，這時得要更注意措詞和用語，以避免引發更多的不滿情緒。例如雙方已經有感衝突的氣氛，就必須降低說話的音量

和放慢說話時的速度。因為當情緒急躁或有壓力時，說話的聲調會提高，說話的聲音會越來越大聲，說話的速度也會越來越快，彼此對話氣氛有異，可以從這些地方開始檢視。當然說話的措詞和語意也要避免使用惡意攻擊、負面語意的詞彙，而說話時是不是少了一些該有的禮貌，也是一定要注意的地方。工作當中一起工作的同事彼此都很熟悉，一些該注意對話的禮貌會因為熟悉、親近而被忽略。如果需要對方代勞一件事情，以往可能會說：「如果方便的話，可以幫我到收發室拿一下資料嗎？麻煩你了！謝謝！」如果說：「你去收發室的話，順便幫我拿一下資料。」相較之下，任何人包括自己都希望別人使用第一種說話的方式和自己應對，以為熟悉就不需要注意說話時的禮貌，這樣的想法是錯誤的，和人溝通應對要降低或避免衝突的發生，平常就要多多注意口語表達的技巧。

五、善用肢體語言

要解決衝突，除了要有適當的口語表達，更要注意表現出的非口語的表情肢體動作。善用肢體語言的表達者，如果意識到衝突快要發生，這時一個適當的動作或眼神就可以降低衝突的發生。但是如果肢體動作或表情不恰當，對於可能發生或已經產生的衝突就會是火上加油，會讓結果更難收拾。

例如方雙發生較激烈的對話，像是音量提高、話語中少了禮節、言詞變得直接有挑釁的味道時，就該注意自己的情緒、說話的方式和肢體的動作，是否有引起衝突可能。自己的工作經驗中，曾經有一起工作的同事，因為顧客抱怨他服務態度不佳，要求他必須對不佳的態度道歉；但這位同事並不覺得他有像客人所指稱之態度不佳的行為，但道歉是客人唯一的要求，顯然客人已經要給自己和這位同事彼此一個台階，只要一個誠心的道歉，就能平息對方的不滿情緒；但這位同事得知要向對方道歉時，有一百萬個不願意，但主管認為服務至上，

希望這位同事能接受客人的要求；最後這位同事走到客人面前，一副心不甘、情不願還帶著一個「我是被迫的！」表情，面無表情的跟對方說：「對一不一起！」讓客人看了不知氣該打何處去；最後，客人決定向公司投訴，這位覺得委屈的同事也因此被公司懲戒，實在不知道該替他的遭遇抱屈，還是要為他用賭氣的方式處理衝突後的代價感到不值。但我相信如果發生衝突後，這位同事在說對不起時，表情也非常誠懇，用表現真誠的態度向這位客人道歉，較不容易有這樣後續問題的產生。

六、必要時請第三方協助或協調

衝突的解決和處理，最好使用面對面的方式溝通，在這之前可以尋求其他人意見上的協助。與對方發生衝突後，釋出善意想要和對方面對面溝通卻被拒絕，可以尋求中間人的協助，藉由中間人的協助讓衝突的另一方願意接受要求面對面的溝通解決衝突。如果尋求中間人協助處理衝突，這類的衝突必須不要涉及私人感情和個人愛惡，因為個人感情好惡是很主觀的認定，和中間人必須扮演客觀、持平的角色是有衝突的。而這個中間人必須要是雙方都認識了解，也必須是沒有特定立場的人。如果是衝突的關係是公司同事，這第三人可以是你們共同認識的人，對雙方都了解的同事，或是雙方共同的主管。

第九章

協　調

第一節　協調的意義

在人際關係中雙方有不同意見、想法或態度而產生爭議或衝突時，會希望藉妥協、協議的方式解決雙方紛爭歧異，以期在人際關係的經營中達成協調與共識，避免造成關係中更多的障礙。也就是在公平原則下盡量不損及雙方利益與和諧關係，透過協調行為獲得最好的結果。

協調是一種解決問題與衝突的方法，也就是當人們遇到困難或阻礙時處理的過程，這個過程會經過避免爭議、彼此妥協、相互同意而達成共識。

許多人認為協調就是妥協，這樣的說法過於簡單、消極，更清楚的解釋，協調比妥協能更積極、有效的讓雙方盡可能在彼此同意的狀況下，得到最大的利益或達成目標，也在盡量不傷害彼此的關係將損失降到最低。

發生衝突時採取的策略不同，產生的結果也大不相同。每一天的生活中，和父母、同學、朋友或同事間或多或少都會因為立場、想法的不同，產生矛盾、對立或衝突。不論使用什麼樣的策略，其目的都是要降低衝突，為降低衝突就會有協調、談判、交涉的行為出現。但協調必須在幾個前提下進行：

1. 參與協調者必須是利益、立場相衝突的雙方

常見衝突妥協的雙方，會因為第三方的力量介入（非協調雙方中間人），讓原有單純衝突協調變得複雜。

2. 衝突的雙方都有談判或協調的意願

預期衝突發生前，如果彼此都想避免，雙方會有尋求協調解決的意願，但如果有任何一方沒有意願，協調就不可能進行。

3. 雙方都不希望因為衝突而破壞彼此現有的關係

我們常發現人際關係中發生衝突或矛盾時，多半會有協調的意

願，因爲人際關係的經營維持不易，有些關係會因爲衝突改變或終止，所以在發生衝突前做些協調，不至於讓彼此的關係無法繼續或維持。

美國前國務卿季辛吉（Henry Kissinger）是著名的協商專家，也是1973年諾貝爾和平獎的得主，他說：「A process of combining conflicting positions into a common position, under a decision rule of unanimity。」協調是在一致的決策下，將雙方衝突的立場結合成爲一個共同立場的過程。

麥考梅克（Mark H. McCormack, 1997）提出，在協調的過程中，針對協調中的需求、協調中提供資源者、協調決策者和協調中可能遇到阻礙或障礙時所提出的四個問題：

㈠ Who（什麼人）

在協調、談判過程中要了解：誰是最後做決定的人？做下決定後誰是獲利者？做下決定後誰的權益會受到損害？

1. 了解整個協調後最後下決定的人，對最後的決定者做一定的了解，在不影響雙方最大利益的前提下，讓協調談判依決定者意志的方向努力，不會在冗長的協調、討論後，因爲和決定者的意志背離而最終無法達成協調的目的。

2. 清楚知道協調後，誰會是協調後的獲利者，而協調後誰的權益會遭受損害，或是雙方都會在協調、談判中權益受損，在協調、談判的策略中要使權益受損方降低損失的感覺，才能使得協調不會因爲一方損失或雙方都認爲自己的損失嚴重，讓協調、談判破裂而中止。

㈡ What（做什麼）

協調中所下的決定是爲了得到什麼？如果做了決定預期會獲得些什麼？抑或是損失些什麼？但如果彼此沒有達成協議，預期會有什麼樣的狀況發生？或是會產生什麼樣的潛在利益？

(三) When（什麼時候）

協調中什麼時候會做成最後決定？如果協調會有利益產生，什麼時候會做成決定？協調沒有結果，什麼時候會感覺協調不會有結果？

(四) Why（為什麼）

協調的目的是為了什麼？為什麼要做這樣的決定？所有的協調一定會有一個目的，在協調前必須先確立此次協調的目的，在明確目的的導引下，協調者會朝這個方向努力，在盡量不造成傷害下達成協調目的。

明確的目的可清楚導引協調談判的方向，但過程不會是順利沒有阻礙，如果為了要達成協調目的，有必須做出妥協或讓步的決定時，也必須清楚知道為什麼會做這樣的決定。在做出決定前必須要評估這個決策後利弊得失結果什麼，才能在做下決定後獲得最大利益和最小的損失。

當必要的協調發生時，有一些特定的原則必須遵守。也就是當擔任協調者這個角色時，必須要注意的一些策略：

(一) 避免過早公開底牌

協調有時就像博弈中的「21點」一樣，不到最後一張牌出現，絕不輕易的亮出你的底牌。協調的目的在方雙可接受有限度的損失中尋求最大利益，但是如果早早讓對方知道你的底牌或談判籌碼，對於談判協調時的自身利益爭取是沒有幫助的。

(二) 先安撫後修正

雙方就不同看法溝通協調時，不應一味堅持立場毫不讓步，或是開始就抱持不達目的絕不妥協的態度，因為協調一定要互有讓步才能達成共識。如果對於對方的要求或目的無法全然接受，也不需要立刻拒絕或斷然否定，可以試著先化解雙方歧見，化解歧見後朝著達成共識的方向努力。

(三) 強調共通點

　　通常衝突的雙方，必定都有不同於對方的想法，和有所堅持的態度，協調就是要降低雙方歧異，找到彼此都能接受的方向進行。異中求同，找出彼此相似或相同的地方，在溝通的技巧中也是採取降低雙方敵意，拉近彼此距離的方法，所以在協調中強調雙方都有的共通點是非常重要的。

　　在人際關係中有可能發生多年好友因故產生衝突，如果衝突後的兩造，想到的都是彼此共同的經歷，會很快淡化衝突的印象，只要有一方先開口，恢復交情應該不是難事。如果是屬於工作上的協調、談判，強調雙方的共同點，也能使對方和自己產生一些熟悉感，讓協調會多一些人情味，可以幫助協調順利進行。

第二節　協調的過程

　　協調的範圍從家人、朋友到工作，只要雙方因為不同的需要、目標和想法，就可能透過協調達成溝通彼此的目的。協調的積極意義是為了使彼此在可接受的範圍，和不損及過多利益的前提下雙方互做增減，最後達成兩造都能滿意的結果。

一、準備協調與計畫

　　不論是正式的協調或是非正式的個人協調，並不是想要協調的當事人把相關的人找出來，把話說清楚、講明白就是解決雙方存在歧異的協調方法。在協調之前都需要做事前的準備工作，這些準備要考慮所有和協調有關的人、事、物，在事前做好通盤的規劃與準備，才能有效提高協調達成的目標。這些協調前所要考量的內容會有參與協調的人、協調的地點、協調的時間和要協調解決的問題。

(一)參與協調的人

協調的另一方和協調人的關係是朋友？親屬？同事？或正式協調時談判的窗口？在做事前準備規劃都有不同的細節要注意。不同文化、種族、性別或年齡都會是影響協調時的因素。一般而言，西方文化受唯理主義的影響，對於協調、談判中的表達比較直接，說的和想要的東西比較一致。但是東方文化較含蓄、迂迴，對於面子問題非常重視，協調的過程和形式有時比結果或完成決定還要重要，傳統和習慣也會影響協調結果。協調談判的過程，有時說出來的並不是真正想要的，真正想要的東西有時也不會直接告訴你。所以，從西方文化的觀點看，東方的談判、協調文化，被認為是機巧、變動的；而從東方文化的角度看，則認為西方人過於不重情面或是人情方面的因素。

(二)協調的地點

要在什麼地方協調雙方待解的問題，也是協調前必須考量的問題，是在要協調兩造中選擇適當地點，還是在其他適當地點協調，都必須要獲得彼此認可的地點，才不至於讓地點的問題成為另一個衝突的開端。

(三)協調的時間

事前準備包括協調時間的確立，在什麼時候協調，最好要得到兩造雙方的同意，預計協調時間的長短安排，也必須依待解決問題的單純、複雜程度，或是解決問題資源的多寡來估計。

(四)要解決的問題

協調前對於過程中可能產生的問題會有哪些？可能會面臨的阻礙是什麼？在協調前的計畫中一一列出，根據問題提出解決的方法。也許所列問題在協調過程中未必全部都會發生，但事前有計畫與準備，一旦問題發生即能迅速獲得資源解決問題，讓協調能順利進行。

二、基本目標確立

雙方問題待解所以有協調的行為發生，協調也是為了能在雙方互有讓步的情況下，希望能獲得彼此最大的利益。己方必須在不違反原則的情況下設定最終達成的目標。除此之外也必須了解對方的堅持與方向，當有必要讓步時，不會因為雙方目標期望值相差太大產生障礙，在雙方有共識的情況下比較有機會達成協調的目標。

三、問題處理

雙方協調的過程不會是一帆風順沒有阻礙的，就算在協調前沙盤推演了無數次，也沒有人能保證在實際的協調過程中，不會有任何突發狀況的發生，影響協調的進行或是被迫中斷。當實際協調遇到問題和阻礙時，必須要有問題發生的處理能力，要判斷問題的原因，尋找立即可用的資源即可以解決問題的方法，才是協調積極的意義。

四、達成共識

處理待解的問題和衝突是協調的目的，協調的事前準備可以確立要達成的目標，實際協調時的問題處理與解決，最終的目的就是為使雙方經協調達成共識，降低損失、獲得最大利益的前提下達成雙贏的結果。

第三節　協調的原則

一、雙方利益與目標的確立

專注雙方利益和需要而非堅持立場，在協調談判時立場要清楚明確，但同時也必須要考慮到己方和對方的利益，不要過於堅持原有的設定。因為在協調的過程可能雙方互有退讓，不但要考量自己的利

益，也設身處地的站在對方立場考量，如此協調才有可能在彼此都能感受到對方釋出善意的情況下順利進行。

處理協調事務時，必須先要清楚了解己方和對方的立場和目標，以免在協調的過程中產生誤解，影響共識的達成。了解自己和對方在協調中想要獲得什麼，要達成什麼樣的目標，都是在協調前必須確立的。雙方也許早有定見，也就是這個協調必須要達成的目標，如果雙方各有堅持、無法達成共識，可能讓協調沒有結果。但是通常協調雙方都不會希望協調最後是沒有共識的結果，可能在考慮彼此的立場後，會有一個替代方案或是第二目標。這樣的目的是希望協調有更多的空間與彈性，雖然不是首要的目標，但仍然希望在更大的空間下創造雙贏。

二、態度客觀、對事不對人

處理協調時的態度必須客觀。客觀看待事情是一種相對的態度，就是將對方的立場納入你達成協調目標必須考慮的因素之一。因為只考量到自身的利益而完全忽略對方可能發生的損失，要產生一個雙方都滿意的協調結果是不可能的。為了讓己方和對方都有討論的彈性與空間，站在對方立場看事件的本身，和從自己的方向觀察，才能找出雙方都能接受的結果。

協調談判時面對的永遠是人，協調的目的是為了達成雙方的共識完成目標，但在協調過程中，影響協調成敗與否的最大因素就是人。人有不同的個性或情緒，當協調過程中如果有一方情緒管理不佳，可能讓彼此都產生負面情緒，一旦負面情緒產生，原來想要協調的問題的客觀立場，可能轉移至個人主觀的情緒認知，讓問題失焦，協調失敗。

三、提供選項創造雙贏

　　雙方願意參與協調其目的，也是希望在不破壞彼此關係的前提下，解決彼此不同意見或想法，最終達成共識，共識的最終目標是彼此達成雙贏（win-win）。當然每一次的協調結果未必都是雙贏的局面，有可能是雙方協調破裂、談判不成彼此雙輸（lose-lose），也可能是一方過於強勢產生一方損失較多的情形（win-lose）。雙輸的結果可能讓彼此建立經營的關係因此終止或停滯，win-lose的結果對雙方的關係的損害也許不見一時，但對於未來的關係維持一定會有潛在的危機。因為與人相處絕對不是單方面不停的付出或是一方一味的獲取，所以當協調產生，必須考慮雙方的得失，為達成雙贏的目標努力。就算結果不盡如人意，但在協調的過程中，對方可以感受到你所釋出善意與誠意，對於未來的關係的維繫多少都會有些助益。

四、替代方案

　　替代方案就是所謂的BATNA（the Best Alternative To a Negotiated Agreement），也就是達成協調的最佳選項。協調為的是希望藉著協議、溝通的作為，讓雙方的要求能順利達成，但有時候並非所有的協調都能順利進行達成需求。既然是協調，就不應該是一位堅持己方的需求而沒有一點退讓的彈性。如果原有要求有不能達成共識，在能容許的範圍裡，準備一個或多個替代方案，讓可能遇到阻礙的協調，能多一點讓彼此進退的空間。所以當一個協調或談判進行前，要了解自己的需求和對方利益可以協調的範圍下，找到合理、雙方可接受的替代方案，因為沒有什麼協調或談判是完全犧牲一方權益而完成的。所以原有方案一旦對方有無法接受或退讓的狀況產生，也許替代方案可能是讓協調進行或完成的最好選項也說不一定。

第四節　協調的方式

談判協調的行為會發生在政府組織、商業競爭和人際關係中的婚姻、朋友、工作夥伴之間，不一樣的性質有不一樣的談判協調方式，

一、分配協調方式（distributive negotiation）

分配協調談判方式是指談判雙方的立場是對立的，協調、談判的結果會一方獲利、一方損失，也就是一方贏、一方輸（win-lose）的結果。通常和對方談判時的態度是強勢且有侵略性，對於可能產生的衝突不會刻意避免，而另一方會感受到不小的壓力。這樣的協商談判交換的結果是單方得利，所有的讓步都會是示弱的表示，所以攻擊是這種協調談判方是最典型的策略。這樣的協調談判方式最壞的結果就是無法達成結論，或是因為結果是一方獲利、一方損失，獲利的一方也許此次的協調談判得到勝利，但也因此可能造成損失的一方事後的報復。

二、理性協調方式（rational negotiation）

理性協調談判的方式，是指雙方在衝突中發現造成衝突的原因，理性、客觀的尋找解決衝突辦法的方式。雙方明確且有誠意的想解決彼此的爭端和問題，少有懷疑或隱瞞，面對問題時處理的態度是理性、客觀，看待衝突的事件以對事不對人的原則做判斷，雙方在協調談判時不會有太多的壓力產生。協調最終的目的在追求雙方最有利的解決方式，對於處理事情的態度力求符合理性的原則來面對協調的對象。

人際關係與溝通技巧

三、綜合協調方式（integrative negotiation）

綜合協調方式協調的重點著重在雙方關係的長久維持，彼此大都是朋友的關係，如果因為衝突或為避免衝突採取協調時，會採取信任對方或是體諒對方的立場。會避免利益或立場上的對立，一方為獲得最終協議和維持長久的關係，會有犧牲某些利益或讓步的可能，而最後的目標是希望達成雙贏（win-win）的局面。

第五節　有效的協調技巧

一、有效的傾聽

有效的傾聽在人際關係溝通上是必備的技巧，協調是與人溝通的另一種行為技巧，所以要和人協調溝通時，就必須要培養自己的傾聽能力，讓協調溝通能順利進行。人之所以只有一張嘴、兩隻耳朵，就是要你好好注意聽別人在說些什麼。在協調談判時，注意傾聽對方的需求、對方提出的問題，可以幫助你在做回應或進行下一個動作前，清楚了解對方的意思，然後做出正確的回應與判斷。

二、提問的方式

協調談判的過程會有提問的過程與必要，提問的目的在於掌握對方的需要，而有意義的提問可以迅速的了解對方的需求與目的。提問的方式包括「封閉式」與「開放式」，封閉式提問後會有是或不是、對或不對、好或不好二元式的答案，可以在對方需求態度或目標較明確的狀況下使用這樣的提問方式。但相反的，如果對方的態度不能明確掌握，可以採用開放提問的方式提問，諸如「你認為」、「你覺得」或是「你有什麼看法」，答案可能會有許多種的問題，會因為開

放、鼓勵對方說明，讓訊息可以被表達，也能因此了解對方的真正想法和需求。

三、情緒控制

並非所有的協調和談判的人，在協調進行時都能保持平穩的情緒，為了維護自身利益與權益，彼此都會有所堅持，情緒有所波動是難免的事，但是如果有太多情緒或情緒波動太大，一定會影響協調的結果。有時雙方因為一個動作或一句話甚或一個表情，引起彼此的不滿情緒讓氣氛變得對立，事前為協調做的努力可能因此毀於一旦。

四、口語溝通技巧

為使協調、談判順利進行，協調溝通時的用語措詞要注意，表達的語意要明確，不要模稜兩可，針對不同的對象使用適當的措詞，使用對方能了解或較熟悉的方式表達，不使用對方不了解的專業術語或行話表達。如果希望和對方達成雙贏（win-win）的結果，說話時的語氣就不能太強硬，帶有威脅或警告的措詞就不宜出現。例如：「如果你不按照這樣的方式做，就會如何如何……」或是：「如果……後果自行負責！」類似這種強硬的語氣，就不宜出現在雙方協調後仍然希望長久維持關係的口語表達中出現。但是如果協調談判預期會有一方得利、一方損失（win-lose）的情況發生時，使用口語表達時的態度可以堅定、清楚、明確，但語意的使用不一定非得咄咄逼人或太過強勢。因為太過強勢的語氣或態度，對於協調或談判不會有幫助，縱使協調達成協議或結論，雙方的關係也可能破裂而不易修復。

對方溝通表達時，如果有不清楚、不了解的地方，可以在對方表達告一段落後提問。如果在接收訊息明確了解後，也必須讓對方知道你已清楚了解問題或訊息。為了清楚的傳遞了解對方的意思或表同意時，口語表達的回應可以是：

「您剛才説的我已經了解，我也非常同意您的看法……」

「就您剛才的建議我認爲這很合理……」

當有不同於對方的意見時，最好不要在對方表達結束後，立即提出不同意見的表述，例如：

「我不贊成你的説法……」

「我不覺得你的看法可以解決這件事情，我認爲應該……」

可以在上述例句的敘述後加上但書，例如：

「您剛才説的我已經了解，我也非常同意你的看法，但我這裡有一個想法，您先聽聽看，是否有可以參考的地方……」

「就您剛才的建議我認爲這很合理，不過這對我們的問題幫助可能有限……」

「您的意思我了解，但是我有一些不同的看法……」

「我了解您爲何與我的想法不同，如果您從我的角度觀察，就會了解我們立場的不同……」

五、非口語訊息的溝通

一個好的協調者一定是善於溝通且具有良好溝通技巧的人，這樣的溝通技巧不僅止於口語溝通技巧，也包含了非口語訊息表達的溝通技巧。所有的非口語包含表情、姿勢、肢體動作都能影響協調談判時的感覺，是友善還是充滿敵意的？都能透過非口語的訊息有意或無意的傳遞給對方。很多時候協調是因爲雙方已經產生衝突後所產生的行爲，有些負面情緒已經產生，此時如果有不經意但帶有負面意思的非

口語行為，不良的效應會被放大。要避免這樣的情況發生，必須要注意非口語訊息的表達。

　　當雙方協調時，不但要注意自己的肢體表情訊息是否適當，避免讓對方產生誤解或是負面情緒，也要注意協調另一方的肢體語言的表達，因為有些肢體語言的傳達也代表著當下心理訊息的反應，觀察這些訊息也能有助了解對方真正的意思。

第十章
人際關係與溝通

第一節　人際溝通的重要性

人是獨立個體，想要與其他個體建立關係，必須藉著溝通的工具與人達成連結。我們的學習經驗當中，每到一個新的環境，就必須使用我們的溝通工具與人交流。例如新生訓練或大量徵才工作面試的場合，你會發現處在陌生的環境，有些人可以立刻主動與人交談，有些人卻坐在一旁安靜不語。主動表達的人，除了個性積極主動外，通常對於表達溝通這件事是有自信的。而不說話、不表達、安靜的人，對於不熟悉你的人便無法認識了解你。常常聽到有人抱怨：「×××一點也不了解我。」不管這個×××是父母、親戚、朋友、同事都好，認真仔細的想，不了解你是因為別人不願意了解你，還是你自己的溝通表達能力不好，心裡想說的和實際的表達落差很大，而讓人誤解了你的真正意思？如果是後者，那就要好好加強自己的溝通表達能力了。我們有需要、想法或感覺，要讓別人了解你的需要、想法和感覺，必須仰賴與人交際溝通的模式才能達成，所以人際溝通在人際關係的發展與經營的重要性就不言可喻了。

一、了解自己和別人的需要

人與人互相溝通，可以在這互相交換的訊息中，了解對方和自己的需求。「爸，我很想參加畢業旅行，但費用要四千五，您可以給我錢讓我參加嗎？」或是：上下班被擠在擁擠的公車裡動彈不得，到下一站目的地前你得奮力向前擠才下得了車，你會不停的和周遭的人說：「不好意思！我要下車，借過一下，謝謝！」聽到你表達的訊息，大家都會盡可能的挪出一些空間讓你通過。如果此時不發一語，只一個勁兒的往前衝，大部分的人應該不會立刻知道你要做什麼，也可能對你的行為感到不舒服。

二、與人連結，建立人際關係

「在家靠父母，出外靠朋友。」這句俗諺大家再熟悉不過了！藉著與人互相了解，發展個人的人際關係，幾乎是每個人必須學習的過程。但學習建立人際關係過程，也因著個人溝通表達的能力不一，而產生不同人際關係的評價與結果。在團體中建立人際關係就是有好與不好的評價，好的人際關係真的可以幫助你，在人生的努力過程中，發揮一些正向的效果，雖無如虎添翼之功，但也有畫龍點睛之妙。當有一天對「出外靠朋友」這句話有感的時候，也就是檢視自己人際關係好壞與否的最好時機了！

三、改變他人態度與行為

有些已為人父母的朋友，會向你抱怨孩子長大越來越不聽話，變得喜歡頂嘴、常和自己唱反調。但是通常你會發現，可能是朋友控制慾太強，無法接受孩子已經長大的事實，了解到孩子也會有自己的想法和表達意見和權利。如果希望對方不要再為這些固執的想法所苦，大部分的人會用自己的經驗和朋友分享訊息，除了降低對方的焦慮感，也會使用勸說引導的的方式，使對方能試著改變想法或態度，讓自己學著放手，讓孩子有更多學習的機會。

每逢選舉期間，各個候選人辦政見發表會，或到各地掃街拜票和人鞠躬握手，就是靠著這些口語表達和非口語訊息的行為，試圖改變你對他的看法，而影響沒有特殊政黨傾向者最後的投票決定。

四、取得或給予溝通的資訊

和朋友聊天時彼此會交換許多訊息，話題談到附近有什麼好吃的店家，你曾經聽說有一家日式串燒店味道不錯而且價錢也很合理，打算下個星期一女友生日時帶她嚐鮮。話題一出朋友就跟你說：「你要

不要提前一天，星期天去吃？因為那家日式串燒店星期一公休耶！」如果沒有聽到朋友把他了解到的資訊告訴你，可能星期一興沖沖的要替女友過生日順便嚐鮮，到了店門口才發現沒開門，原本的計畫被打亂，還可能影響心情呢！

　　或是當你考上一所很好的學校，或是考進一家知名的企業，當你知道周遭有朋友或長輩的小孩，也想考這所學校或企業，你可以和他們分享你考事前準備的資訊，還有考試題目的難易或類型，讓有心人藉著這些訊息能更容易掌握進行方向。

五、滿足精神上的支持

　　人際關係中我們經營朋友的類型，也許各有不同，當我在人生的過程遇見挫折時，有些朋友能給我有效建議和精神上的支持；當我心情低落、低潮時，有些朋友能讓我開心或是陪我渡過。當然這些支持與建議，必須透過和別人交際溝通表達和訊息的交換，才能獲得對方的回饋，得到精神上的支持與慰藉。所以，如果一個人不與人交際或溝通，是無法得到這些滿足的。

六、增加解決問題的能力（促進團體和諧）

　　前面提到人際關係建立的好壞，取決於別人對你的評價，而好壞評價是人們對你的共同感覺，但這裡強調的是大數且平均，而不是少數、絕對的私人評價。對於平日素行不良的人，如果要去問問他父母他是什麼樣的人，十有八九，爸媽會告訴你：「他其實很善良，只是不小心交了壞朋友。」或問一位因翹課太多被教授當掉的學生，教授的為人如何，這學生絕不可能跟你說，教授為人公平、公正。摒除自我感覺良好的認知，在團體中具有良好的人際關係的人，能比一般人得到更多的資源，遇事總能巧妙處理，迎刃而解。這樣的資源來自於個人良好人際關係的建立，與溝通技巧能力的累積，具備這種能力的

人，自然比別人更能化解團體中的衝突，達成和諧。

七、創造個人存在價值

　　人際關係溝通技巧能力發展良好的人，也許在團體中未必是最有能力或是最聰明的，但在群體中卻能得到較多表現自己與發展的機會。那是因為他們與人接觸溝通時，會體貼的考慮到對方的感覺，容易讓溝通的另一方很快的接受、喜歡，最後讓別人記得他們。所以當有挑選的機會，被選擇的機率會比一般表現的人，要來得高許多。在較多機會的學習與訓練下，吸收內化所累積的經驗而改變氣質，提升自我創造價值並非難事。

第二節　如何有效與人溝通

　　訊息表達、處理、接收到回饋，中間任何一個干擾或障礙，都會影響訊息接收的品質，使得訊息無法正確的被傳達，讓交際溝通無效。以下技巧可以避免溝通無效的情況產生：

一、開放代替封閉

　　人與人之間的溝通要有效，不只是將訊息以口語訊息表達即可，還要在溝通前有一個開放接受的態度。人的知覺容易因為個人的學習、經驗產生偏誤，這些偏誤多半因為個體接收訊息後的主觀判斷結果。為了減少過於主觀的看法影響，在溝通的過程中，就算訊息無誤的被傳遞，也有可能因為接收訊息者主觀意識的影響，讓最後的判斷產生偏誤造成錯誤的決定和結果。為使溝通有效、客觀，保持開放接受的態度是必要的。

二、專注代替忽視

溝通除了傳遞訊息外，溝通的雙方都必須在對話的過程中表達專注，這樣的專注除了能清楚無誤的接收對方表達的訊息，也是一種尊重的展現。現在許多人和人面對面溝通時，不時的會被沒有設定靜音模式的通訊訊息干擾，或是和人交談過程中，不時的看著手機而無法將眼神時專注在說話者的身上。如果只在意訊息的接收但卻少了溝通時的專注，這種對表達者缺乏專注的尊重，溝通是不會有效的。

三、有效傾聽

人際溝通時一定有人說、有人聽，為使訊息能不被干擾的傳遞，有人在說話時，其他的人就必須閣上嘴巴、打開耳朵專心聽說話的人說話。聽對方說話，不僅僅是要清楚聽到對方說了些什麼（說話的內容、說話的語氣、說話的音量），還要擦亮眼睛，看看對方說話時的表情和肢體語言。讓聽不只是聽，而是讓訊息藉著傾聽時有效的被傳達。所以，當說話者釋放訊息後，最好能搭配一些肢體動作，表達你聽到對方的說話，也了解對方說話的內容。

四、有效說話

有效的說話就和有效傾聽一樣，就是當口語表達時，訊息傳遞給訊息接收者時，口語表達訊息的內容與接收者聽到的訊息是一致的。與人建立人際關係，有幾種溝通技巧，口語溝通是其中一項。也就是利用口說的方式表達，在特定的語境下，使用適當的詞彙、正確發音，使其能精準傳達語意的一種溝通技巧。當然這種技巧不是自然形成，必須不斷的使用練習，遇錯誤修正，加上口語環境的影響，最後內化成為自己獨特的口語表達習慣。

特定語境、適當的詞彙、正確的發音構成口語溝通的要素，每一

個人在說話時都包含了這些要素，使用技巧好壞，直接影響溝通另一端的反應，決定說話表達是否有效。

在一個好友家聊天，其間大夥圍坐喝茶，主人的另一個女性朋友，在這次約會中我們是初次見面，結束後起身互相道別，跟我說：「你坐著的時候看不出來那麼瘦耶！」我當下的反應不知道這位朋友是要說我「你坐著時看起來比較胖」還是「你站起來沒這麼胖」，對於對方真正要表達的意思沒有辦法正確掌握，只有一個想法是下次坐著時一定要收小腹了！

「相敬如賓」（賓ㄅㄧㄣ）是一句含有褒意，用來稱讚夫妻相處和諧、以禮相待的形容詞，但相敬如賓的賓，如果發音不夠精準，會變成「相敬如冰」（冰ㄅㄧㄥ）或「相敬如兵」（兵ㄅㄧㄥ）。ㄣ與ㄥ些許的發音差別是，從和諧相處的夫妻一變成為打架、冷戰的怨偶，褒義形容詞變成貶意的形容詞。所以你會發現有時好意的讚美，會因為用詞不明確、發音不正確，造成接收上的誤解。

代表口語表達訊息傳遞是有效的，就是有效的說話。如何有效說話必須經過學習，因為說話的能力是天生的，但要讓對方聽起來接受度高，就必須經過學習與修正。因為有人可能說話太大聲，或是說話速度太快，或是有人說話聲音悅耳，或是發音咬字正確，口語表達可能影響溝通的原因都必須透過練習做修正或調整。

有效說話的技巧則包括發音正確、音量適中、口齒清晰、注意說話語氣、說話速度適當和說話內容要有趣不失幽默。

第三節　如何練習說話

每個人從小到大學習說話，多少會因為學習環境、學習對象、學習背景的關係，而影響自己說話時的習慣用語、腔調或是表情。這些說話的方式或習慣不妨礙與人交際，都算一種個人特色。但如果直接

或間接讓人際關係受到影響，那就有修正調整的必要了。自己有說話方式的缺點，會因為習慣而不自覺，而周遭的朋友不也見得會明白告訴你。如何避免不適當的口語和非口語表達，我們可以使用一些方法檢視和調整。

一、說話時表情、肢體動作和整體儀態的修正

和別人說話前你可以在家自己面對鏡子，先觀察自己說話的方式、姿態和表情，也可以請家人在一旁協助。如果只有自己執行這樣的練習，在視覺無法注意每一個細節的狀況下，你也可以借助錄影工具，將你的模擬練習錄製下來，之後反覆觀看修正，修正後再練習。用這樣反覆修正練習的方式，很快就可以改變不良的說話方式或儀態。

二、說話發音、音量、速度和語調的調整方法

對於說話的發音、音量和說話的速度與聲調的練習，可以用隨手可得的書報雜誌，擷取一段文章來練習，準備一台錄音機，將你的練習錄下來，反覆播聽。和標準組（電視主播、教育類電台教學範例等）做對照，找出你需要修正的地方，一樣的反覆練習，且練習必須持續不中斷，讓修正後的模式成為另一種習慣。短文練習時，緩慢開始不急不徐但要快慢一致，如果有因咬字（ㄓ、ㄔ、ㄕ、ㄖ、ㄗ、ㄘ、ㄙ分不清，ㄢ、ㄣ、ㄤ、ㄥ不分家）不順而產生的中斷，不要試圖重複再唸一次，應該繼續的往下唸，直到文章結束。速度從緩慢到正常速律（每分鐘說話字數一百五十至一百八十之間），音量適中（約六十分貝）六十分貝是儀器所測出來的均值，但一般人無儀器測量。而且人說話的聲音有大有小，也無確切依據模式，以兩人社交距離（一般交談音量可清楚接收的距離）可聽見的大小調整音量。當然距離放大或縮小音量也得隨之調整。

三、說話時的語氣、語調，實際的觀察與學習

與人交際溝通時，如果發現對方的反應回饋不佳，是因爲你說話的語氣和口吻所致，就有修正自己說話的語氣和聲調的必要，當修正後必須在實際的溝通經驗中再次驗證。修正後的方式是否讓對方不再有相同的不佳反應後，將新的溝通模式變成未來與人溝通時的方式，不要讓溝通不佳狀況一再發生，影響和別人關係的建立與維持。

第四節 影響人際關係溝通的因素

人在經營社交或人際關係時，有許多不同的因子會影響你如何溝通、表達，也因此產生不同的結果。這些不同的因素有性別、年齡、文化、個性與態度、動機與目的和溝通時的情境。

一、性別

許多研究顯示，在某些溝通表達的行爲模式中，男性和女性會出現明顯不同的行爲表現。造成這些相異的溝通行爲模式，可能是男女大腦結構的些許差異，使得男女生在語言的使用和情感的表達有程度上的差別。女性對語言文字的記憶會比男性好、情感的表達和感受較男性細膩，而男性對於空間、方向感和推理的表現較女性爲佳。當要表達一件事或一個看法時，男生、女生的表達方式和使用的詞彙也會有所不同。

此外，在人際關係中，大部分女性認爲關係越緊密，彼此的距離要越接近，肢體的接觸不但是一種親近的表示，也是關係的宣示，而男性則在親密關係裡對空間、距離的要求和女性也確實不同。

二、年齡

溝通對象的年齡也會影響對話的內容和方式，因為年長者的生理機能退化，會使得許多反應變得較遲緩，對於年齡較長的爺爺、奶奶，說話時的態度是尊敬的、說話時的速度要放慢、說話的音量也要稍微提高。小朋友的語言能力仍然在學習發展中，字彙數量、句子結構都不夠成熟完整，當溝通的對象是學齡或學齡前的小朋友，說話的句子要簡短、語意要簡單易懂。現在年輕人少用的敬語，可以在和長輩溝通對話時使用，多練習使用敬語成為生活中的習慣，也能增進自己的人際關係。

三、文化背景

常常出國旅遊，目的是要體驗各種不同於自己成長環境的文化，而文化就是當地人生活的方式和態度。人際關係的溝通交流就是生活的一部分，不同的文化造就不同的價值、認知，和不同的信仰，所以跨越文化的交流就必須要了解不同文化的生活、信仰或是禁忌，以免發生因文化隔閡產生溝通上的障礙。歐美大多數國家和文化崇尚個人主義，但東方文化較強調集體或團隊文化。回教國家對於女性的限制較多，印度深植人心的種姓制度也影響著當地的生活與文化。也許不同的文化需要去了解以避免溝通時造成誤會，但最重要的是對不同文化的尊重，就算因為不了解而誤觸地雷，別人也會因為你所展現尊重對方的態度而原諒你。

四、個性與態度

人的個性有外向開朗、內向害羞、積極有旺盛企圖心、消極態度對待事物，不同的個性與人溝通時的表情說話時的音量、聲調有不同的表現。個性害羞的人說話時音量較小，容易讓人聽不清楚說話的內

容，與人溝通時會避免眼神接觸。與人溝通時對於溝通對象的感覺好壞，有時會直接表現在態度上，對於自己喜歡或有好感的對象溝通互動，會面帶微笑、互動頻繁，但如果是一個你討厭的人和你說話，除了臉上沒有微笑或太多表情，表達用語或聲調也不會有太多情感。

五、動機與目的

人際關係發生的動機與目的都是希望需求能得到滿足，動機是需要的開始，目的則是需要的結果，需求的階段不同，動機和目的也會不一樣（見馬斯洛的需求理論）。和人說話溝通你的目的會決定你溝通的方式：如果你想和人理論，你的態度和使用的詞彙都會比較堅定；跟爸爸撒嬌是希望爸爸多給些零用錢；如果向人致歉，你的用語和表情是倨傲的，這樣的溝通方式應該不會有人接受。

六、情境

人是感覺、認知複雜的生物，在相同的情境下，不同的人會因為認知、感覺不同，而產生不同的反應；在不同的環境與情境下，也會產生不同的結果。影響情境的改變有人、事、時、地、物的因素，也就是和你溝通的人、溝通的時間、地點，和在溝通時的不同狀況。

(一)和你溝通的人是誰？

設想一下，相同的事情和爸爸、媽媽溝通，過程和結果會不會一樣？期中考成績單上的爛成績得家長簽名，你想給老爸簽還是老媽簽？在同一個情境下，如果溝通的對象不同，溝通處理的方式也會不同。

(二)發生了什麼樣的情況？

我們常聽人說：「看情況再說……」也就是影響情境的事件不同就會有不同的結果發生，所以無法對不能預知的狀況做反應，只能就邏輯上可能發生的狀況推測結果。

(三)在什麼樣的地點、環境與場合？

我們常常看到許多浪漫的求婚方式，因為空間裡的燈光、裝潢、擺設可以改變人的情緒和感覺。當然，浪漫的定義因人而異，但必定是要雙方認知相同。女生多半認為求婚的地點一定要在燈光美、氣氛佳的地點才會有「FU」（Feeling）的人，你如果要在嘈雜的車站大廳做這件事情，對方的感覺可能無言多過浪漫。地點是否正式也是影響表達溝通的因素，例如朋友、家人之間的閒談，聲調、語氣是輕鬆、愉快的，但如果是要面對許多人做一個正式的簡報或演說，這時的表達的語氣和表情可能就多了些嚴肅和緊張。

第五節　影響人際關係建立原因

一、第一印象

現今網路資訊爆炸的時代，要得到最fashion最in的穿著時尚訊息，絕對是再簡單不過的事了。但要在不同的場合，面對不同的人，做出對自己最合適自己的穿著與打扮卻也不是件簡單的事。雖然說溝通表達的技巧是人際關係建立的重要因素，但人是視覺動物，不管在什麼場合，給人的第一印象是非常重要的。

如果在重要的場合穿著搭配不合宜，就不容易給對方留下好的第一印象。現在的年輕女生流行短裙、短褲或是走比較清涼的裝扮，男生也都崇尚潮T、潮服、人字拖，展現年輕的樣貌和氣息；雖然沒有什麼不好，但如果什麼場合都這樣穿著並不適合。例如第一次正式拜訪女友的父母親，穿著不一定要太正式，但梳理好頭髮、乾淨整齊的襯衫、熨燙平整的長褲，和乾淨的鞋襪，應該是最普通的要求。在這樣的場合，如果穿著太過新潮、前衛，要在女友爸媽面前獲取良好的第一印象，應該是不太容易的！當然，如果女性要去拜訪男友的父

母親，也記得最好別穿熱褲或是短裙。如此穿著，相信男友的媽媽一定是第一個有意見的人。考慮適合所出現場合的穿著與打扮是很重要的。

　　國民旅遊風氣大開後，現在想要搭機出國不再像以往那麼不容易了，但別以為搭機出國遊玩，悠閒樣式的服裝就可以從出國一路穿回國。如果旅遊行程中有精緻美食之旅，最好在行李箱中準備一套比較正式的穿著，因為在許多國家，很多場合和餐廳都會有正式服裝穿著否則無法入內的要求。男性多半穿著三件式的商務西裝（three-piece sack）（如圖10-1），而女性最好著半正式的小禮服（如圖10-2）。搭機時如果你是航空公司FIT（Free Individual Travellers）的客人，也就是個人購買機票非團體或其他優惠票種，當班機客滿有升等機位的可能時，一般航空公司約定俗成的習慣，穿著較正式的旅客，被升等的機會是比穿著較隨意的乘客來得大。

　　當然，這裡並不是鼓勵大家以貌取人，用對方穿著服飾的價錢多寡來判斷一個人身分的高低。而是看這個人是否能在不同場合，選擇適當的穿著，也代表著對人、對場合尊重的態度。

圖10-1　男性三件式西裝

圖10-2　女性半正式小禮服

㈠穿著儀態

　　一般正式場合都需要依不同目的穿著正式服裝。在台灣大部分人可以接觸到的正式場合就是喜宴，不過在這樣的場合中，你還是可以看到許多人的穿著過於隨興。當然除了穿著外，個人外在的儀態表現，也是影響觀感的重要因素之一，行走、站立間要有表現出自信與從容，行走時抬頭挺胸、步伐一致，不彎腰駝背，步伐不拖泥帶水。一個沒有自信畏畏縮縮的人不會讓人有安全感，與人互動時不時的挑眉與不專注的眼神，也不容易使人產生信任的感覺。

㈡談吐內涵

　　「小王啊！長得一表人才，就是不會說話。」你有時會聽到類似的描述。

　　這並不是說小王不能說話或說不出話來，而是說小王說話的技巧不好。說出來的話，讓對應的另一方感覺良好，除了得注意用字遣詞、合適的稱呼與內容還要適時的使用敬語。一般使用敬語的對象包括一般的長輩、工作上司、學習的老師，和服務業中服務的對象。

　　應對中除了「請、謝謝、對不起」要常常掛在嘴上外，請求幫忙或享受服務時也別忘加一句：「麻煩您了！」常有人以為花錢就是大爺，殊不知良好得體的談吐，可能相較於大爺心態會獲得更多更好的服務。

　　時下的年輕人為了容易跟人拉近彼此的距離，認識或不認識的人，都喜歡用「HI！」來打招呼，這樣少了稱呼的方式也許輕鬆，但不適用於所有對象。如果是不認識的人、年紀較長，見面打招呼一定要用：「您好！」例如受邀到同學或朋友家，見到同學或朋友的父母，我們應該說：「伯父、伯母好！」或是：「李伯伯、李媽媽您們好！」

　　曾經在一間速食餐廳用餐，點了一杯美式黑咖啡，服務人員問說：「你的咖啡要怎麼喝？」我一下沒會過意，心中還OS一下：「咖啡應該是用嘴喝吧？！難道是用鼻子？」看我沒回應，那服務人員提

高音量感覺不耐煩的樣子又說：「我是問，你的咖啡要熱的嗎？」我覺得他如果開始便說：「小姐，請問您的美式黑咖啡喜歡喝熱的還是冰的呢？」要表達的語意不但清楚而且讓人覺得有禮。

有一回在電視上看到一位綜藝節目主持人，訪問一位高齡九十好幾的老先生，開口便問：「你今年幾歲啦！」當下很想問問：「這位主持人，你還好吧！」如果他訪問的對象是個小朋友，這樣的訪問方式很合適，但對高齡的長輩絕對不適用。如果她這麼說：「劉老先生，請問您今年高壽？」或「劉老先生，請問您今年貴庚？」我想應該更合宜。

一次因國外刷卡退稅的問題，打電話至發卡銀行的客服部門詢問，客服人員非常親切且有耐心的替我處理。臨掛電話前想表達謝意，但忘了他姓什麼了，便說：「先生您貴姓？」這位很Nice的客服人員沒說：「敝姓楊。」竟回答：「我貴姓楊。」當下不知道該說什麼好，好印象的分數從一百分小小的扣了五分。

二、肢體語言

有時觀察人與人在表達溝通時，不難發現有些人在說話的時候習慣比手畫腳，有時搖頭晃腦，有時前傾後仰，肢體動作較大，看起來很有戲劇效果。但這樣的溝通表達方式，多半使用在朗誦詩歌或個人演講中。而一般與人面對面說話溝通時，加入一些適當的肢體動作，當在使用口語表達的時候，如果有用字或發音不太精準的情況，是可以發揮輔助的功能，但太多、太過或動作太大，不但無法達到適切表達的目的，容易讓別人覺得你太強勢，對你的肢體動作有侵略感，當然也有可能會被你豐富的肢體語言吸引，反而忽略了你口語表達的內容。

肢體語言除了四肢軀幹外，還有我們的面部表情。也許臉部只佔了身體的小部分，在與人交際溝通時，有時不需要任何詞彙，一個

適當的臉部表情就可以**觸動**對方的感知，很快的可以拉近彼此間的距離。但不適宜的臉部表情，會讓人有意在言外的感覺，使對方必須努力猜測，你到底是什麼樣的想法。比如說一位男同事，在工作上得到女同事的幫助，為表示謝意，想請女同事吃飯，這時只說了一句：「明天請你吃飯！」同時卻不經意的挑了個眉、眨了一下眼。我相信這個時候接收到訊息的女同事不但不領情，可能還會誤以為這男同事行為輕佻，藉機吃豆腐呢！

三、口語表達

㈠簡單正確的表達語意（說什麼、怎麼說）

在網路不發達的時代，嬰兒跟著父母牙牙學語，然後識字、書寫、閱讀，在規律的狀態下習得母語。只要是非特殊的學習環境或生理狀況，一般的孩子在家庭、學校學習，經社會化訓練後，與人交際溝通，口語表達的能力，一般都在水準以上。也就是說想說的跟要表達事情的內容，經大腦整理、口語輸出、對方接收、反饋後的結果相差無幾。

網路大量被使用的時代，已經實實在在的改變了現在人的生活模式，三十年前電影《E.T.》外星人發達的食指，在當時還被視為超越現實的奇怪造型。不想現在的網路寶寶，竟只會用食指滑手機、平板電腦，卻不會用手翻動書籍。圖像學習大量取代文字閱讀模式，詞彙在網路中被大量簡化、中文注音或大易輸入，以至於同音及錯字誤用、火星文以符號代替詞意，讓年輕人在書寫時，通篇錯字的狀況屢見不鮮。

在我們一般比較常見的口語模式，會發現很多人在一句話講完後，都不自覺的加上一些語尾詞。比如「像……的動作」、「……的部分」。像這樣的說法沒有不可以，但在與人溝通時，講求用字精準、簡單，正確無誤的表達。

這裡無法稱為語尾助詞，因為助詞有幫助詞句修飾語氣的功能。

這些語尾詞我認為是贅詞，在口語表達中，讓人覺得和我們認知的語法不合。

> 「蛋白加入砂糖前，先做一個打發的動作。」
> 「在上妝前，我們先做一個打底的動作。」
> 「使用這台電腦，要做一個登入的動作。」

打發、打底、登入本身就是動詞，有動作的意義，句尾再加上「的動作」就很多餘。而且與人溝通表達時的對話，不會只有一兩句。如果只要有指涉到有關動作的動詞，就使用相同的口語模式，會在交談過程中一直聽到相同的字詞不斷重複出現，除了口語表達不夠精練外，也會讓對方感到枯燥乏味。

(二) 也許我們可以這麼說

「將砂糖加入打發後的蛋白中。」或：「蛋白打發後把砂糖加入。」

說法沒有一定的標準，但必須常常自我練習，以便在面對不同的場合、不同對象時，能在你的data資料庫當中，選擇最適當的口語軟體來因應。

較少閱讀、不喜動筆書寫，是現在孩子們普遍的現象，但閱讀和書寫可以直接增加我們詞彙、語法的能力，口語習得模式改變，自然會影響口語表達的能力。因為豐富的詞彙，可以讓表達內容較豐富，不會枯燥單調。比如連接詞的替換，與、和、及、跟、還有……

1. 校際籃球比賽，我們學校籃球隊員都很猛，有喬丹，還有哈登，還有小飛俠，還有錢德勒，還有林書豪。

2. 校際籃球比賽，本校球隊高手如雲，有喬丹、哈登和小飛俠，當然還有錢德勒跟林書豪。

大量的符號被使用，許多詞彙的原義被改變，名詞形容詞化、形容詞動詞化、動詞形容詞化的變動詞性，也讓口語表達中的語法，出

現了許多矛盾。所以當要跟別人傳達想表達的事情時，也就會因為語法錯誤，讓人無法完全了解或是會錯意。

1. 「×王麻辣湯底宣稱取自天然蔬果，但與事實不符……有謊稱誇大不實之嫌。」這是一段新聞記者的報導。其實「有誇大不實之嫌」便很合理完整，但加上謊稱後，整句話變得沒有邏輯。

2. 「×航班機失蹤多日，各方消息不明，引發了許多眾說紛紜。」在這句話裡「引發許多」實屬多餘。但也可以說：「×航班機失蹤多日，各方消息不明，眾說紛紜。」或是：「×航班機失蹤多日，各方消息不明，引發諸多揣測。」

3. 「後火車站雖然白天人潮不多，但是入夜後更是人煙稀少。」這裡的雖然……但是……也是贅詞。如果要使用「雖然……但是……」就必須這麼說才比較合乎邏輯：「後火車站雖然白天人潮眾多，但是入夜後就變得人煙稀少。」

4. 母親問兒子：「為什麼這麼晚回來？不是告訴你功課沒寫完不能出門嗎？」兒子回答：「可是我很累耶！」這句話的重點是功課沒做完是不可以出門，回答該是：「對不起！我忘記了！下次不會這樣了！」而不是說：「我很累耶！」這樣答非所問的回應。

以上所述相同或類似的例子，在日常生活中隨時可見，不是邏輯不通，就是答非所問，最大的原因是對詞彙的意義理解不夠清楚。有些詞意雖然相似，但卻可能蘊含著褒貶不同的意思。也有些形容詞有性別、年齡的區別。

如：「結果」、「後果」兩詞有事情發生後的狀態，但事實上兩者還是有些許的差異。「結果」一詞屬中性，但「後果」的詞意帶有負面意義。

「懷孕是因為精子與卵子結合而產生的『結果』。」

「懷孕是因為精子與卵子結合所產生的『後果』。」

前一句像是敘述一件事情的過程，但第二句使用「後果」這個

詞，讓人覺得懷孕不是一件很開心的事。

如：「心機」、「心眼」兩詞都有心思引發動作用的意思。

「眼尾刷上淡淡的粉紅色，這樣的小心機，讓眼妝看起來更年輕。」

「眼尾雙上淡淡的粉紅色，這樣的小心眼，讓眼妝看起來更年輕。」

一樣的句子，形容詞褒貶涵義不同，感覺就會有差距。所以正確使用詞彙，掌握詞意，讓對方正確接收到你給的資訊，除了知道你在說什麼，也不會因詞彙使用不當，而產生不必要的誤會。

㈢使用適當語調

要加強自己的溝通表達，口語訓練的能力必不可少。語言學家說：「語言是思維的工具。」要讓別人了解你的想法，增加字詞數量，了解正確語法，駕馭詞彙，使用正確精準的語意，讓別人知道你在說什麼。但在溝通表達時，如果加入不同的語調（語氣），聽者所產的感覺也會有所不同。

面對面的口語溝通，如果語氣表達不適當，還有肢體語言和面部表情可以輔助對方了解。但是如果在口說溝通的當時，看不見對方的表情，少了眼神、手勢的引導，這個時候掌握適當的語調是很重要的。

語調在語言學中一般解釋是說話的腔調，簡單的說就是我們說話的語氣、口吻。常常聽到有人對話說到：「老闆剛才口氣不好，今天大夥皮繃緊點！」這句話不是說老闆有口臭，而是從老闆說話的語氣當中，聽出老闆心情不好，意思是要其他同事小心點，別惹到老闆。這裡說話的口氣，就是我們上面提到的語氣。不管是何種語言，都會利用自己本身的發音方式、音長、音高、音調，結合後所產生的抑、揚、頓、挫，來表達說話當時的情緒。

四、個人特質（價值觀）

人際關係的建立是要花時間和精神的，也就是說它是個得實際接觸、用心且長時間去經營與照顧的關係。拿現在的網路交友來看，目前並不能真正取代實際的人際關係。PO照表示心情，好友也塗鴉認同且回應，朋友的朋友給個讚；PO文表達看法，回文表達支持的仍是好友，表達不同意見的人，有可能被解除好友或立刻被封鎖。常看有人每天花大半時間掛在線上經營臉書、推特、微信這樣的網路交友工具，拚人氣，比吸睛，賽關注。但不可諱言，網路上的朋友要成為你建立人際關係的一份子，虛擬的交際要變成實質的關係，還是得約定時間、地點見面，實際接觸認識了解後才能辦到。

人際關係所經營的對象不僅止於朋友，還包括家人、師長、同學、同事等。朋友多就是人際關係好，這樣的說法可能過於狹隘。有些人的人際關係建立在物質上或利益往來上，如果連結彼此往來的物質因素或利益一旦消失，朋友關係可能漸漸淡去或就此中止。真正的人際關係好或不好，不會隨著你當時意氣風發或失意潦倒而起伏太大。這關係著你平時待人處事的方式，也就是你的個人特質與修養，影響著你在與人交際時你所抱持的態度。

建立一個對自己有幫助且較正向的人際網絡，也不是來者不拒沒有取捨的。我們說：「物以類聚。」喜歡談錢說利的人，會時時注意到有沒有賺錢機會，所結交者多屬同好。不愛與人爭利者，也不會處處和人計較，往來者也多是淡薄名利的人。所以你的人格特質也大大影響著你未來與人結交時人際關係建立的屬性。

五、文化、宗教與價值觀

地球上有不同的人種、地區與國家，當然也就發展出不同的宗教與文化。台灣有許多不同的宗教信仰，佛、道、天主教、基督教、

回教，還有不少的民間信仰。周遭的親友中，有的是慈濟的師姐，有的是基督教某團契的教友。而他們的人際網絡中，與教友的聯繫與往來，相較其他關係，顯然較為頻繁且緊密。媽祖出巡時，這時只要有相同信仰的人，莫不在這時聚集前往媽祖遶境處等待著「鑽轎腳」，和來自各地不同的人一起見證信仰的力量。人際關係會因為有相同的宗教與文化而容易建立。

第六節　增進人際關係交談時的技巧

一、隨時保持微笑

　　增進人際關係最重要的莫過於微笑了。前面的章節討論過感知，一些心理學家將有微笑跟沒有微笑的圖片給受試者觀看，很明顯有微笑表情的圖片，會引起受試者不有自覺微笑的表情或是正面情緒的反應。曾從事服務業多年，同事中有人總是笑臉迎人，也有表情嚴肅的。其中一位好友，她永遠讓人記憶深刻的，就是她隨時展現的笑容，不只同事們喜歡和她一起工作，被她服務的乘客也都讚譽有加。是因為和她一起工作時工作氣氛特別好，客人看見她笑臉迎人，就覺得非常的親切。所以當面對人與人交往，記得隨時保持微笑是不會錯的。

　　常聽到人們談到對別人印象或觀感的形容：「你說那個面無表情，看起來很嚴肅的張先生嗎？」「陳小姐笑容可掬，讓人覺得好親切喔！」這些對人的形容，很容易發現，笑容是一個在人際交往時，可以拉近彼此距離的好工具。我想大部分的人都有相同的經驗，需要開口求助的時候，如果可以選擇，我們都會向面帶微笑、表情親切溫暖的人尋求幫忙。這代表大家都喜歡別人面對自己時，臉上的表情是陽光的且笑容滿面的。但是如果問問自己：「與人面對面交往溝通

時，有時時保持親切的笑容嗎？」我想大部分人的答案應該是否定的。因為要求別人面帶笑容好像理所當然，但是自己卻常常忘記要隨時微笑。微笑並不是嘴角上揚就會讓人感到親切，要笑得自然也是需要練習的。

筆者曾有近二十年航空服務的經驗，剛入行時曾至日本受訓，在講求精緻服務精神的日本，任何細節都被要求著。日本教官帶我站在機門邊和乘客道別，當然也沒忘記帶著教官叮嚀的微笑。但所有乘客下機後，我的日本教官告訴我說：「你的笑容非常不自然，那是一個沒有生命的笑容。」當下聽到這樣的評語覺得非常難過，但還是想知道自己的問題在哪裡。經過教官自身經驗的教授之後，我這才知道笑是要發自內心的。如果只是嘴角上揚不帶感情，鏡中反射的，就是一個皮笑肉不笑的你。

如何練習微笑

1.面對鏡子隨時練習

為什麼有人笑得好看、笑得自然，但有些人笑起來比哭還難看。那是因為笑也是需要練習的。笑會牽動臉部肌肉，常常微笑，面部肌肉群常練習，所以常常微笑的人笑得很自然。反之平常就嚴肅面無表情，臉部表情僵硬，真要笑起來也不像常微笑的人那樣讓人覺得親切。

2.微笑上揚曲度，約露八齒（上排）

3.眼神有笑意

眼神帶笑的測試方法，你可以面對鏡子，用一張A4紙，遮住雙眼以下的位置，如果只是嘴角上揚，鏡中雙眼的位置和表情不會有任何變化；但如果是一種發自內心的笑（聽到好笑的事、想到開心的事），你會發現眼神會有變化，真的感覺你是開心的，也就是眼睛會笑的意思。

二、養成良好姿態

這裡要談的是良好儀態的建立。站立、行走、坐姿的端正與否，常常給人是不是穩重、可信賴的印象。站著時彎腰駝背、行進邁步時鞋底拖地聲不絕於耳、入座後變翹著二郎腿不停抖動，我想就算你帥如都敏俊、美似千頌伊，也很難讓人將穩重和優雅和你聯想在一起！

如果要改變不佳的儀態，學習了正確的儀態後，必須時時練習，藉由不斷練習才能改變舊有行為，成為新習慣。一旦習慣模式建立，就會讓新的習慣彷彿成為身體的一部分，不會因為突然的改變而看起來做作不自然。

㈠站立時（如圖10-3）

圖10-3　站立

站立與人交談時，一定要抬頭挺胸，眼神注視方，雙手自然下垂，雙腳站穩保持平衡讓身體不會晃動。

㈡行進時（如圖10-4）

圖10-4　行進

　　行進間，兩眼向前平視，不彎腰駝背，抬頭挺胸，雙手因邁步自然擺動，步伐適中。如果行進間有同伴交談，須微微側身向談話對向的一方，眼神表達注視，但同時要注意前方狀態。邁步時不可有鞋跟拖地的聲響，步伐移動的間距和速度的快慢，也必須配合對方做調整。

㈢入座、坐姿、起身（如圖10-5、10-6）

圖10-5　入座　　　　　　　　　　　圖10-6　坐姿

坐定後，一樣抬頭挺胸，男性雙腳著地，雙腿距離約與肩同寬，不翹二郎腿，不抖腳，兩手自然置於雙腿。

女性坐定後，也要挺直腰背，不論著褲裝或裙裝，雙腿都要併攏，雙手交疊置於腿上。

要從坐位上起身，先將雙腳後縮至可支撐雙腿起身的距離，身體不要向前曲傾，頭、身體、臀部呈直線起身站立。

如果坐的是深度較大或高度較低的沙發，起身前先將雙手向前移動至椅墊邊緣，找到可以支撐身體起身的位置，雙手撐起時，將支撐點移至雙腿，身體同時站立。

起身時頭部、身體、臀部一樣保持直線動作進行。

三、清楚溝通（口語、非口語）

和人說話交談時，除了要注意用字正確、禮貌，還必須注意對方和你的關係來調整談話的主題。有些人談話時，不管是和同性還是異性，內容沒有界線，以為是無話不談，甚至是葷腥不忌，有時不免會讓人有被冒犯的感覺。

每個人多少有一些常用的口頭禪或發語詞，很多口頭禪常是習慣性且無意識的說出，但是有些口頭禪帶有負面語意。例如：「最好是啦！」「你有毛病！」「很煩勒！」「屁啦！」認識你的人知道你沒有惡意，但如果不了解你的人，聽到你時不時的脫口而出的頭禪，可能會因此產生不好的印象。

說話時總是會用到發語詞來帶出你接下來講的內容，不過常有人相同的發語詞在一段說話中一直不停的出現。例如：「你知道嗎？」「那……那……」同樣的字詞出現頻率太高，會讓聽者感到不耐，因此盡量減少重複出現的情形。

還有一些比較強勢的用字；「你懂我的意思嗎？」「這樣說你明白嗎？」「這樣解釋你該了解了吧？」「這麼簡單應該知道吧！」這

樣的說法，讓對方聽起來感覺自己很無知，應該盡量避免。

一般生活經驗當中，不論是親朋好友或同事間，都有提問或被提問的機會。當有人希望你在生活經驗或專業領域上提供建議時，就是需要幫助的時刻。此時我們必須盡力提供可參考的意見外，在表達時的用語和口氣也得注意，以免忙沒幫上，還讓對方感到不舒服。

例如：

「正常人不會這麼做的！」
「我是你絕對不會這麼做。」
「哎喲！你怎麼這麼笨哪！」

我相信聽到你這麼說的人，心裡一定會很難過的。
但如果換個方式說：

「如果我是你，我可能會這麼做。」
「如果情況許可，我想我會有另外一種做法。」

這樣的說法聽起來應該接受度是比較高的。

非口語的肢體或表情訊息的傳達更要明確清楚，不要模糊、曖昧不清，容易讓人產生誤會。尤其是異性間的溝通，更要注意肢體語言傳遞的意義必須清楚、明確，以免造成誤會與冒犯之意。例如男性主管對女性部屬挑眉、眨眼或是一些肢體接觸的位置不適當，都容易產生職場性別不平等待遇的困擾，所以異性間肢體語言的運用務必謹慎。

四、溝通方式因人而異

與人溝通時會因為對象的年齡、性別的不同而採用不同的說話方

式。現在智慧型手機幾乎人手一支，許多網路視訊軟體也非常普遍，打家用電話找人的機會變少了，所以電話中的應對禮節也不被注意了。有一回小犬的手機響起，但當時他在洗澡，連續打了好幾回，想是應該有急事，於是替他接了起來。對方直接就問：「在幹嘛！」我想他以爲是小犬接的電話，所以我說：「不好意思！×××在洗澡，我是他媽媽，如果有什麼事，我可以轉告他。」對方先是一愣，然後丟了一句：「叫他打電話給我！」電話就掛了。一開始因爲這孩子很沒禮貌而生氣，但事後想想他也許沒預期接電話的人是長輩，平常也疏於練習應對，才有這樣不適當的回應。但如果他這麼說：「不好意思！伯母您好，我是×××，那麻煩您請他有空回我一個電話，謝謝！」我會覺得他是一個懂禮貌的小孩。

也許有些人認爲敬老尊賢是迂腐的觀念，所以在捷運、公車、火車上對於不讓位給老弱也是常有的事，或對挺身而出的人大聲咆哮，甚至攻擊。但社會仍要靠秩序運作維持，該有的社會道德還是需要被遵守的。

㈠與長輩溝通時的應對

長輩問話要立即、清楚、有禮的回答。

老人家說話速度可能較慢，做晚輩的必須耐心傾聽。

遇有熟識長輩，一定要停下腳步請安、問好。

比如早晨出門上學或上班，行進間遇到認識的長輩，最好停下腳步說聲：「張伯伯，早安！」或：「張伯伯，您早！」

㈡對平輩之間

雖然平輩間比較不需要使用敬語，但彼此間溝通交流，仍然要注意該有的禮貌。「麻煩、請、謝謝、對不起」，該說的時候，一個字都不該省。

㈢對於異性

雖然社會風氣與觀念越來越開放，但有些規範盡量不要逾越，也

許有些人不會在意，可是在意的人就是會有不被尊重的感覺。對異性的交談內容盡量不涉及性、個人隱私，例如「你幾歲啦？」以及婚姻狀況等話題，除非是對方願意主動提及，否則不宜追問。

在交談過程中，有些人的肢體語言太多太大，會造成肢體上的接觸。如果對象是異性時，肢體間的碰觸應該盡量不要有，以免產生不必要的誤會。

「美魔女」是現在一種對保養得當之年紀較大女性的一種稱讚，但基本上男性在與女性交談時，還是不宜主動詢問對方年齡。

離婚率居高不下的時代，失婚、不婚的人日漸增加，如果知道對方離婚，也不要追問離婚的原因。因為不管原因為何，對離婚當事者而言，總是一個不愉快的經歷。除非當事人主動談起，此時也是用關心與鼓勵的態度相應，而不是幫忙數落前妻或前夫的不是。

除了年齡外，還有一些話題是女生們不愛被詢問的。身材豐腴的人不喜歡別人問她的體重，個子嬌小的人也別問身高。

(四) 應避免的話題

通常與人接觸交談，要盡量抱持著寬廣的心態，接納別人的觀念與想法。但當自己說話表達的時候，就必須了解，有些話題不適合在每一個場合提及。雙方從事相同的工作，可以互相交換在工作領域打拚的經驗與心得，但切忌開口問人家：「那你一個月多少錢？」或是：「你這樣一定賺了很多錢吧！」

如果明顯知道對方的宗教信仰或政治立場與自己不同，就不要將話題帶到這個方向來談。有些人對自己所信仰的宗教非常虔誠，也希望自己的信仰得到別人的認同，所以談話中的許多話題都放在這樣的主題。當然如果是理性的討論與交流，彼此都能從話題中得到啟發或學習，我認為這是非常棒的交流。但我們了解事實與理想還是有些差距的，要不然世界上就不會因宗教信仰的不同，而發生大小無數的宗教革命與戰爭了。宗教信仰是一種精神領域的情感認同，對於不同宗

教信仰人，應該視狀況減少類似話題。

在台灣談到政治這話題就更讓人敏感了，有點風度的人，雖然不接受對方的觀點，但口不出惡言。可是，還是有不少人，你和他只要政治立場不同似乎連朋友都可以不做。和舉行獨立公投的蘇格蘭人所展現的民主政治素養相較，台灣人還有好一大段路要走呢！因此，在大部分的場合與人交際時，記得要避開敏感的政治話題。

如果所學所做不是同一領域的學問，可以開口請教，藉此創造話題，鼓勵對方說話，從而得到更多資訊，讓自己更了解互動的另一方。千萬別認為沒有共同話題就無法繼續交談，這樣的想法既消極也無法拓展寬廣的人際關係。

因為對方個性的不同而使用不一樣的溝通模式。

所在空間有些噪音，對方說話聲音較小，讓你聽不清他在說些什麼，此時不要拉高分貝說：「蛤？大聲點！聽不到你說什麼耶？」應該說：「旁邊有些噪音，我沒聽清楚，很抱歉！要麻煩您再說一次了。」

對方如果是一個比較害羞被動表達的人，這時最好用鼓勵說法刺激表達慾望的方式來溝通：「我碰到一個工作上的問題……如果是你，你會怎麼處理？」「我想跟家人出國旅遊，但不知道去哪裡，你有什麼建議嗎？」

五、學習傾聽

與人溝通交際必須是有來有往，該說話的時候，表達流暢，有自信，不畏縮，而當對方開口時，一定要注意聆聽。就算是有疑問或想要解釋時，也必須耐心的等待對方把話說完再發言。常常在團體中發現有一種人，說話的人還在表達的時候，就急著說話或插嘴打斷，這是種很不禮貌的行為。因為人家話都還沒說完，你如何能完全了解對方想表達的意思呢？如果習慣不改，久而久之，別人漸漸的不會喜歡

跟你談天說話，別人話都還沒說完就被你打斷了，這樣如何能建立良好的人際關係？

但如果有一種狀況是，可能對方說話的速度較緩慢，在一個段落停頓時間較久，因此誤以為對方話說完了，這時以為該你說話了，沒想對方又繼續往下說。此時你該立刻道歉也請對方繼續，於下一段發言前再多等待一些時間，以免又發生相同尷尬的場面。

還有一種情形，如果因有必須打斷說話者發言或表達的因素（但必須是緊急重要的事情），必須先示意讓說話者知道，接著道歉說明何以打斷發言的原因，取得諒解。

六、公平對待每個人

談話溝通的人超過三人以上，常會發現有些人比較喜歡發表談話，只要有機會就說個不停。群體中只要有這樣的人，會讓個性比較安靜或害羞的人，在交際的場合更沒有發言或表達自己看法的機會。如果一個人際關係技巧佳的人，是不會讓這樣的狀況發生的。有多人在交際溝通時，也許說話的時間未能均等，要讓每一個人都能說話發言，如此才能從每個人說話的內容裡，得到更多說話者的訊息。如果有人滔滔不絕，可以利用轉換話題的空檔，對較少發言的人提出問題，或是鼓勵安靜或個性害羞的人說話。提出問題的方式，不要是：「對不對？」「是不是？」「好不好？」「要不要？」可以是：「你有什麼想法？」「以你的經驗，可以給我一些建議嗎？」「如果你碰到這樣的狀況，你會如何處理？」

七、虛心接受建議，有幽默感

經營人際關係，虛心接受別人的建議是很重要的。當有人對你提出建議時，不管是不是你能接受的，也不要急著回答：「我不同意你的看法。」「我不認為我有什麼不對。」應該先拋下主觀意識，說：

「謝謝你給我這樣的建議，我會好好思考的。」事後反省是否真的需要修正。不過，會給建議的人通常是在乎你的人，而且一般人通常會只說好聽話，我相信人沒有十全十美，如果只能聽好聽話，那可能一輩子交不到益友了。人際關係的經營裡，一個個性開朗、有幽默感的人，是非常受歡迎的。幽默感可以讓一起交談的人心情變得愉快，也可以緩和緊張的氣氛，降低衝突。但在發揮幽默感的時候，還是有些小地方得注意：

1. 要開別人玩笑，自己應該也是禁得起別人開的玩笑。
2. 說笑話時可以詼諧但不能低俗。
3. 笑話不涉及敏感話題（政治、種族、宗教、性別）。
4. 如果溝通的另一方不喜歡別人開玩笑，那就請暫時收起幽默感。

八、心存感激，誠心，不抱怨

「待人以誠」這幾個字的意思每個人都知道，就是用心真意的方式待人接物，道理說起來很簡單，真正做起來並不容易。待人誠心在現代這個講求功利的社會好像並不被重視，在社會道德實踐中也只是形容詞而非動詞。

人群中常會有一些人緣不佳的人，有很大的原因是這樣的人愛抱怨。比如主管分配工作，常會聽到這樣的抱怨：「為什麼每次最累的班都排給我？」「為什麼我的工作量最多？」「為什麼輕鬆的工作都給他？」其實大部分的狀況並非如此，但這樣的人只要感覺吃了虧，都要將不滿抱怨掛在嘴上。改變愛抱怨的習慣，可先改變使用負面詞彙的習慣。

九、適時吸收新知

人不是神，所知總是有限，為彌補有限的所知，在網路資訊便利的世紀，我們可以隨時隨地吸收新知，不斷的充實自己，讓別人和你

談話時，不會索然無味。當有人談及某個話題，發現大部分的人都有反應，但自己卻毫無所知，可能就無法參與話題了。這時可以盡量聽別人在說些什麼，就當下有限的了解，在可以說話的時候虛心求教，千萬別不懂裝懂，弄巧成拙。

除了網路外，閱讀也是能增長見聞的好方法，網路快速、便利、即時，但也隱藏著許多錯誤、不真實的訊息。如果對事情沒有求真求實的精神，很容易被混淆而無法判斷。所以，從網路上得到訊息後，能多做邏輯性思考與求證，應該可以彌補這樣的缺失。

十、尊重社會規範

社會上總有行事風格特殊的人，也許一般人稱呼為「怪咖」，但這樣的人畢竟是少數。因為真正是「怪咖」的人，事實上也不會在意別人的看法。一般人都是社會團體中的一部分，所以也必須遵守社會的規範。如果不遵守維護秩序的共同規範，是無法在正常的人際關係中立足的。想要建立良好的人際關係，首先必須遵守共同的規範。台灣近年發生不少因酒駕肇事逃逸或致人於死的案件，其中幾件重大車禍肇事者是家境不錯的年輕人，然而，他們犯後態度差，也無悔意。經媒體披露後，社會輿論撻伐，留給人惡意殺人的印象與標籤。我想，大多數人是不會願意和這種道德有瑕疵的人主動交流的。

十一、培養同理心與正向思考

同理心就是設身處地的為人著想，通俗的說就是：想想，在相同的狀況下，如果我是他，我會希望別人怎麼待我？人常常用以自我為中心的眼光看別人，也會用主觀意識判斷事情，少了體諒、寬容，常讓事情變得複雜難解。如果與人交往應對可以多一些客觀與同理心，相信不管是家人、朋友或是與你相交的人，都會感到輕鬆愉快的。

負面思考的人，人格特性多半是悲觀、退縮、較不敢嘗試的，相

對於負面思考，正向思考的人則是樂觀、開朗、勇於接受挑戰。正向
思考並不是全然樂觀，看不見事情的陰暗面，而是對事要正向思考，
當碰到挑戰或逆境時，可以有正面的能量，激勵自己挑戰或是解決問
題。經營人際關係時，在這關係的網絡中，並非每一個關係都在理想
的狀態下進行。人際關係遇到挫折時（朋友說你的壞話，而且所言並
非事實），正面思考的能量，會帶領你往正向思考，也許這次人際關
係的挫折，會讓你有錯誤中學習的機會。

第十一章

口語溝通技巧

不管是何種語言，對語言討論的書籍或理論，都認為語言是一種內在能力。幼兒語言發展到語言習得的過程，從單音節、多音節發音，單詞、複詞、句子組成、文法結構的生成，是一種看不到的能力。這個能力的好壞，必須透過說話（詞不達意或能言善道）或文字書寫表達（文章與寫作的能力），所以說語言是一種內在能力。語言溝通就是透過說話或是文字書寫，表達想傳遞的訊息，與人交流溝通。

第一節　語言的特性

語言是是一種內在的能力，語言是不是人類所特有的傳遞溝通工具？有許多的動物實驗發現：蜜蜂會用舞動的方式，告知同伴發現花蜜的方向、距離；森林中的鳥類用叫聲的長短、連續和停頓來示警、求偶與餵食；更有使用手語的黑猩猩，在研究人員的教導下學會了五百個單字，且利用這些單字組合成句子與人溝通。根據語言學家的研究，動物世界都有屬於物種同類之間可以傳遞或溝通的符號、肢體動作或聲音，但和人類的語言比起來還是有很大的局限性。因為人類的語言溝通有說話，有動作，有表情。如果將蜜蜂的舞動遮蔽住，其他蜜蜂就無法知道訊息的內容。會手語的黑猩猩，雖然可以使用人類教導的手語和人溝通，一旦不使用手語，溝通語表達就會發生障礙。在所有動物中，用來傳遞或溝通訊息的工具，沒有一個物種的溝通方式像人類語言那樣複雜。人類語言具有一些動物傳遞訊息的工具中所沒有的功能。

一、可學習性

每個人從小習得母語後，母語中具有詞彙、文法的元素，也都有能力學習第二語言或是外國語。大學裡有英文系、法文系、俄文系、

西語系、日文系、德文系等等不同語言系所，只要有意願，每個人都可以學習不同國家的語言，這說明人類的語言特性是可學習的。動物只能使用一種溝通傳遞系統，和自己同一種類的生物溝通，無法學習其他物種傳遞訊息的方式。

二、時空可置換

小時候聽人說故事，說故事的人開頭總是會說：「很久很久以前……」或是迪士尼童話卡通裡的：「Once upon the time……」這意思代表很久很久之前。如果時間不明確，還有：「西元前二十七年，羅馬帝國由奧古斯都（渥大維）創立。」或是：「三國時代有名的赤壁之戰，發生在漢獻帝建安十三年（西元二〇八年。）」

說話的人表達訊息不被局限在說話當時所發生的事，可以是過去式、現在式、未來式。訊息地點也可以是任何地方，台北、高雄、東京、巴黎或紐約。蜜蜂舞蹈表示了方向、距離，卻無法告訴同伴是在田尾還是永靖（花卉產地）；黑猩猩就算會五百個手語，也無法告訴同伴二百年前的黑猩猩，有沒有發生什麼樣爭奪地盤的大戰役。

三、任意性

語言的任意性是指一個字、詞或詞彙和所代表的客觀實質物體和抽象的概念之間是沒有必然性的關聯的，也就是所指和能指之間沒有任何關聯，字、詞、詞彙所以這麼稱呼是因為人們因任意使用後約定俗成的一個結果。蘋果之所以稱做「蘋果」是因為任意性的指稱後人們約定俗成，看到就用「蘋果」這個詞彙表示。

四、不實語言

動物傳達訊息溝通，不管是叫聲、舞蹈，其目的就是要覓食、求偶、示警，這些行為所傳遞的訊息縱使有誤差，也不會有刻意說謊的

行為。如果說動物為保護自己，在大自然演化的過程中，有了保護色可以欺敵，這並不是語言中的不實與欺騙。人類使用語言可以談心、聊天，說一些無關緊要的事，也可以說謊或欺騙，甚至睜著眼說瞎話。我想蜜蜂舞蹈，不會因會想要獨自享用，而舞出錯誤的形式，讓其他同伴飛往另一個方向尋找花蜜。

五、具有彈性

字典中的字詞是有限的，但是當人用口語表達時，卻可以利用有限的詞彙，在合語法、結構的前提下，說話方式不同，語意也有無限種可能。

例如想要約女生看電影可能有好幾種說法：

「最近有一部電影×××評價不錯，你有興趣嗎？」
「我想請你看電影。」
「我有兩張×××的電影票，要不要跟我一起去看？」

上述幾種方式雖然組合不同但最終目的都是希望女生能答應和他一起看電影的要求。或者是：

「幾點了，還不回家？」
「都幾點了？」
「已經很晚了，還不回家？」

這幾句不論使用哪一種說法，接收訊息的人都會知道說話者想表達的意思是：「快回家！」由此可知語言的彈性非常大，同一件事情可以使用許多不同的表達方式。蜜蜂改變舞動的形狀，只能代表不同的方向或距離，這就是人類語言具有不同於動物之彈性的特點。

六、有規則性

　　除了母語學習，不管哪種語言都有一定的規則，發音、語法等都是我們學習外國語言必須要先了解的。並不是說母語就不用學習語法結構或規則，因為在母語習得的過程中，語言的規則、結構的學習也在同時進行，內化成我們的語言能力。語言學習發展中的小朋友表達事物時，句子中的主詞、動詞或受詞常會擺錯位置，大人們聽到往往會立即糾正，說一次符合母語語法規則的正確句子，讓小朋友照著再說一次，因此正確的語法結構也同時被學習著。

　　例如：小朋友在遊戲場玩耍，玩到一半哭著跑到媽身邊說：「哥哥，打。」媽媽再問一次：「是不是哥哥打你？」小朋友一面哭一面點頭說：「哥哥打你。」媽媽糾正說：「要說哥哥打我。」得到安慰，也學會了下次有同樣的狀況，她會說：「哥哥打我！」

七、傳承性

　　語言是與人溝通的重要工具，人並不是一生下來就會說話，必須經過學習才能使用語言和人溝通。語言也是生活文化的一部分，透過語言的使用，除了能與人順利溝通外，也能使學習過程中的經驗與知識，不斷的傳遞給下一代。這使得語言不但可以延續語言本身的傳統，也能使人類所有可以藉著語言描述的知識、文化得以繼續傳承。世界上有許多事情是無透過實際經驗去學習的，藉著語言的傳遞我們可以了解前人的知識與經驗，讓這些經驗成為自己的知識。不需要自己經驗吸毒後的結果，我們就會知道吸毒成癮會導致身體產生的種種損害。

第二節　語言的功能

一、溝通訊息

　　人類語言的最大功能就是傳遞訊息，不論是由口說表達或是以文字呈現，其目的都是為了和他人溝通。小baby肚子餓想喝奶，沒法開口和媽媽說話溝通，表現的溝通行為只是一直哭鬧，媽媽可能會猜：是不是尿布濕了？是不是想睡了？是不是不舒服？還是肚子餓了？必須經過媽媽的經驗或測試才能了解寶寶哭泣原因。但如果肚子餓到小吃攤開口跟老闆說：「給我一個青椒牛肉炒飯，和一碗番茄蛋花湯。」沒一會兒，老闆就會端給你青椒牛肉炒飯，和一碗熱騰騰番茄蛋花湯，讓你馬上可以填飽肚子。代表這樣的溝通快速又有效，也是語言最主要的功能之一。

二、文化傳遞

　　語言表現的方式有口語和文字，人類的文化傳承在文字方面的成就最大。記錄著人類文化、藝術、科學、宗教的發展，也讓後人了解接續著傳承的任務。口語雖然也有傳承的功能，但是如果沒有文字記錄，口語可以傳承的時間最多二三個世代。很多時候的歷史事件在當時沒有被記錄，一旦事件的當事人隨時間推移而凋零，想要了解事情的相關訊息，就只能尋找當地的耆老幫忙了。

三、可創新延伸

　　人類溝通的語言，從簡單的單字、詞彙、句子或短文，可以無限延伸。「我吃早餐」→「我吃了一份早餐」→「我吃了一份美味早餐」→「我吃了一份美味且營養滿分的早餐」。所有的重點就是「我吃早餐」，但在可延伸的特性下，可以對「我吃早餐」做不同情境或

感覺的描述。這是動物傳遞訊息方式所辦不到的。因為蜜蜂舞動，只能讓同伴了解，發現花蜜來源的距離和方向，一定沒有辦法告知其他同伴，這次發現的花蜜是玫瑰花還是牡丹花，或是這次的花蜜味道比上一次好。

　　每一種語言都是一代接著一代的被傳承著，隨著新資訊的不斷進入，新的詞彙也不斷被創造。新的詞彙使用度高，穩定性也夠，就會變成常用詞彙。比如「3C產品」、「平板」、「觸控螢幕」、「正妹」、「型男」、「小三」……諸如此類的用語，在二十年前是沒有這些詞彙的。現代資訊流動的速度如此驚人，相信未來仍不斷的會有新事物、新事件的詞彙被創造、被使用。

四、詞彙具有語義

　　香蕉對於黑猩猩而言是食物，將香蕉放在黑猩猩的前面，黑猩猩會毫不猶豫的把香蕉吃掉。如果沒有香蕉出現在面前，黑猩猩如果想吃香蕉，也沒有辦法用聲音或動作來代表香蕉的意義。在人類語言中的每一個詞彙，都有其穩定代表的意思。你說：「請給我一個蘋果！」懂中文的人會拿蘋果給你。你說：「Please give me an apple！」會說英語的人也會拿出蘋果。也就是蘋果這個詞彙就代表蘋果，只要是使用同一種語言的人，你請他拿蘋果他不會給你一個桃子。

五、語言表達思想與好惡

　　語言可以用來表達自己的想法、感覺、意見，你在說話之前，大腦已經處理且決定用什麼樣的詞彙或字眼來表達。而口說又比文字表達更能直接顯現自己的潛在個性和思想，因為文字的表達多半經過修飾或刻意的隱藏情緒。所以當平常說話時使用習慣用語表達對事對情看法時，從使用詞彙的性質和選擇能大概了解說話人的個性。比如

兩個人同時看到一個不知是什麼原因流落街頭行乞的年輕人，甲說：「這麼冷的天卻無家可歸，眞可憐！」乙說：「年紀輕輕好手好腳，什麼工作不能做，卻選擇向人伸手，眞可悲！」對同一個情景、同一個人物，卻有兩種截然不同的說法，也代表這兩個人對年輕人乞討這件事想法是不同的。

或是時形容一個人的個性，你也許會說：「他爲人擇善固執、做事堅持原則，這樣的行事風格讓他得罪了不少人。」你也可能這麼說：「他做事一板一眼、不知變通，所以人緣很差。」同一個人對他的描述使用正面意義的詞彙或使用負語意義的詞彙，會直接影響別人對此人的看法，也直接傳達你對此人好惡的情緒。

第三節　口語溝通的形式

什麼是「口語」？一般人對「口語」字面的認知是說話的行爲。語言學家認爲語言是一種內在能力，口語和文字，就是將這兩種能力顯現於外的的形式。但是口語表達的方式是主要的，文字溝通不論是發展或是使用，都沒有口語表達來得實用或普遍。識字率的普遍與否影響文字使用，網路書寫溝通的工具也都陸陸續續發展通話功能。所以現代語言學家都認爲口語和文字的先後排列是「口語爲主，文字爲輔」。

口語溝通就是用說話的方式，傳達你想傳達的訊息讓別人知道，這個訊息包括了概念、想法、慾望、情緒、情感等。口語溝通也是與人面對面溝通最主要也是最普遍的使用方式。現代人口語溝通會使用在面對面溝通、對話溝通、視訊溝通等方式。

一、面對面溝通

使用口語面對面交談，在人際關係表達中，是一種最直接、最

快速的溝通方式。包含了口語（詞彙、語氣、音調、音量、音高）、非口語（肢體動作、面部表情、肢體接觸）多個訊息依據，讓面對面的溝通，成為了解對方意思最有效率也最精確的溝通方式。因為面對面時交談，對於聽不清楚或聽不明白的地方，可以立即且直接一次、兩次或再三確認。當然說話時對方的任何肢體語言或表情，也都能在面對交談時，同時經由視覺的接收傳遞至大腦。靠著聽覺（說了什麼？）、視覺（看到什麼？），加強訊息接後的認知。許多戲劇表演或真實狀況中，常見到有人為讓對方清楚了解自己的意思，會說：「我們談談吧！」或：「找個地方，讓我們把話說清楚吧！」這表示面對面說話溝通，對訊息的判讀準確率是很高的。

二、電話溝通

電話溝通也是語言溝通的一種，不同的是，使用電話時，雙方以聲音傳遞彼此的訊息，溝通時看不到對方的肢體動作或其他表情。也就是少了視覺非口語訊息的輔助，只能從對方說話的內容、語氣、音高、音量，來判定對方想傳遞給你的訊息。此時因為對方沒有視覺上的輔助，在使用電話與人溝通時，就必須特別注意說話時的發音和語氣，因為一有不慎就會造成誤會。

許多電話客服人員，接到來電時，都會說：「××公司您好！很高興為您服務！」如果客服人員訓練得好，從語氣中你可以明顯感受到對方想要服務的熱忱。對方看不見你臉上愉快的表情，就必須在說話的音調、音高、音量和音長上做調整，讓你的聲音是有表情的。

朋友轉述一個電話溝通經驗，她打電話到往來的公司訂貨，而平日接洽的業務吳先生，正在另一位同事的座位旁討論事情。接電話的是另一位女士，這位女士也想替她轉接到吳先生現在位子的分機上。這一段對話如下：

A：「喂，您好！請問吳先生在嗎？」

B：「吳先生不在位子上，請問您哪裡找？」

A：「我是常青採購的曾美麗。」

在交談中吳先生走回自己的坐位，替她接電話的女同事，這時在電話中說：「你稍後（ㄙㄠ ㄈㄡˋ）。」朋友聽到這三個字還很不高興的問吳先生：「你的同事怎麼罵人啊？！」事後經解釋才知道她說的是：「你稍後。」由於一些方言的發音習慣無舌根音「ㄏ」和元音「ㄡ」結合的字，下意識會使用較接近的發音代替，所以會聽成「騷貨」。加上電話裡除了聲音訊息，沒有其他肢體語言或表情輔助，就更容易誤以為對方在罵人了。

「聲音是有表情的」，「聲音是有感情的」，一般喜歡看舞台劇表演的人，很容易體會這些形容。為什麼電話裡可以聽出來對方生氣、愉快、哀傷的情緒，因為情緒的表現與聲音大小、音調高低及說話速度的快與慢，都是依據這些聲音訊息來做判斷。

很高興的時候，說話時的音調，會比平時情緒較無起伏時的說話，音調會上揚一些，說話速度較快，說話的音量也較強。當人說話速度變慢，音量變弱，音調也轉為低沉，會讓人有無力、衰弱，或心情沮喪的感覺。

生氣或憤怒時，最最明顯的說話行為，除了用字負面或情緒化，說話聲音變大，說話的音調上揚，而且因為情緒引起的心跳及血流速度的加快，讓說話速度也明顯的增加。

氣流進入口腔後，發音的部位在舌根處，發音時舌根向上抬靠近軟顎，讓通過的氣流在此受到阻礙，這樣發音部位所發出的音叫做舌根音。例如中文發音裡的ㄍ、ㄎ、ㄏ，就是舌根音。

元音是指發音時，氣流通過聲帶造成震動，也沒有受到口腔內其他發音器官阻礙（舌、齒、唇），不同的發音，是由唇形的展圓做變

化，所發出的音叫做元音。如發音ㄚ、ㄧ、ㄨ、ㄟ、ㄡ、ㄠ等是我們國語中的元音。

　　為避免口語發音不精準，或是不適當的聲音表情，會引起電話另一端的誤會與不悅，使用電話溝通時務必注意一些細節，如咬字發音清楚、音量大小適中、音調抑揚頓挫分明。

避免電話溝通產生障礙的技巧

　　使用電話與人溝通時，除了發音清楚、音量適中、音調適當，讓接收訊息的人可以清楚收到你要傳遞的訊息。之外，在電話中必須避免一些讓對方產生不悅的行為。就算你的口語表達得非常清楚，但如果有一些讓對方感到不舒服的舉止，也會使人產生惡感，這對人際關係的建立是沒有幫助的。這些應注意的禮貌有：

　　1. 專心、不分神

　　電話中專心聽人說話，除了避免訊息漏失外，對說話的一方也是一種基本的尊重。就像與人面對面說話，必須看著對方、眼神接觸是一樣的道理。當對方向你提問或詢問意見的時候，如果不是因為噪音，或不可控制的因素分心閃神沒聽見，還問對方：「你剛剛說什麼？可不可以再說一遍？」這樣就很失禮了。

　　2. 電話溝通時不飲食

　　3. 接聽電話前結束其他來電

　　4. 交談中要適時回應

　　面對面的口語交談時，當一方在表達時，另一方不只是聽，也要適時有一些肢體動作（點頭、微笑）回應，讓對方知道你收到訊息了。但當使用電話溝通時，少了視覺上的訊息回饋輔助，這時在電話另一方適時給予對方的聲音回應，也是一種讓說話者了解你收到訊息的方式。在電話中溝通表達時，對方如果有確實的問句，而且是封閉式的問句，也最好是立即給予回應。

5. 結束時的應對

雙方以電話溝通交談，其中一方話題不斷、滔滔不絕，絲毫沒有要結束通話的跡象，讓電話溝通的另一方，不知還要掛在電話線上多久。面對面溝通時，如果想要結束話題，可以借助肢體語言（看看手錶或牆上的時鐘），示意對方該是結束交談的時間了。在電話中少了肢體語言的協助，就要使用適當的口語應對，讓對方知道該掛電話了。

「時間很晚了，不耽誤你休息，那我們下次再聊了！」

「我現在手邊有事要處理，就先聊到這兒，下次我們再好好聊聊。」

三、視訊溝通

時代進步，網路發達，許多通話系統都有視訊功能。視訊溝通比電話溝通多了肢體動作與面部表情的輔助，讓溝通時可判讀的依據增加，造成誤會的機會降低，但相較於面對面溝通的方式，少了讓彼此距離更接近的肢體接觸。當網路交友彼此都達到一定程度的好感，大多數的人都會希望約出來見面，讓雙方的關係能更進一步。所以，對於人際關係的建立與維持，視訊溝通目前仍無法取代面對面的溝通。

文字語言的表現形式就是口語和文字，口語是用口說的方式表達，而文字是用手寫或是打字的方式呈現。使用文字的方式比口說思考的時間更多，不容易發生說錯話的狀況，但使用文字表達一樣需要注意和口語表達時的禮貌。

第四節　口語表達的內容

語言在日常生活當中無時無刻的被使用著，食、衣、住、行，無一不與之相關。使用口語溝通可以表達需求、傳達訊息和情緒。所以

和人溝通說話時，如何讓對方清楚知道你的想法或目的，就必須了解口語表達不只是說話，而是將話說得清楚、說得適當、說得讓人容易了解。聰明或書念得好並不代表話也說得好，口語表達適切必須注重說話技巧的訓練，和口語表達的內容是否能讓對方清楚、明瞭。而口語表達的內容包括了語意、語法、語境和語音。

一、語意

語言學家對語意的所下的定義是：

「不論何種語言，語意就是詞語所指涉代表的意義。」

「語意是描寫一種語言文字所傳達約定俗成的意義。」

「語意就是研究語詞、句子的意義。」（謝國平《語言學概論》）

但語意並不只有語詞上的字面意義，還有字面以外衍生出來的意義，這些意義包含概念意義、聯想意義、隱射意義。

(一)概念意義（字面意義）

概念意義說的是字面上所傳達的基本意義。比如：「日」就是太陽，在六書中是屬於象形文字，古人按照太陽的形狀畫出「⊙」，自此「日」的最初的概念就是太陽。所以「日」的概念意義或字面意義就是太陽。當描寫口語的概念意義，就是指表達訊息的人，他所說出的話就代表他的情緒、心情或狀態。例如小朋友在路上奔跑，不小心跌了一跤然後放聲大哭，同時說了：「好痛！」我相信不會有人懷疑他是騙人的。或是兒子下課回家，一進門就翻找冰箱，嘴裡還嚷嚷著：「媽！我好餓喔！」做老媽的應該會加快做飯的速度，好讓兒子快快吃到晚餐。

(二)聯想意義（衍生意義）

　　相較於概念意義，聯想意義並不是字面或詞語直接代表的意思，而是經過詞語原有意義與其他事物連結後，所產生的延伸意義。我們知道現在說出或寫出一個「日」字，可能讓人聯想到太陽出來了，「終於放晴了！」站在太陽直射的操場上，「熱死人啦！」而晴朗好天氣和夏日酷熱就是我們對太陽的延伸意義。在口語表達中衍生意義被使用的情況很多，例如許多想要減重的女性，中飯時間男友問她：「想吃什麼！」她回答：「想吃沙拉。」「沙拉」是翻譯詞，它代表的字面意思是涼拌的蔬菜水果，但是男友此時除了知道她要吃沙拉外，還知道她要減重或保持身材。或是一般人常說：「你搞什麼飛機！」或是：「你很機車！」都不是字面上的搞一台飛機或是有一台機車，而是：「你在搞什麼！」或是：「這個人很難搞！」的延伸意義。

(三)隱射意義（意在言外、言外之意）

　　概念意義和聯想意義，在口語溝通表達比較直接，接受訊息的人，對訊息的意義也較容易掌握。但在口語溝通還有一種，說話的人不將自己的想法直接說出，而用一些相反的詞彙間接表達，使接收訊習的人無法確實掌握真實語意來判斷對方的真正需求。也就是說，說話的人並不直接了當的說明，而是用曲折或暗示的方法表達心中的想法。這樣的方式自古就有，文人的詩、詞、文章，常常用這樣的方法抒情表意，也稱做隱射意義。

　　　南唐後主李煜的詞〈相見歡〉
　　「無言獨上西樓，月如鉤。寂寞梧桐深院鎖清秋。剪不斷，理還亂，是離愁，別是一般滋味在心頭！」

　　整闋詞讀來很像在訴說滿腹的離愁如綿延的絲綢一般，想剪卻剪

不斷，想理卻也理不出一個頭緒，這樣的愁滋味不曾經歷是無法體會的。這一闋詞好像在訴說離愁，但事實上卻是道盡亡國之君的哀悽。南宋時的黃昇《花庵詞選》裡的詞評：「此詞最淒惋，所謂亡國之音哀以思！」

二、語法

「語法就是組詞成句的規律。」（《語法初階》）

「語法是大家說話時必須遵守的習慣，是由語言學家歸納、整理課客觀存在的規則。」（《語言學綱要》）

「語法是描述片語和句子組成結構的方式。」（George Yule《The Study of Language An Introduction》）

語法的結構與內容很複雜，語言是有規則的，和人說話時就必須符合這個大家共同遵守的語法規則。如果沒有依據語法原則說話，別人聽來就會覺得奇怪，更有可能因此產生誤會。就像初學中文的外國人，說中文時總是會將其內化的母語語法規則，不經意的用在新學習的中文裡，以致發生混淆的狀況。當然，對於外國人說中文產生的文法錯誤，聽的人都會有多一些的體諒，但是如果要將話說得好，不容易有因結構錯誤而產生的誤會，就必須遵守說話時的語法規則。

三、語境（linguistic context）

語言學者對語境的定義：

「語言是人類交流的工具，人們使用語言與人交流的行為，也都會在一定的語意溝通環境下進行且被影響著，這個影響語意的環境，就是語境。」

語境就是說話的環境。說話的環境並不是單指你說話時所處在的時空地點、情緒環境、文化環境和不同的說話對象，還包括你說話時連接詞彙、句子的上下文（或是口語表達時的前言後語），這些不同的因素所構成的環境，就是所謂的語言環境或是語境。而相同的語意，不同的語境訊息交換後的結果也會不同。為什麼要了解語境？因為語言環境對語言有制約的功能，與人交際溝通時所說的話或說話技巧的應用，都會被所處的語言環境所影響。

「明天記得帶錢來！」

　　說話的地點在教室，說話的人是老師，對象是同學。這個意思是老師提醒同學明天要記得帶錢繳班費。
　　說話的地點在菜市場，說話的人是地痞流氓，對象是小攤販。這個意思是流氓提醒攤販：「明天我還會來，別忘了繳管理費（保護費）。」
　　以上的例子可以看出不同的人（老師、流氓）說出了同一句話，但卻是兩種截然不同的語意（一個是叮嚀提醒，一個是恐嚇威脅）。

「人什麼時候走的？」

　　如果在車站聽到這句話，你會直覺認為他口中的人，一定剛搭車離開。
　　如果在醫院或是殯儀館聽到這句話，一定會認為他問的這個人應該已經過世了。
　　這些實際例子中不難發現，與人們說話的語意是被語言環境影響制約的。這也可以提醒我們，當與人交際溝通時，面對不同的人或在不同的環境時，就要以適當的口語應對。

語境中包含了情境語境和文化語境。

(一) 情境語境

所謂的情境語境是指說話的地點與環境，影響說話者的心理知覺，也就是情境造成不同的心理反應所產生的語言環境。醫師穿著醫師袍代表著專業與權威，醫師在給病人看診時的溝通就會有醫、病間該有的對話，但當醫師休假到夜店放鬆時，跟人聊天就會有不同的話題。也就是說在不同的情境下，也會有不同的話題語言。

(二) 文化語境

世界上有許多不同的地區國家，不同的地區國家產生各自獨有的文化背景，東西方文化截然不同，也就有不同的文化語境。東西方有不同的歷史發展、風俗習慣、文化傳統，所以有著不同的信仰、價值和思考模式。對於相同的事物也許有著不同的概念，不同的概念也直接或間接影響語言在不同語境下所代表的意義。我們一般人對點頭、搖頭的認知，點頭代表同意、肯定，搖頭就是相反的意思，但印度文化的習慣好的、是的，卻是左右搖晃的方式表示，和我們認知的習慣不太一樣。或是在台灣和內地對「小姐」所認知了解的意義截然不同，台灣人稱呼未婚年輕的女性為「小姐」，在內地的叫年輕未婚的女士「××小姐」，鐵定挨罵。因為內地稱呼「小姐」是特種行業的女子的代稱，這些都是文化環境的不同，所發展出不同的文化語境。

有許多語言學者認為，語言環境會影響表達時語彙的使用，如果使用的語彙意義無法和說話時語境結合，就無法了解表達語境中詞語的正確意義，也無法讓人了解訊息表達的真正意思。

四、語音

說話音調的高低、音量的大小和說話速度的快慢，和我們說話的情緒和感覺有密切的關係。「這麼大聲幹嘛！吃炸藥了？」會聽到別人這樣說，應該是你此時說話的音量大於平常與人溝通的正常音量，

所以會讓別人覺得你的情緒有異。口語表達的過程中，說話時聲音的大小、音調的高低、速度快慢，可以讓對方感受到說話時的情緒與狀態。

㈠音量大小

　　說話時所在空間大，為使接收訊息者能聽到你說話的內容，我們會將說話的音量提高；但如果不想讓其他人聽到的悄悄話，就會自動將說話的聲音降低到只有接收訊息的另一方能聽到的音量。除非天生嗓門大，或是距離太遠害怕對方聽不到，如果兩個人扯開嗓門對話，多半會認為他們在吵架，因為你幾乎很少看到吵架的人是小聲說話的。

㈡音調高低

　　國語發音有四聲和輕聲，從音調也可以判斷語意。在發音正確的狀況下，如果我說他是「凡人」，你不會認為他是「犯人」，很好吃的「好」，發音ㄏㄠˇ和ㄏㄠˋ就是兩種截然不同的意思了。所以，音調高低務必要說得清楚，才不會有語意混淆的狀況發生。有些時說話的頻率過於單調，讓人久聽有催眠的功能，是因為很多人的每個音沒有準確到位，說話者會偷懶，讓該到位的音沒有發音完全，讓聲調變得單調沒有變化所致。

㈠速度的快慢

　　說話的速度快慢也代表著不同的狀態：個性不慍不火的人說話慢條斯理；個性疾如驚風，說起話來也似連珠炮。說話的速度不僅能看出個性，也能表現說話當時的狀態。說話速度放慢，有提醒、強調的意思；說話速度加快就有可能處在較緊急的狀態中。如果發生緊急狀況報警，說話者此時說話的速度多半比平常的速度要來得快。

第五節　說話的合作原則

　　葛瑞斯（Herbert Paul Grice, 1913-1988）是一位語言哲學家，出生於英國，在美國研究個體是如何從說話者說出的話，了解說話內容

的真正意思。葛瑞斯認為雙方溝通做語言訊息的交換，不但要了解話語的表面意義，還要更深一層了解話語中所隱藏的意義。與人交際溝通建立人際關係，彼此一定都有建立關係的意願和善意，在這樣的前提下，溝通的雙方的話題都有朝同一個方向進行的共識。他認為，與人社交時必須要有交集才能溝通，要使雙方的溝通能順利進行，必須遵守一些原則，所以提出了葛瑞斯的合作四原則（Grace proposed for conversational maxims）。他認為，人與人因為需要而產生了說話的行為，必須在適當的時機說話，彼此對話的內容不偏離交談時的主題和交談時一致的方向，所以談話時的內容、主題和方向必須符合說話時的合作原則。

葛瑞斯交談說話的四個原則有數量原則、品質原則、相關原則、方式原則。

一、數量原則（maxim of quantity）

對話的雙方表達溝通時，必須給予對方大量的訊息（訊息數量多且必須是對方需要的訊息，而非沒有相關的資訊），這個量必須足夠到接收訊息的人，能在所有的資訊當中找到正確的意思。老闆交代祕書買機票：「八月六號要參加德國漢堡的一個會議，我和陳經理一起去。」這裡的開會時間、開會地點和機票購買張數都是必要的資訊。如果說：「我八月六號要參加德國的一個會議，我和陳經理一起去。」這裡少了開會的地點，祕書可能無法確定機票要訂德國哪裡。在交談時傳遞訊息給對方，務必是對方所需要的訊息。

二、品質原則（maxim of quality）

說話的品質原則要求的是，當提供對方訊息時，這些訊息的內容必須是真實可信的，也不傳達未經證實的訊息。人際關係建立，與人交往，雙方必須建立在互相信任的基礎上。所以，在人際關係經營

的前提下，表達出的訊息必須是真實可信的，也就是不能說謊或是騙人。如果接收訊息的人發現訊息不真實，人際關係的維持將會面臨考驗。另外，不傳達未經證實的訊息，例如大家茶餘飯後閒聊八卦：「聽說李祕書是老闆的小三！」「聽說」不管是真是假，聽到這個訊息的人，大都已認定李祕書就是老闆的小三。傳遞這樣未經證實的訊息，對當事人非常不公平也是很不負責任的行為。現在的媒體會使用聳動的標題吸引讀者的注意，但在標題後頭加註問號，不論事情是真是假，對於被指涉的人已經造成傷害，但媒體往往使用一個問號來逃避應責任，這種涉嫌不實訊息的傳遞，也實在是讓人不能認同。

三、相關原則（maxim of relevance）

溝通表達的雙方，訊息一來一往的交換，彼此交換的訊息都有連結，前言後語必須互有關聯。若不在這個原則下進行，可能產生的情況是你說你的、我講我的答非所問。老師問同學：「為什麼不交作業？」同學答：「早上坐計程車。」對話沒有前後關係的連結。如果說：「早上坐計程車，作業掉在車上。」也許聽起來有點像藉口，但是這兩句前後有因果關係，可以連結，語意表達也能成立。

四、規範原則（maxim of manner）

強調雙方交流溝通，表達的訊息的方式要簡單、清楚、容易明瞭，有順序、有規律且條理分明，而不要曖昧模糊語焉不詳，或是拐彎抹角產生歧義造成誤會。

葛瑞斯認為遵守這四個原則，在與人溝通訊息時，進行的過程會更順利，也認為人在交際互動時如果都能遵守這些原則，那麼溝通就能達到直接、有效的目的。但事實上人與人之間的溝通是很複雜的，並不能被幾個原則所概括。當然葛瑞斯原則也並不是所有口語溝通的唯一準則，有許多說話時的情境會與這些原則相衝突。但這些原則還

是可以幫助我們在與人說話時，注意訊息的品質、說話時條理分明、不說謊、不道人長短。與其說是語言哲學的研究，我認為葛瑞斯的原則是一種說話禮節的遵守。

第六節　說話的禮貌原則

林區（Geoffrey Neil Leech, 1936-2014）的禮貌原則（polite principle）以葛瑞斯合作原則為依據，更參考了布朗（Peneople Brown）和列維林（Stephen Levisonk, 1978）的FTAs研究（face-threatening acts），提出了禮貌六原則（politeness principle）。

合作原則下認為人與人溝通時的訊息應是真實無誤的，但實際上的說話與溝通並不完全符合這樣的原則，所以林區提出了說話的禮貌原則，對於合作原則不足之處增加一些自己的論述。他定義了禮貌原則，認為人們從事社交互動時，參與者為使彼此關係達到和諧所採行的溝通行為模式。與合作原則相較，則認為一些交際的社交場合中，大部分的人與人互動溝通，都會表現出禮貌的行為。這六個原則可以解釋與人交換訊息的時候，禮貌行為如何的被運用。

一、權衡原則（tact maxim）

權衡原則是指用最小的代價，製造最大的效益。而這個權衡原則與布朗（Brown）和列維森（Levinson）所提出的禮貌原則是相符的。對於負面無禮的對話狀況降至最低，鼓勵正向且符合禮貌的對話，也照顧聽者或訊息接收者的興趣、意願與需求，同時給予正面、積極的回應。也就是說，一般在對話進行時，沒有特殊的原因不宜中途打斷。對方使用禮貌的態度詢問，如果評估狀況許可，我們可以將原有的對話主題暫時擱置，先回應問題。比如說想搭公車到某地，但不知

道站牌在哪兒，而身邊只有站在路旁交談的兩個人可以詢問，這時必須中途打擾，可以說：「很抱歉打擾兩位說話，可以耽誤兩分鐘的時間嗎？」通常對方會因為你有禮貌的態度和用語，願意停下來聽聽你想說些什麼，也可能在了解後盡量的協助你。

二、慷慨原則（generosity maxim）

慷慨原則是指雙方在對話，說話的人在表達訊息時，降低專注於表達自己的感覺與看法，提高對方想表達訊息或分享興趣的原則。慷慨原則的關注重心放在和自己溝通交談的另一方，雙方溝通對話時，必須將對方的興趣、意願和需求放在第一位。比如雙方談話中有人提及他對音樂的喜好，這時你可以問他：「你喜歡什麼類型的音樂？」如果彼此有共同喜好的音樂，當然就有共同話題。但是如果是你不熟悉的音樂類型，你也可以說：「這個類型的音樂我很少接觸，但是聽起來好有趣，你可以讓我多了解一些嗎？」

三、贊同原則（approbation maxim）

在溝通互動時，給予對方最多的讚美和最少的批評。這是在人際溝通中，鼓勵對方表達很有效的一種方式。在我們人際關係中所屬的親子關係裡，可能是最缺乏贊同原則中所強調的多鼓勵、少批評。多數人小時的記憶，學業以外的運動表現得到他人的贊同，回到家中想和父母分享，但是父母親的回答卻是：「有時間打球，為何麼不花點時間多唸點書？」又或者是考了一個九十分回家和爸爸說，爸爸卻回答：「為何麼別人考一百你卻不行？」這樣的溝通少了贊同和鼓勵，會使接收訊息的一方不願繼續表達訊息，而提前中止彼此的互動，終致關係惡化讓溝通無效。交談溝通也並非一味的說好話或是盲目的贊同，當有必要不可避免的建議或評斷時，也要在語彙的使用上小心斟酌，讓對方接收到語意後的語感，會是良心的建議而非惡意的批

評。朋友穿了一件夏感絲質的洋裝配上一雙跑布鞋，開心的問你這件洋裝好不好看時，你可以回答：「我也覺得不錯，如果配上有跟涼鞋會更搭，你要不要試試看？」一定好過你說：「你怎麼這樣穿，好不搭！」或是：「你這樣穿很難看耶！」

四、謙遜原則（modest maxim）

和人溝通交際時，給自己最多的批評和最少的讚美。在華人傳統禮教的影響下，我們一直以來強調虛心與謙虛的美德，當別人稱讚時：「你唱歌唱得真好，可以媲美王菲耶！」我們常常會說：「哪裡！哪裡！您過獎了！」或是：「我沒有您說的那麼好！」這就是在和人溝通交往的一種禮貌。也許有人會覺得：「這樣會不會太矯情、做作？」但是如果違反這個原則而回答：「我也覺得我的歌喉不錯！」「我覺得王菲還沒我唱得好！」參與對話的人，不是覺得你太自大了，就是認為你在開玩笑。

五、共識原則（agreement maxim）

雙方互動交換訊息時，對彼此表達溝通的訊息能達到最大的共識，將雙方溝通表達時產生不同意見或看法生的機會降至最低。共識原則和布朗、列維森所提出尋求共識、減少歧議的原則相同。共識原則並非一味強調溝通訊息的雙方得讓所有的想法、看法一致沒有歧議。而是在彼此看法情況相左時，雙方都能在許可的情況下調整自己，讓共識極大化。太太不希望先生常常應酬喝酒傷身，但是先生總有不得不的應酬，如果太太說：「你以後不要再去應酬了！如果再去我們離婚！」我相信先生無法也不可能接受這樣的說法，結果，不但沒解決問題反而讓夫妻更無法溝通。如果太太說：「我知道你沒有辦法不應酬，但是我希望你在應酬的時候少喝一點，因為我擔心你的健康。」我相信這樣的對話，做先生的就算有不得不去的應酬，席間都

會想起太太關心的叮嚀，多少都能爲夫妻雙方對少喝點酒的看法達成一些共識。

六、同感原則（sympathy maxim）

雙方交換訊息時，必須要觀察或照顧溝通另一方的情緒，不管是悲傷、快樂都必須給予同情或支持。也就是把彼此的惡感極小化，將雙方的支持同感極大化，讓產生偏見或刻板印象造成的惡感因素降至最低。

認識這些許許多多的人際溝通的理論與原則，多數的人際溝通技巧學習，雖然會因爲看法和體驗不同各自有論述的特點或依據，但也不難發現這些溝通技巧的學習都會參考這些理論或在相關理論上發展延伸。

1. 禮貌理論（politeness theory）是由布朗和列維森兩人在1978年率先提出。他們認爲溝通表達時展現的禮貌，是說話者和人互動時爲降低彼此溝通時可威脅的預防行爲。米爾斯的定義則認爲：「禮貌是一種社交技巧的輔具，它的目的是爲了在人際交往的互動中，確實感受到別人的肯定。」

2. （FTAs face-threatening acts）

人際溝通時存在著彼此對立的危機，這個潛在且違反禮貌原則的溝通行爲，用一般的說法就是「面子問題」。這個「面子」關乎自己的社交需求，也就是別人眼中的自己。在實際溝通的行爲當中，常有預知或不可預期的衝突與矛盾，這些衝突與矛盾往往是在雙方爲顧及顏面或自尊的情況下產生。布朗和列維森認爲這種人際關係中爲維持自尊或顏面的行爲，存在於每一個不同的社交文化中。顧及顏面的行爲發生在溝通語對話的過程中，顏面問題就會造成對話中說話者和接收訊息者間的對立。

第七節　說話的策略

禮貌對策（politeness strategies）是被使用在與人對話接收訊息時，接收訊息者認為交談中有威脅「顏面問題」的狀況產生，必須或想要維護「顏面問題」所採用的方法或策略。布朗和列維森針對禮貌對策提出了四個策略：直接策略、積極禮貌策略、消極禮貌策略和間接禮貌策略。

一、直接策略（bald on-record）

在交談面臨損及顏面的威脅時，有許多種方式可以降低這樣的威脅，但直接策略所使用的方法並不企圖降低對話時可能產生的威脅。這樣的方式通常會使接收訊息者感到驚訝或尷尬，訊息表達者表達的方式可能違反禮貌原則。這個策略多使用在對話的雙方關係較為熟識，如好友、親戚或家人或彼此之間認識的關係。布朗和列維森也大略描述一些使用直接策略的類似對話。

1. 當發生緊急狀況時

例如兩人一前一後的行走，後方的人看見走在前頭的人就快要踏空階梯，突然大喊：「注意！」或：「小心！」而不會說：「請您小心！」

2. 有效率的表達說話

當說話者想對接收訊息者宣布或傳達重要訊息時，通常會說：「各位請注意！」或是：「安靜！大家請聽我說！」

3. 任務導向的對話

例如：「請把茶杯遞給我。」或是：「幫我拿一張衛生紙。」

4. 用以表達要求

例如：「記得將房間打掃乾淨！」

5.使用直接策略試圖降低威脅時

例如：拜訪友人，敲門後朋友前來應門：「快！進來坐！」

6.提議或建議

例如：在朋友家用餐，餐畢想幫忙主人收拾清理，朋友這時會說：「你放著！待會我來收拾就好！」或是吃飯時主人會說：「多吃點！」

二、積極禮貌（positive politeness）

積極禮貌策略是為了降低對話中讓訊息接收者產生「顏面問題」的威脅，通常會使用禮貌的方式應對，讓對方接受訊息時感受良好。說話時對對方表達極大的興趣，這種積極禮貌策略可以在雙方對話時降低或避免衝突增加和諧氣氛。這樣的策略大都使用在對彼此關心、激勵、團結、讚美時的對話。

1.注意對方的興趣、喜好與需要

例如：「你的臉色看起來不大好，不舒服嗎？要不要坐下來休息？」

2.團體中身分的標記

例如：社交場合中發現與對方有共同之處，像是同一個學校畢業的校友、交談時可能會說：「你是××高中畢業的！好巧！我也是××高中畢業的！」

3.互相激勵的對話

例如：「下個禮拜期中考，下課後我們可以一起看書，不會的地方可以一起討論，讓我們一起努力通過考試。」

4.提議

例如：「你掃地板，我擦窗戶，分工合作，半小時就可以清潔完畢。」

5.稱讚

例如：「你這件褲子樣式真好看，可以告訴我哪裡買的？我也想買一件。」

6.邀約

例如：「待會兒下課我們一起搭車好不好？」

三、消極禮貌（negative politeness）

消極禮貌對策是專注接收訊息者為導向的策略，當對話時注意接收訊息者接收訊息後的感受。有時對話中無可避免造成接收訊息者尷尬或不愉快時，表達的方式不是直接策略和積極禮貌策略，而會使用間接、迂迴、有距離的方法表達，以降低造成「顏面威脅」的風險。這樣的策略通常使用在道歉、提出疑問、命令時的對話，也多使用在關係比較疏遠的對象。

1.提問時採間接有禮貌的方式。

例如：我們如果在陌生地區想要問路，一般不會對著陌生人說：「國父紀念館在哪？」（這樣問話方式多發生在家人或朋友之間）我們會說：「抱歉！打擾一下，請問國父紀念館要怎麼走？」

2.當質疑時使用迂迴方式。

例如：如果錢包掉在家中遍尋不著，會詢問家中成員：「是不是你拿了我的錢包？」但是如果錢包遺失在付帳櫃台，認為櫃台收銀員有看到，你可能會說：「十分鐘前我在這兒結帳後，錢包忘記帶走，不知道你有沒有看到？」如果收銀員表示沒有看到，我們有可能繼續追問：「下一個結帳客人你有印象？有沒有可能是他不小心帶走了！」

3.向對方提出協助時，使用悲觀不期待的方式，避免給對方造成太多壓力。

例如：「我想……以你現在的狀況應該也沒辦法借我五萬塊。」

或是：「你可能也沒辦法幫我這個忙了！」

4. 對話中有請求時先向對方表達歉意，以降低對方不悅的感覺。

例如：「我很抱歉！如果不是走投無路，我是不會開口請你幫這個忙的！」

5. 表達遺憾或歉意時主詞使用複數而非單數。

例如：航空公司因延誤做出的廣播會說：「對於此次的延誤造成您的不便，我們深感抱歉！」而不會說：「對於此次的延誤造成您的不便，我深感抱歉！」

6. 表達命令須被遵守時，句子結構簡單，沒有主詞、受詞，也不指涉特定對象。

例如：前往音樂廳欣賞音樂演奏，入場前，服務人員會在門邊提醒：「手機請關機或轉震動，表演當中請勿錄影或錄音，謝謝各位的合作！」

對話中當表達訊息者向接收訊息者尋求協助時，大都會使用溝通表達時消極禮貌策略的說話方式。尋求協助時的對話策略，又分三個階段：準備階段、焦點階段、最後階段。

(一) 準備階段

尋求幫忙或協助，對話的準備階段意在降低或避免造成雙方「顏面威脅」的風險，提出要求或尋求協助時說話的方式委婉、間接或曖昧。表達訊息者在說話時要降低以自我為中心，和以對方為主的溝通態度。

例如：對話中要求對方同意你所提議約定見面的時間，我們會說：「你認為如何？」或是：「你覺得這樣好不好？」而不是：「我覺得這樣比較好！」或是：「我認為這樣比較適合！」

(二) 焦點階段

焦點階段所表達的訊息，就是提出要求或尋求協助者，所提出要求的內容，包括需要協助的原因、需要幫助的事項急或需要協助的人

（也許是提出要求的當事人，也許是代爲提出要求的人）。

　　例如：「我上個月被迫休無薪假，太太下個禮拜就要生了！可以借我五萬塊嗎？」

㈢最後階段

　　尋求協助最後階段通常會有對接受訊息者的感謝、承諾、讚美的詞彙表達。

　　例如：對方決定給予協助後，我們一定會說：「眞的非常謝謝你的幫助，沒有你的幫助，我也不知道該怎麼辦才好。」

　　例如：「眞的非常感謝！你借我這五千塊，我下個禮拜一定如數奉還。」

　　例如：「你願意幫我這個忙實在是太好了！你眞是一個善良的天使！」

四、間接策略（off-record）

　　間接策略是指對話時，不直接說出想法或意圖，而是用間接表達的方式，讓接收訊息方從間接關聯的資訊中，了解你眞正的意思。

　　例如：天氣非常炎熱想找間餐廳用餐，和朋友進入還沒有開空調的餐廳，這時說：「唉呀！這裡怎麼會這麼熱！」我想老闆聽到這樣的對話，一定會立刻將冷氣打開。可能會比你說：「老闆！開冷氣！」這樣的語氣更好些。間接方式的的表達既不傷和氣，也達到享受冷氣的效果。

　　葛瑞斯認爲，對話中的所有訊息，尤其是最主要的訊息，必須有效的被傳達。布朗和列維森將這樣的論點和他們的禮貌理論結合後，認爲所有訊息使用合理的媒介傳達時，也會選擇相同或適當的禮貌策略，讓雙方在符合說話原則的狀況下降低威脅。同時在禮貌策略下採取可用的語料，修正可能導致丟臉、失面子的口語行爲，認爲對話時使用適當的策略作爲傳達訊息的中介，可以降低表達訊息過程中讓雙

方產生不愉快的威脅。

面對訊息溝通過程可能有FTAs的問題，訊息表達者所要考量的是：

1. 面臨威脅時如何適當的傳遞訊息？
2. 快速的傳達訊息為優先，還是有效率的傳達訊息較重要？
3. 是否在任何情況下都要維護接收訊息者的「面子問題」？

這些說話時所考量的因素，會因為對話中的情境、對象的不同而有所調整，但不論情況為何，都能在禮貌原則的範圍下進行，希望對話的過程不會有威脅嚴面或讓面子掛不住的情況發生。

第八節　口語表達時的禮貌原則

前面提到，口語表達是人際關係的溝通技巧中的一部分，與人溝通容易會有一些平常不太注意的說話習慣或方式，在不自覺的情況下讓對方感到不舒服。通常口說時會讓對方產生不悅感，最大的原因就是語意使用的不恰當。每個人的語言習慣不太一樣，有人認為是開玩笑的，但別人聽來卻很諷刺。如果在與人對話時，發現常常達不到你想要的溝通效果，不妨先檢視一下自己說話時使用的詞彙和語意。

一、正面與負面語意的使用

我們說語言就是思想的呈現，從對一件相同事物的看法中，十個人也許有人看法相同，但可能對形容看法的詞彙卻完全不一樣。如果兩個人對於先有小孩再結婚的話題，都表示不贊同的態度，但是兩人表達的方式卻很不一樣。甲：「先上車後補票，因為有小孩才結婚，婚姻基礎一點也不穩固，一定不會幸福。」乙：「如果兩人先有成立家庭的計畫，再決定生小孩，經濟、感情都有基礎的情況下生小孩，對孩子、對夫妻都會比較好。」後者說話的方式，讓意見相左的人較

能接受，因為話語中找不到比較負面的字彙。有時候雙方持相反意見時，不見得一定得用負面的字眼將對方擊倒，那樣的方式問題不會解決，而且更激化雙方的對立。

二、明確清楚，不模糊曖昧

去博物館或畫廊，如果對一幅畫作的背景或作者不了解，有時真的很難去了解畫作想表達的意境和想法，也許是因為抽象概念的形容詞，很難找到相對應的具體詞彙來定義理解它。說話也一樣，如果表達時使用較多抽象或概念式的詞彙，適合用於表達感覺或情感抒發時使用，但如果要表達事物時就必須要明確且具體，不要模糊曖昧，讓接收訊息的人無法有效接收訊息。

三、減少情緒性字眼的使用

語言是溝通最直接的工具，當我們和對方說話時，不僅能讓對方知道我們在說什麼，也能讓對方從我們表達的語意中了解說話時的感覺和情緒。同時我們也都清楚了解，訊息的溝通是不可逆的，說出的話、已表達的訊息，只要是對方已經接收到的訊息，是無法像網路遊戲結束後重來一次的。所以與人溝通說話時，最怕是本意不是如此，卻因為一時氣憤脫口而出的情緒性話語。也許有人會試圖道歉彌補，但誰都不敢拍胸脯保證，這句話完全沒有傷害到彼此的關係。尤其是人際關係中關係比較親近的家人，最容易互相使用情緒性的字眼表達心中的不滿，可能事後都會懊悔不已，像是：「你去死！我不要再看到你！」、「我瞧不起你！」、「看到你的臉我就覺得很想吐！」這些話不但傷人還讓人傷心，與其事後拚命彌補、懊悔，不如在有負面情緒時說話表達前，試試在要說出口傷人的氣話前停個一兩秒，結果可能會不一樣。

四、禮貌用語的使用

　　有時聊天會聽人說道：「都是自己人，不要這麼客氣！」但越是自己人越要注意該有的禮貌。這裡所說的禮貌，是口語表達中被一般人忽略的敬語。現在的人不太使用敬語說話了，不知是網路語言使用習慣了，還是家中長輩沒有注意提醒。兩年前去巴黎旅行，想和路邊一位女士問路，法文不行，用英文禮貌的說：「Excuse me！ Could you tell me how……」這位女士先說了句：「Bonjour！」（早安）就不說話了。我就又問了一次，她還是說了一句：「Bonjor！」後沒再開口。我以為她是不願意告訴我，我說了句：「Thank you！」便打算問下一個人。但這位女士用英文告訴我她在跟我說「早安」，我也應該回答她「Bonjor」或是Good morning！雖然我不知道法國人是不是都是這樣的想法，但我很感謝她給我的建議，之後每次要問路時，都先用「Bonjor」、「Bonsoir」（晚安）和對方打招呼，然後再提出問路的需求。之後每一次的問路經驗和結果都是讓人滿意的。有次出門去餐廳吃飯，服務的店員年紀很輕，算算我的年紀也算是他的長輩，雖然他很熱情招呼，但跟我說話時總是以「你」來稱呼而非稱呼「您」讓人感到親切有餘但禮貌不足。或是打斷別人說話忘記說：「不好意思，打斷各位說話了。」與人相約遲到不會說：「很抱歉！讓各位久等了！」或是接收別人小小協助後少了一句「謝謝」！雖然布朗和列維森的禮貌原則不見得適用在每一個對話中，但只要用同理的角度看待禮貌在談話中所產生的效果，就知道不論是關係中的任何人，我們以禮相待，別人的回應也一定也會是友善、親切的。

第十二章
非口語表達

第一節 非口語表達

默哈比安（Albert Mehrabian, 1939），美國著名的心理學教授，他的口語——非口語表達相關聯的理論發表，對現代相關的人際溝通的研究有非常大的影響。人際關係中的非口語行為，對於人際溝通時「感覺」和「態度」的影響也最大。尤其是當口語表達的意思與非口語行為發生不一致的狀況時，接收訊息者會選擇接收非口語行為所透露出的訊息，認為那才是說話者真正想要傳達的訊息。

在他的研究中提到當人與人面對面溝通時，存在著三個必要的元素：造字遣詞、說話語氣和非口語行為。

1. 造字遣詞（words）：說話用字是否適當，影響人際關係溝通佔了7%。

2. 說話的語氣（tone of voice）：說話時語氣的比重佔了38%。

3. 非口語行為（nonverbal behavior），例如表情、眼神……在與人溝通時，影響另一方的感覺的比例高達55%。

這是默哈比安強調面對面的人際溝通，三種元素對於感覺態度接收時影響的比例為「7%-38%-55%」，也就是一般為人所知的「7、38、55」原則。這個比例並不是解釋人在溝通表達時說話的用字、語氣和非口語行為的表達比重，而是藉著這個數字的比例，讓人了解非口語的行為的表達，是人們溝通行為真實情緒或感覺的重要依據。

表達工具中口語表達是以口說的方式，讓交際的另一方，藉著聽覺了解你所想要表達的事物。另一種非口語表達的方式，就是溝通表達者用手勢、姿態、眼神、其他面部表情，讓接收者從視覺上接收，來輔助或加強口語溝通的不足。

如果你聽到一段對話，A：「你覺得新來的副總如何？」B：「很有能力啊！」這段對話乍聽之下，會覺得這位新來的副總經理，是一位很有能力的人，這樣的對話對新來的副總評價是正面且認同的。但

是如果B在說他很有能力這句話的同時臉上同時帶著癟嘴不屑的表情，此時這樣的對話就會是對新副總能力的反諷。同樣的說話內容，加上不同的面部表情，立刻讓接收解讀的人有了完全不同的感受，讓意思變得截然不同。

　　非口語表達就是相對於口語表達，使用非詞語發聲、面部表情、眼神、肢體動作等，有加強口語表達力量的效果、輔助口語表達不足的功能，甚至有時完全不需要開口，一個表情、一個動作都可以讓接收訊息的人了然於心，非常清楚知道你在表達些什麼。一如現在許多受歡迎的網路交友APP軟體，有許多表情符號的設計，不同的表情符號代表著當時的心情。有時只要發出一個適當的表情符號，就能讓收到訊息的人會心一笑，這就是非口語表達的功用。任何非口語表達工具使用得當，一定會使溝通有加乘的效果。但如果不了解工具的適當使用方法，對溝通也會有相當的破壞力。「工欲善其事，必先利其器。」在適當的時機，使用適當的表情工具，可以有效的達成溝通目的。在使用這些表情工具前，必須先了解這個表情所代表的意義，是大部分人共同認知的意義，也必須了解其他不同地區文化的使用差異。下面討論的就是幾項非口語表達在實際溝通上的運用。

第二節　非口語溝通在人際溝通中的功能

一、象徵與儀式功能

　　許多宗教或文化儀式中，主持或參與儀式的人，在儀式進行的過程中沒有說一句話，所有的訊息完全是以肢體動作、手勢或臉部表情來表達、溝通。觀看轉播的棒球比賽時，你從裁判所舉起的手勢知道，投手丟出來的球是好球還是壞球。MBA精彩的籃球賽事，一場熱火對馬刺的比賽，裁判吹哨、雙手握拳向前像繞線般轉動，看到這個

手勢你知道有人帶球走步了！

二、重複強調訊息

　　與人溝通時，非口語的表達可以對口語表達的訊息有重複、強調的功能，比如在咖啡廳點了兩杯美式冰咖啡、一杯熱的咖啡拿鐵，店員重複我的點單無誤後，匆忙間忘記美式咖啡要幾杯，為再次確定他又再問了：「不好意思，請問美式冰咖啡是一杯還是兩杯？」我沒說話就舉起手勢比二，他就知道我是要兩杯。你在形容某件事物時，非口語表達也能達到強調形容事物的效果。當你形容在百貨公司看到的大型泰迪熊玩偶，你說「好大好大」的同時，兩隻手也做出環抱大樹的手勢，就是要強調這隻泰迪熊的巨大。或是當有人向你問路時，你會告訴對方直走、經過第三個紅綠燈十字路口右轉的同時，會將右手舉起向右揮動，再一次強調是要右轉的訊息。

三、表達情緒、感覺

　　有人吃了口食物後，張嘴吐舌，手不斷的搧著舌頭，你會知道這食物不是很辣就是非常辣。有人看著一封情書，看完信後表情凝重，不是女友想分手就是彼此關係有了挫折。當與人對話溝通交流時，你可以從對方的表情中覺察，所談論的話題內容是不是讓別人感覺無趣，就是說了讓對方不開心的話。如果從對方的表情或動作發現有這些訊息，應該先技巧性的停止或改變話題，以避免造成更多的不愉快。或許我們從別人臉上的表情無法清楚的了解發生了什麼狀況，但是情緒的好壞是可以從非口語的表達方式窺知一二的，也就是為什麼當口語訊息和肢體語言行為，兩者同時發生產生認知意義上的衝突時，人們會傾向於相信肢體語言所表達出的訊息。

四、表達人際關係的態度

　　和人交談溝通時，有些人說話的方式或內容讓你不能接受，或你實在不喜歡和他繼續交談時，臉上有時會不經意的透露出不屑的表情。當我們喜歡某一個人，你和他交談的過程，除非是交談內容所引起的情緒回饋，我想十有八九是有笑容相伴的。參加大學同學會，當一進門打招呼開始，就可以發現哪些人的關係是友好的，哪些人關係比較疏離。大學感情好的同學見面時笑容燦爛，會擁抱或較親密的肢體接觸（男生相互拍肩，女生牽手、勾著手臂）。但是大學時交情就淡的人，見面招呼頂多握手寒暄，不會有太多的肢體接觸。

五、權威或權力的顯示

　　在人際關係的溝通裡，我們常見到關係中有階級區分時，階級高者常會用一些手勢，有意或無意的展現權威或權力。例如：老闆今天心情不好，祕書進辦公室和她報告一日行程，祕書報告完畢一如往常等待老闆交代事情。老闆不發一語，祕書想開口請示，未料老闆只揮揮手，祕書就立刻噤聲。或是家庭聚會中，兒子在大人說話時試圖插嘴表達意見，但忽然看見父親嚴厲的目光朝他直瞪而來，兒子當下閉嘴，因為他知道父親這個眼神是在告訴他：「你把嘴巴給我閉起來！」

第三節　非口語表達的內容

一、臉部表情

　　只要長在臉上而且會動的器官都可以做出表情，像挑眉、癟嘴、眨眼，或是擠眉弄眼、咧嘴大笑，都是臉上的器官所做出的表情。但這裡強調的表情，是有意義且可以正確表達當下情緒或訊息的動作。

比如說對方說了一個笑話，此時你的反應不是大笑也該是微笑。如果這時你臉有愁容或是面無表情，有可能讓對方覺得這笑話是不是說的不是時候，或是這笑話一點都不好笑。在人際關係的建立中，溝通要求有效且善意，才能獲得對方正向的回饋，持續交流。

有些人跟人交談時，會不自覺的一直眨眼、皺眉，或翻白眼，這可能是個人的習慣使然。這些動作對當事者也許不具有任何意義，但對於收到你表情訊號的人而言，就不是「個人習慣動作」這麼簡單可以解釋的了。「眨眼」可能讓對方以為你在示好，而這樣的示好也許別有他意。「皺眉」和「翻白眼」的表情，可能也會讓對方覺得你正表示：「你真討厭！」「你很煩！」如果有這些習慣的人，可以面對鏡子練習，修正不自覺的臉部表情習慣，降低溝通時的障礙。

臉上的表情有喜、怒、哀、樂，什麼樣的情境，必須使用相對應的表情。如果上司、老闆在訓話，你帶著微笑的表情，讓人覺得你屌兒啷噹，嬉皮笑臉。未來不是考績升遷沒有你，就是等著回家吃自己。

朋友聊天時談及悲傷的過往，就算沒有一掬同情之淚，也會皺起眉頭，同表感傷之意。

面部表情在人際溝通時傳達的功能

1. 人際關係中的支配與服從。
2. 表達對話內容理解與否（點頭或是搖頭）。
3. 表達有興趣的程度（眼神注視對方和期待的表情）。
4. 表達情緒的反應（喜、怒、哀、樂等情緒）。

二、眼神接觸

眼睛注視對方在溝通當中是絕對必要的，代表的意義是對說話者的尊重，但眼睛看著對方還必須有著專注的眼神，因為眼神才是眼睛表達感情或情緒的重點。

人際關係與溝通技巧

「她的眼神充滿哀戚」、「眼神會飄」、「眼神超殺」、「眼神中充滿了自信」，這許許多多的形容詞都讓我們了解，眼睛的功能不只是看，還有表情達意的效果。當和別人眼神接觸時，要直視對方面帶微笑，目光隨著對方的移動而移動。

1.瞪大眼睛，雙唇緊閉看著對方，不會有人認為你帶著善意。

2.只是看著前方目光停滯在一點，眼睛不會隨著對方的移動而移動，給人的感覺不是在神遊就是在放空。

3.與人眼神接觸時，會不時上下左右游移，也就是我們常形容「這個人眼神會飄」，一般人的感覺是「心虛」、「不誠實」的負面觀感居多。

4.和人說話，眼睛向下看，避免與對方眼神接觸，讓別人認為你是一個「害羞沒有自信的人」、「對你的話題沒興趣不想聽」、「不友善，有敵意」，或是「因為說謊所以心虛」……也都是充滿負面意義的形容。

所以在使用眼神的時候，一定要拿捏得恰到好處，但是當和陌生人眼神接觸時，如果不要表達任何訊息，最好將目光轉移至別處，也不要直盯著對方，以免讓不認識的陌生人，誤以為你要釋放什麼樣的訊息而造成誤會。

眼神或眼神接觸在人際關係溝通的功能

1.感情交流

眼神是最能表達情感的非語言的工具，表達愛意的眼神、充滿殺氣的眼神、無助的眼神，同樣一雙眼睛卻能表達出多種意義，達到傳遞情緒、情感交流的功能。

2.有助關係的建立與維持

當用眼神交流時，交流溝通的雙方通常是彼此有好感、互動良好的關係，使用眼神表情達意也會希望得到善意的回應。有時會和好朋友挑挑眉、眨眨眼，通常也會得到對方相應的回饋，但是如果和對方

關係僅止於點頭之交，眨眼、挑眉都不是適合的溝通行為，也無助於關係的建立或維持。

3.興趣、關注或注意力的傳達

小時候上課常被老師叫起罰站或是被斥責：「××× ，上課要專心！」是因為喜歡轉頭看窗外或是低頭想事情，老師一看就知道我上課沒有認真。有些小朋友經過一個櫥窗，馬上鬆開媽媽的手，跑向櫥窗邊，小手巴著，小臉貼著，水亮的兩顆黑眼珠直勾勾的盯著櫥窗裡的電動小火車。櫥窗裡還有小船、小士兵，但他的小眼珠就只隨著小火車的移動而轉動。從眼神中的專注，我們知道移動的小火車，對這個小朋友吸睛度百分百。

4.互動或傳遞訊息

當我們和說話的對象有一定的距離，可以用眼神的方式表達或向對方示意，讓對方能了解我們要傳遞的訊息。男女在互有好感的曖昧階段，在會議進行中，兩人眼神交會，短暫的相視一笑，表示好感訊息的傳遞。

三、肢體動作

很多人玩過一種叫做「比手畫腳」的遊戲，就是不用說話，靠手勢、身體姿勢和身體的動作，來完成表達的目的。也許有人會拿手語來比擬，但手語所代表的意義，並不是一般多數人能共同了解的。有人說話時肢體沒有太大動作，有些人卻是動作很多，肢體語言非常豐富。少數人練就一副「喜怒不形於色」的功夫，也許有些人與人溝通或表達時，臉上並不會有太多表情，但如果你細心觀察他的肢體語言，就會發現一些端倪，可以從手勢、肢體動作的線索判斷對方的情緒或想法。學習了解肢體動作所代表的意義，在人際溝通上是有助益的。也因為大部分的人很容易從臉上的表情或肢體動作判斷出當下的心情，所以我們可以藉觀察對方的肢體語言得到一些溝通的訊息。這

些肢體動作包括了手勢、姿勢、身體動作、肢體接觸、距離、副語言
和靜默。

㈠手勢（gesture）

　　顧名思義，就是著重在手部動作表達的意義。

一般我們所熟知的手勢，OK。

讚。

手握拳頭表憤怒或生氣。

代表勝利或和平的V型手勢。
搖手表示不要。

揮手道別也有say Hi的含意。

手勢的功能與作用

1. 情緒表達

人的喜、怒、哀、樂只要不刻意被隱藏，都可以從臉上的表情看得出來，緊張時雙手不聽的互相的搓揉，別人也可以從這些訊息便可得知你的情緒。

2. 強調輔助

肢體動作或臉部表情的強調輔助功能的發揮，多半和口語訊息的表達同時出現或交互進行，當你形容一個物件很小，再加上

這樣的手勢，就更能讓對方知道這物件的迷你。

3. 象徵作用

身體的姿勢、手勢是一種象徵或符號的表示，這個身體的姿勢或手勢所代表的意義，必須是為普遍大眾所了解的，像是OK sign

比出這個手勢不用言語說明，就能從手勢了解對方的意。

4. 平衡調適作用

臉部表情、姿勢、動作有時可以幫助你降低環境帶來不安的感覺，如果對新環境感到陌生害怕，或是必須面對人群說話時害羞緊張，有時會嚥口水或咬手指、雙手緊握或是不停的玩著手指，雖然這些動作會明顯讓人感受到你的緊張、害怕，但對個體而言卻是一種調適緊張情的平衡動作。

(二) 姿勢 (posture)

與人溝通時姿勢的身體語言，可以明顯表達當下的情緒。

雙手交叉置於胸前，代表防衛心較重。

雙手插在腰上，帶有敵意和挑釁的意味。

(三)身體動作（movement）

指身體有較大範圍的動作或移動，而這樣的動作有表達情緒或潛意識反應的作用。

一個人不停的來回踱步，可能是在思考某件事情，或是等待的意思。

坐著與人交談不時的抖腳，對陌生環境感到不安。

雙手不停的搓揉，代表著緊張的情緒。

聳聳肩、雙手一攤，表示無奈或不知道怎麼辦的意思。

(四)肢體接觸

通常與人交談，彼此之間會保持一定的距離，這樣的距離會因為雙方的關係的不同，而有不同的空間與距離，讓交談的彼此有安全感，有人稱這種距離叫做「社交距離」。關係親密的如家人、情侶、好友或姊妹淘，才會有體上的接觸。一般人與人交際溝通時，如果有肢體的碰觸機會，也會小心謹慎，避免造成不必要的誤會。

1. 初見面雙方行握手禮時，伸出右手握住對方的手行禮即可，如果彼此關係緊密，而且想表達誠意，以左手扶著對方行握手禮的手肘（行握手禮的雙方如為一男一女則不適用）。

2. 上司對下屬有時會拍拍肩膀表示鼓勵或打氣，應是兩到三次上下定點拍動，停留時間也不宜過長，以免讓被接觸者產生反感。

3. 對於不習慣與人有肢體接觸的人，與其交際溝通時，如非必要，肢體的接觸要盡量避免。

肢體接觸在人際溝通表達中的功能

1.表達情感聯繫的功能

除了行握手禮，肢體接觸在人際關係的社交距離，是屬於好友、家人的範圍，一定有相當程度的情感連結。女兒勾著爸爸的手逛街、先生牽著太太的手散步，這樣的肢體接觸就是表達情感的連接。但肢

體接觸的動作如果是要用來聯繫或表達情感時，關係的的另一方必須是熟悉的朋友或是家人，一般的關係如果使用肢體接觸的方式表達訊息，會讓對方感覺突兀，對於異性或不同文化背景的人使用肢體接觸的動作，也很有可能造成認知上的誤解。

2. 情感支持的功能

當好友傷心難過時，我們會拍拍他的背或握著對方的手，這樣的動作和接觸就是為了傳遞安慰與精神支持的訊息。

3. 權力象徵

長輩對於晚輩的鼓勵、老闆對員工獎勵的肢體接觸，大都是拍拍對方的肩膀表示讚許，也代表著階級與權力的展現。

4. 招呼、問候

點頭之交或是初見面時的握手禮，或是關係較親密的擁抱或親吻。

(五) 距離

前面談到，建立人際關係與人溝通時，都會保持一種「社交距離」。而這樣的社交距離多少，根據彼此關係親密與否也有不同。所以，社交距離也代表著你和對方的連接互動親疏與否，而這樣的距離也會因會文化與宗教有所差異。

美國人類學家學家霍爾（Edward Twitchell Hall）的「個人空間」理論（personal space）談到這四種距離包括親密距離、個人距離、社交距離和公共距離。

1. 親密距離（intimate distance）

親密距離的間距大約是零到四十五公分，而這樣的空間、距離只有關係最親密的人可以分享。當然最親密的關係就屬夫妻、情侶，彼此可以手挽著手，肩著肩。如果搭乘大眾交通工具，上車時人不多，空位不少，這時候大部分單獨搭車的人，會選擇旁邊沒有人的位子坐下。如果仍有很多空位，一個陌生人選擇坐在你的旁邊，你一定會覺

得這個人非常奇怪，可能選擇起身換坐。這就表示了在可選擇的狀況下，一般人不喜歡不認識的人進入自己親密距離的範圍。

2. 個人距離、個人空間（personal distance）

個人距離是四十五到一百二十公分，這樣的距離適合好友和家人，彼此聊天談心有時說些悄悄話時的音量，也不會因為距離太大而聽不清楚對方在說些什麼。雖然親密距離是屬於情侶、夫妻的距離，但不可能隨時處在這樣的親密空間裡，所以個人距離和空間會比親密空間更顯重要。

3. 社交距離（social distance）

社交距離約一百二十到三百六十公分，這樣的空間就是日常與一般人在工作或交際往來時的空間，日常生活當中的例子也隨處可見。如果你到各公家機關或民營企業公或辦事，第一個跟你接觸的服務人員，隔著服務櫃台，服務人員跟你的距離大約就是這樣的距離。因為這樣的距離一般說話的音量可以被接收，而且在禮貌的空間距離中，面對陌生的一方彼此不會有壓迫感。另外像公司企業在正式面式場合裡，面試主管的坐位與應徵者的間距，大約就是這樣的距離。

4. 公共距離（public distance）

公共距離約三百六十到七百五十公分，什麼樣的地方會讓你和不認識的人能保持這樣的距離，我想這應該是一般人所認知的公共場所了。處在這樣距離空間的人，對於陌生人在附近走動來往，也不會覺得不自在。

這四種距離並不是固定不變的，隨著雙方關係的拉近、疏遠，彼此的距離也會跟著縮小或放大。當然文化宗教或個別因素也會影響個人空間（personal space）的認知，所以實際運用在生活當中，也得將這些因素加入參考做彈性的應用。

空間距離在人際關係中的功能

1.私人領域的劃分

辦公室辦中的坐位，如果有隔板做區隔，被區隔的每個區域就是私人空間，如果沒有特殊原因，其他人會在區域外的空間活動，而不會逕自闖入。

2.關係連結功能

社交場合中如果對某人想表達好感或善意，會靠近對方拉近彼此的距離，讓自己和對方建立關係產生互動。反之，如果對交談或溝通的另一方並無好感，可能會轉身或離開，藉以拉開雙方的距離，讓彼此沒有連結。

3.關係程度的識別

彼此空間距離近，代表彼此的關係較親近，在學校的教室裡，如果不是按照編排隨意就坐的位子，通常相鄰而坐的同學會是關係較親近的同學。

㈥副語言、聲音（paralanguage、vocal）

副語言在學理上的稱呼和解釋有很多種，有人稱動作語言、肢體語言、超語言。認為在交際的過程中除了有聲的語言外，其他輔助或加強表達的工具，例如無聲的肢體動作或表情就是副語言。但是，除了語言，非語言交流有肢體、表情等無聲語言外，還包含了有聲但非語言的發音（如笑聲、咳嗽聲、呻吟聲、哭聲、大叫聲、嘆氣聲或打哈欠的聲音），這些能表情達意的非語言交流也是副語言的一部分。當然還有說話時表現詞語中的語氣、聲調、音高、音量、速度，讓句子有抑、揚、頓、挫的感覺，使說話有感情和情緒。這種用來表達說話情感的語氣、聲調、音高、音量，在語言學中稱做超語言，也是副語言的一種。

所以總的來說，副語言就是人與人在交際溝通時，所有輔助語言表達的無聲肢體語言和有聲的超語言稱之。

副語言在人際關係中的功能

1. 情緒表達

常會聽人說：「他的喜、怒、哀、樂全寫在臉上。」除了是說這個人喜怒形於色外，還表示他的情緒不用說出來，從他的說話的音調或是非語言的聲音判斷。比如他大笑、哭泣、嘆氣，或是剛下班的先生用上揚愉悅的語調說：「你回來啦！」跟前一天語氣平淡沒有起伏相較，先生今天明顯可以感受到，太太今天的心情不錯，便可以從這些副語言的輔助一窺對方當時的情緒。

2. 強調輔助

有人憤怒時會說出一些罵人的話同時表情猙獰，或是不停的緊握拳頭，猙獰的表情和緊握的雙拳，都是訊息表達者為加強憤怒情緒的副語言。

3. 象徵作用

具有像徵意義多半這個非口語表達的訊息，所代表的意義已經符號化了，例如交通號誌、交通標誌或是共通的手勢。

(七)靜默不語

靜靜不說話好像沒有什麼意義，但是在不同情境下，所代表的意義是很清楚的。默哈比安（Albert Mehrabian）1981年發表《無聲的訊息》（*Silent Messages*）中提到人際溝時中靜默所表達的意義與功能：

1. 勸說與尊重

當別人說話時保持安靜，對說話的人是一種尊重。

交際溝通的其中一人試圖或嘗試勸說對方同意自己的想法或建議時，會使用靜默的方式等待並期待對方同意。

2. 觀察他人行為或想法

說完話安靜數秒，是給交談的另一方有思考的時間，也可以從對方靜默思考的表情中，觀察是否對你的說法質疑或認同。例如等著老師或主管看完你繳交報告內容的回應，中間安靜不語看著內容的表

情，多少可以讀出對方對這份報告的滿意程度。

3.情感的表達

在許多情況下靜默不語，有時是一種更深層的情感表達。

例如：某紀念追悼會開始前，司儀宣布：「⋯⋯讓我們為罹難者哀悼一分鐘。」這時候的靜默代表的意義是思念與哀傷。

曾經參加摯友母親的告別式，好友情緒哀傷，上前給好友一個深深安慰的擁抱後，握著她的雙手，看著她良久未發一語，只能陪著她一塊兒掉眼淚。這時找不到任何的詞彙，可以適當的表達對好友失去至親之痛的安慰，這時的靜默已經讓好友感受到我想表達的情感了！

例如：老師課堂上問學生：「有誰可以回答這個問題？」這時講台下的學生一片靜默，對大部分的學生而言，這個靜默所代表的情緒OS是：「糟了！不會耶！希望老師不要點到我才好。」

例如：「抗議民眾在人民廣場前靜坐。」這時的靜默不語代表達著不滿與抗議。常聽到一句話「此時無聲勝有聲」，有時不說話的力量才大呢！

(八)外表

常說：「別以貌取人。」這句話的用意是告訴我們，不要以一個人的外貌、穿著、打扮來決定他人的價值。但在人際溝通時，觀察一個人的外表、穿著、打扮，可以判斷他的職業、個性，甚至喜好。藉著這些觀察線索，找到相同或對方感興趣的話題，是比較容易打破藩籬建立關係的。

第四節　非口語表達的幾種效果

非口語溝通的訊息是多向式的，非口語所表達的訊息也可能表示多個意義，非口語溝通可以單獨表達，和口語表達同時進行時，彼此

也會產生交互作用的關係和加乘作用。面對面溝通時非口語和口語表達交替使用時，兩種溝通行為的交互作用，會使表達的訊息產生許多不同溝通的效果，重複性、調節性、替代性、補充性、強調性、衝突性和不實性。

一、重複性（repeating）

當口語訊息表達需要提醒對方注意或加強記憶效果時，會使用非口語行為表示，而不需要將口語訊息重複口說一遍。

例如兒童學習數字時，老師口中唸到的數字，同時也伸出手比出相應的數目，讓小朋友因為口說與動作的重複作用，而加強了學習效果。

例如當別人向你要求一件事，你的回答是「不可以」或「不行」，但對方不死心的又再問了一次，答案如果仍然是「不可以」，也許此時你並不會開口說話，但是卻會用搖頭或搖手的動作，再一次的重複你的答案。

二、調節性（regulating）

為使溝通表達流暢不中斷，我們會使用非口語行為輔助，說話的人和訊息表達者不須重複口說訊息，調整溝通對話時的流暢度。

例如業務經理向董事長口頭報告年度的業務發展計畫，董事長聽著經理的報告，如果是不時的點頭，代表同意業務經理的計畫，業務經理會得到是繼續往下說的訊息。但是如果董事長沒有說話、也沒有點頭，取而代之的是皺著眉頭，這時業務經理得到非口語行為的訊息應該是：「你覺得這樣好嗎？」「你認為這樣適當嗎？」可能會立刻停止或是請求指示。

例如在一演講的場合中，演講人的內容得到台下聽眾的熱烈迴響，鼓掌聲持續不斷，因此演講也被打斷，為能順利進行，演講者往

往會舉起手來示意，讓鼓掌的動作能暫停好讓演講繼續。

三、替代性（substituting）

非口語行爲口代替口語訊息表達情緒或是感覺。

例如同學上課時不專心或是打瞌睡，有時候老師不會說：「××同學專心上課！」或是：「××同學，天亮了！該起床了！」這時老師可能會將敘述講解的的內容突然提高音量，讓不專心的同學回神，也讓瞌睡中的同學驚醒。

例如在禮堂或會議廳請人演講，台上的人滔滔不絕，台下兩位同學不停交頭接耳的講話，兩位同學的行爲顯然已經影響到旁邊專心聽演講的人。老師此時也不好出聲制止說話的同學，於是找到和講話同學眼神交會的一瞬間，表情嚴肅、緊閉雙唇，並用食指放在嘴巴前面表示不要說話的動作。打擾別人聽演講的同學，看到老師這樣的動作就知道不能再講話了。這時老師什麼話也沒說，但這樣的表情和動作，已經達到警告的效果了。

四、補充性（complementing）

人際溝通非口語行爲對口語表達訊息意義有所不足的地方，可以加以修正、補充，使得表達的意義更爲完整。補充性的功能和強調性類似，但補充性的非口語訊息會伴隨著口語訊息同時進行，例如說話時的音調、臉部表情等。如果遇有發音不清楚，例如使用不太流利的英文和老外溝通，非口語的肢體動作，都可以在此時發揮補充、輔助說明的功能。

例如跟女朋分手心情低落時，朋友安慰你說：「不要難過了，天涯何處無芳草，打起精神來！」安慰你的同時，也拍拍你的肩。

例如當說出一件自己覺得悲傷的事情，除了會有悲傷的表情外，說話的聲音也會變得較低沉，聲音的表情裡也會有悲傷的感覺。

五、強調性（accenting）

當口語訊息表達，如果訊息中有特別重要或被強調的部分，可以使用非口語行為來加強其訊息的重要性，或是對感覺、意願的強調。上課學習的經驗中，老師講課時會配合著許多的肢體動作，來加強或強調講述內容的重要性。例如音量提高、說話速度放慢、踏腳、手握拳做捶打狀，都是要特別強調這部分的重要性。

例如有人要帶小敏去兜風、洗溫泉，小敏回答「好啊！」的同時，還不停的猛點頭和開心的笑著。代表了小敏不但願意還非常的樂意答應，也讓小敏的爸爸嚇出一身冷汗。但是如果沒有非口語行為的使用，是不會讓人有這樣強烈印象的感覺。

六、衝突性（contradicting）

非口語的行為和口語訊息同時使用表達時，當彼此傳遞的訊息意義解讀發生衝突或不一致時，通常認為是訊息傳遞者有說謊、表達不實訊息的可能。

如果有人嘴裡說著另一個人的好，但表情卻是不屑與不悅，看到這種口語和非口語表達意義的不一致，接收訊息者一定會感到衝突，而傾向相信非口語行為所表達出來的訊息。

七、不實性（deceiving）

非口語訊息有時還有不實訊息傳達的可能，因此必須謹慎，如果彼此不夠了解可能會產生一些誤會。

例如老媽發現要送人的蛋糕被吃了一口，問一旁嘴角沾著鮮奶油的兒子說：「是你偷吃蛋糕了嗎？」兒子雖然很大聲回答說：「哪有？」雖然話說得理直氣壯，但眼神始終不敢面對老媽。口語訊息和非口語行為表現不一致，使得訊息理解發生衝突，讓人發現就算沒有

嘴上遺留的鮮奶油，也能判斷兒子沒說實話。

　　例如：小時候都會有的一些經驗，老爸問：「這麼晚回來，去哪兒了？」和男朋友約會怕被老爸知道，便撒了個謊說：「快考試了和同學去圖書館了！不信你問小玉。」說這話的同時，也轉頭對著不知情的妹妹（小玉）猛眨眼，小玉立刻知道怎麼回事，還煞有介事般的說：「嗯！姊和同學去圖書館看書。」

　　而這些行為不一定是單獨發生，有時候可能多種行為同時出現。例如非口語行為中的重複性通常也和強調性或補充性同時發生、不實性也和衝突性產生重疊。

　　在社交場合與人交際，自己或對方常常會有一些肢體語言的表達，如果了解這些肢體語言所代表的意義，而且能適當的使用，更能加強彼此溝通的效果。所有的肢體語言使用，所產生的結果有好有壞，因為肢體語言包括了正向的肢體語言，和負面的肢體語言。

(一)正向肢體語言

　　是指這些肢體動作表現出來後，給和你溝通交際的另一方，有善意、積極等正面的觀感稱之。通常這些正向的肢體語言，所接收到的回饋也是很正向的。

(二)負面的肢體語言

　　反之，如果交際溝通的任何一方，表現出的肢體語言訊息，會讓對感到不悅或有惡感，這些肢體語言就是屬於負面的肢體語言。

　　下面是我們常見的一些肢體語言動作，了解這些動作代表的意思後，當實際與人交際時，就可以大概了解對方的情緒或感覺。依據這些肢體語言訊息，做出適當且貼心的回應，對人際關係絕對有幫助。

　　1.和別人交談時，眼睛要看著對方，透過眼神的接觸，表達尊重和善意。眼睛看著對方同時微笑，而非面無表情的盯著對方，

　　2.眼神閃爍、避免和對方眼神接觸，讓人覺得有心虛的感覺，使人有不信任感。

3. 眼睛向下看，有害羞、沒有自信，或是有隱藏不快樂情緒的想法。

4. 雙手交叉置於胸前，象徵著對對方的訊息反應是有所保留，而且有著防衛心。

5. 雙手交疊置於胸前，同時雙腳打開與肩同寬，想表示權威，讓人有強勢感。

6. 不停撥弄著頭髮代表緊張情緒。

7. 抬起雙眉不帶微笑，表示「我並不同意你的說法」。

8. 皺眉表示有懷疑或「不知道你在說些什麼」的意思。

9. 坐著時不停的抖腳則表緊張或不耐煩。

10. 坐著時一直維持雙腳併攏，有服從的意思。

(三) 單手行握手禮

在人際交往溝通時，雙方都伸出右手跟對方握手致意。

雙方行握手禮時，手掌的方向不同，也代表著不同意思。

1. 雙方握手姿勢，兩人手掌方向與地面垂直（normal hand shake）。用於初見面或關係一般的握手禮。

2. 行握手禮時，一方的手掌朝上，另一方的手掌朝下，手掌朝上者代表被支配的一方，相對的手掌朝下者，則是想支配的一方。如

果不是彼此關係從屬，握手且另一方也並不想被支配，這樣握手的方式，有可能造成被壓制的另一方感到不愉快。當在行握手禮時，對方想使用這樣的方式展現優勢，如果你並不願意服從或配合，可以稍稍使力，將握手掌的方向調整到一般握手的姿勢（normal hand shake），這時對方能從你握手的動作中了解，你不願意被支配或服從。雙方不用言語，靠著微妙的肢體動作，了然一切。

㈣雙手握手禮

除了單手行握手禮，還有一種伸出雙手行握手禮的方式。當右手與對方握手時，左手同時伸出，握住對方的手腕、手肘、手臂或肩膀等不同位置，也代表著不同涵義。

1. 與對方握手時，伸出雙手握著對方的手（the glove handshake），這樣的方式不適合用在雙方初見面且互相不了解的情況。這種握手方式，是表示伸出雙手行握手禮的一方，想要展現對另一方的熱情、真誠

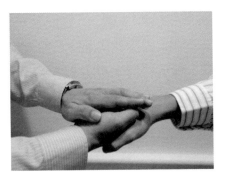

與分享，而伸手行禮的一方，對回禮者也必須有相當的認識。但如果對方與你不相熟，使用這樣的握手方式，反而讓握手的另一方有被壓制的感覺。

2. 雙方行握手禮時，都伸出雙手握住對方的雙手（the double glove handshake）。握手的雙方可能都想展現自己的熱誠，或者都想展現壓制對方的實力。

3. 伸出右手握住對方的右手，左

手抓握著對方的手腕（wrist hole handshake），這是想要表達發自內心的誠意讓對方知道（選舉時候選人為表達熱誠，常使用這樣的握手方式）。一般使用這樣的方式，

雙方必須是非常熟識的朋友或是親人，如果沒有這樣的關係，盡量不要用這樣的握手方式，避免造成不必要的誤會，而影響人際關係的建立。

4. 右手行握手禮時，左手輕扶著對方的手肘（the elbow grasp handshake），這樣的方式和握著對方手腕的握手方式，有相同的意義。

5. 見面行握手禮，右手行禮，左手放在對方的手臂上（the upper arm grip handshake）或是肩膀上（the shoulder hold handshake），行這類的握手禮，行禮雙方的關係一定是非常親近的朋友或親人。因為除了握手接觸外，還有其他的肢體接觸，

這樣的距離已經接近了親密距離（intimate distance）的範圍。

6. 伸出雙手行握手禮（double handshake），不論握著對方的手腕、手肘、手臂或肩膀，用在朋友或親人間，都有表式熱誠、關懷之意；但另一個意思就是支配或掌控，通常出現在有從屬關係的見

面問候中，會使用這些方式行握手禮的大概都是主管或老闆，如果下屬或員工對上司或老闆行這樣類的握手禮，應該不會被留下好印象的。

另一種好友或親人之間的見面問候，如果平輩好友互相使用這些問候方式並沒有太大問題；但如果行禮的對象是長輩，就不宜使用；但長輩對於晚輩採用這樣的行禮問候，更能表現對晚輩的關之意。

行禮雙方如果是異性，除非關係是親人或是非常好的朋友，如果是從屬之間的關係，應該避免這類的握手禮，以免因感受不同或文化差異而造成反效果。

第五節　非口語表達與口語表達的關係

一、心理與文化

每一個人口語表達的方式，和每種語言的語法結構，和語言文化的發展有關。如果你到了一個陌生的國家，不了解當地的語言是無法和人溝通的，尤其幅員廣大的國家，可能方言就有上百種，這也都是不同地區文化所造成的。但是非口語表達多半是心理狀態的呈現，也許這樣的心理狀態會被我們所學習的文化所影響或制約，但是當你開心時的大笑和悲傷時的哭泣，或是嚇一跳大聲驚叫，不同國家地區的人相同的情境，也會有相同的反應，這些非口語的行為的表達，比較容易受到當時心理的狀態所影響。

二、結構與非結構

從小學習說話或是學習外國語言的經驗中，語言的形式是非常有結構的。從發音的練習、單字的背誦、句子、文法結構的學習，都是學會非母語或外國語言的必經過程，所以說口語表達是有結構、規則

可循的。比如有人自我介紹時說:「我叫張三,已婚,有兩個小孩,家住在台北。」聽到這些訊息的人從內化的語言能力判斷後,結過婚、有小孩、家住台北,和名叫張三是同一個人。非口語行為所表達的訊息與口語訊息相較,是一種隨時可以變化、調整且較不能預測的行為,也無規則可循或是結構可言。在非口語行為的表達,有時一個動作或行為,在不同的情況下也代表著不同的意義。哭泣流淚代表悲傷,但當男友下跪求婚,女子哭著說「願意」還飆著淚,這樣的哭卻代表著喜悅。看著別人出糗的笑、聽到笑話的笑和自我解嘲的笑,也都代表著不同的意義。

三、訊息的終止與延續

面對面的口語訊息在表達結束後,只要口語訊息停止傳遞,就不會繼續出現口語訊息。但口語和非口語的訊息傳遞停止後,非口語的行為表情和情緒並不會因此結束。

例如班上兩個男同學因故吵架,最後卻打了起來,其他同學在老師的指令下將兩人拉開,兩人被拉開之後仍互相叫罵,直到老師出言制止,兩人才安靜下來。這時兩人口語訊息因為老師的制止而終止,但兩個男同學仍惡狠狠的互看對方,互相表達不滿彼此的情緒。這時候兩人口語訊息溝通因為被禁止說話而停止,而惡狠狠的互看對方的非口語行為,還在延續剛才打完架的情緒。

四、先天具有與後天學習

大部分的人雖然具有說話的能力,但如果沒有學習語言說話的對象,就無法用說話表情達意。沒有人一生下來就會跟初次見面的媽媽打招呼,所以口語一定要經過學習才能具有。小baby一出生就會哇哇大哭,逗他就會笑或是小手小腳不停的揮動著,一些表情或肢體語言是不用教就會的。雖然有些肢體語言的溝通技巧,是隨著社會化過程

學習而來的，但相較於口語表達，非口語表達的行為是先天具有的。

五、清晰與曖昧

　　口語表達如非刻意去模糊曖昧的表達，每一個字詞都附載了明確的意義，你想要表達什麼就說什麼，基本上說出來的話和想要表達的訊息意思是相去不遠的。而非口語表達訊息，常常一個動作或一個表情連結著不同的意義，如果使用時不夠謹慎，會讓訊息接收者容易有會錯意、誤解的風險。辛勤工作多日下了班帶著疲憊回到家，家人正等著和你一起晚餐，太太開門迎接的是不說話面無表情的你，如果你又累到不想說話，想直接走進房間休息，此時太太一定會覺得你心情不好。「為什麼心情不好？在公司受了氣？還是看到我很煩？」不確定意義的表情讓接收訊息的人想想許多種可能，一堆的胡思亂想接著出現，當然也必定影響彼此的情緒。如果你這時說一句：「連續忙了好多天，我好累，先讓我休息一下！」這樣的口語訊息和肢體語言的連結，明確的表達你很累想休息的意思，這時家人一定會安靜的讓你好好休息，也不會有惱人的胡思亂想了。

六、左腦與右腦的處理

　　我們的大腦器官分為左半腦和右半腦，左、右半腦分別掌管一些功能。右半腦處理圖像、結構和空間的刺激，也就是非口語行為溝通時視覺所接收的訊息後的刺激由右半腦處理。而我們的左半腦則主司邏輯的分析與理解，也就是由聽覺接收口語訊息，左腦處理解碼後，給予對方適當的回饋。這也可以從腦部受創患者中，左腦受損的後遺症多有失語的狀況發生得到證明。

第六節 非口語表達與人際關係

人際關係中與人交流溝通，非口語表達所傳達的訊息，往往比口語表達時的感覺更有力。兒子調皮，有時媽媽說：「不要再這樣了！」有時則不發一語、雙眼直直的瞪著頑皮的兒子。我想，這個媽媽不說話瞪大眼睛直勾勾的看著兒子，一定比跟他說：「你不要再這樣了！」來得更有力量。藉著這種非語言的表達，在人際關係處理中，這些非語言的聯繫，也代表著一些特殊意義。

一、關係層次的確立

人際關係中與另一方的親疏程度，可以從雙方說話的方式、臉部表情、身體接觸和距離的訊息，大概了解彼此是點頭交、朋友、好朋友，或是家人。

男女交往最初，兩人可能並肩而行，因互有好感而交往頻繁，接著會手牽手甚至會摟著彼此的腰徐徐而行。不認識他們的人也會依著他們的肢體語言（並肩而行、手牽手、摟著腰），大概了解他們現在是朋友，還是男女朋友。

星期六、日早上在咖啡店吃早餐，一對男女相對而坐，男的看報，女的看雜誌。女的有時停下喝口咖啡或飲料，男的有時吃口漢堡或麵包，但兩人幾乎沒有交談，可以大膽猜測，這兩人是夫妻，而且是結婚很久的夫妻無誤。雖然這個描述有點好笑，也有一點誇張，但你不得不承認，這樣的肢體語言給人的感覺認知，和實際情況其實相去不遠。

二、敵友立場的畫分

在群體中經營人際關係的過程裡，一定會碰到你喜歡的或不喜

歡的人，當然也有喜歡你或不喜歡你的人。如何在這些關係中找到彼此互有好感，且都有意願建立關係的人，就必須在一些訊息中找到支持。如果和甲同事抱怨乙同事，但在敘述時，甲同事雖然沒有表示任何意見，但表情卻帶著懷疑，有著：「你說的是真的嗎？」「你誤會了吧？」這時如果收到這樣的訊息，不管你說的是事實，或是因個人愛惡而產生的批評，你都會主觀認定，甲同事和乙同事是好朋友，不然他不會不支持你的說法。

席間有人談論敏感的政治話題，你會發現有人積極參與話題，有人靜坐一旁不發一語，或是東顧西盼，一副不想與之連結的表情。他也許不說話也不表達意見，但這樣的訊息已經清楚告訴你，他不是對政治話題沒興趣，就是他和你的政治立場是不一樣的。雖然在人際關係的經營中，並不鼓勵非我族類就是敵人的意識形態，但不可否認的，這樣的狀況在人際關係溝通的經驗中是存在的。

三、情緒個性的顯露

一早站牌邊大家排隊等公車，有人滑手機，有人吃著剛買的早餐，也有人不時的看看錶，或是不時探頭出來看看車子來了沒。你大概可以猜到，看錶的人十之八九是快遲到或是擔心遲到的人。課堂上有問題請學生回答，學生們有的低頭避開我的眼神，有的卻用渴望的眼神看著我。對於不願和我有眼神接觸的學生，我直覺的認為他不知道答案或是個性害羞。而哪些同學有自信或很想表達的，也都透過他們注視我的眼神得到答案了。

有時形容一個人個性沉穩或難以捉摸，多半會說：「這人喜怒不形於色，很難猜測他心裡在想什麼！」雖然你猜不出這個喜怒不形於色的人在想些什麼，但是他不輕易表達情緒的表情，也很清楚的讓別人感覺到，他是一個謹慎細心或是城府很深的人。

第十三章
傾　聽

第一節　傾聽的處理過程

良好的溝通在人際關係中是非常重要的，傾聽在溝通的過程中則是絕對必要的過程。聽得清不清楚、有沒有認眞注意的聽，都會立刻影響接下來的回饋、互動。傾聽的過程中要注意一些原則，讓雙方溝通表達會更有效率，達到人際關係中相互學習、幫助的目的。達維托（Joseph A. DeVito）的《人際關係的訊息》（*Interpersonal Messages*）中談到人在溝通時，傾聽處理的過程有接收訊息、了解訊息、記憶訊息，和評估、判斷後回覆訊息。

一、接收訊息

傾聽處理過程的第一步就是透過知覺接受刺激，既然是聽對方說就會透過聽覺傳遞聽到的訊息。但是話時的傾聽也並不是只有聽而已，還必須專注的看著對方，接收說話者說話時的表情和肢體語言，所以會透過視覺接收到圖像的訊息刺激。訊息被表達時，就是訊息接收的開始。對方說話時，不只是聽清楚對方說了些什麼，還要同時注意看著對方做了些什麼。也就是注意對方說話時的表情、動作、姿勢。要確定表情和說話的語氣和內容訊息一致，是意在言外還是意有所指，如此才能在訊息接收後做判斷。

例如女生問男朋友說：「你愛不愛我？」男生滑著手機看也沒看女生一眼回答：「愛～～～」說話的表情和口語訊息的內容不太協調，就會使接收訊息的人感到懷疑。

二、了解訊息

對於同時聽到、看到所接收到的訊息進行了解、釋義，接收訊息後，對內容有疑問，可以提出問題，或請對方重複一次，以確定你對接收訊息內容的了解。如果口語訊息和非口語行爲的表達一致，了解

的訊息也就是語意的內容。反之，如果言行表達沒有一致，多半會傾向相信肢體動作所透露出的訊息。如果女生從男朋友回答時的表情看來，一定會認為男朋友的回答是沒有認真而且是敷衍她的話。此外，個人認知的判斷也會影響這個階段的訊息處理的結果，新聞報導社會事件，聽到一個小偷行竊被逮，而行竊的原因是家裡太窮沒錢買奶粉給小孩吃。有些人會認為偷竊就是不應該，但有些人卻同情竊賊的遭遇，不同的認知對接收到訊息後處理的判斷和反應也會不同。

三、記憶訊息

了解對方所要表達的訊息後，就會對訊息的內容進行短暫的記憶，因為對話或聊天的過程中，有些訊息會被再次提到。例如一段話題結束後，新的話題進行當中，有可能又聊到和上一段或之前話題有關的內容，就會從記憶的訊息中搜尋。每一個刺激在大腦的短暫記憶區中被保留短暫的時間，和人交流溝通對話時，每一次往來的訊息不長，在傾聽時只要不分神都能輕鬆應對。但是如果屬於訊息式的傾聽，會在短時間內接收大量訊息，除了專心，記憶訊息在這樣的傾聽模式中就變得很重要了。當然記性好和溝通傾聽技巧佳二者不一定會畫上等號，也許一些訊息當下不會被使用，但當有需要的時候卻是一種和人建立關係的好觸媒。兩個人在路上巧遇，對方很親切的跟你打招呼，你也知道你們曾經有幾面之緣，但此刻就是想不起來對方的姓氏，除了尷尬還有點失禮，但如果能快速的正確回應，對方會有被重視和被尊重的感覺。

例如甲：「小劉下星期五要帶老婆和小孩回台灣看爸媽，預計在台灣待兩個星期後回加拿大，等他回來我們約個時間吃飯吧！」乙：「那如果可以，我們下下星期五請他吃頓飯，如何？」這代表甲的訊息，乙已在短時間內記憶後正確回應，因為小劉下星期五到，為期兩星期，顯然到、離都是星期五，訊息記憶後選出一個最合邏輯的時間。

四、評估和判斷後回覆訊息

傾聽接收訊息後，對訊息的認知了解必須做適當的評估、判斷，最後才能做出接收訊息後的適當回應，這個過程是為評估和判斷這些訊息是否完整，訊息的價值和訊息的真實性。當有人告訴你想要移民火星，五十年前聽到這樣的話，可能有人會說他是「神經病」，但是這個訊息在現在聽來並不是絕對不可能的事。在五十年前這樣的訊息，當時普遍的認知，認為這個訊息是不可信、沒有價值的。但如今同樣的訊息，我們新的認知學習會認為想要移民火星的人，應該是一個很有冒險精神的人。曾經接到一通電話，被告知手機被盜打欠費一萬二千元，需要立刻轉帳繳費，不然可能會被斷話，剛聽到這些訊息的反應是：「怎麼會？」但這與一般電信公司的聯絡方式有些差異，讓我心生警覺，知道這可能是詐騙集團的手法，於是去電電信公司證明的確是一個詐騙電話。我的認知讓我經過判斷後知道這個訊息是假的，並免於一萬二的損失。

第二節　傾聽的種類

「我們了解，因為我們傾聽。」人與人溝通必須透過正確無誤的接收訊息，了解對方的意思，但是對於不同目的的訊息獲得，也有不同的傾聽方式。許多研究數據顯示，我們每天花在選擇和非選擇的情況與人互動溝通的時間，幾乎佔了一半以上的時間。而好的傾聽技巧在人際溝通中，往往比其他的溝通技巧更能影響溝通的品質。傾聽是為獲得訊息，訊息獲得是有目的性的。依目的性的不同，在傾聽過程中，傾聽的狀態也會有些許差異。

依訊息取得目的，傾聽的種類有情緒分享的傾聽、訊息評估的傾聽、訊息學習的傾聽。

一、同理心式傾聽

在我們成長學習的經驗當中，人際關係的建立或經營，有點頭之交，有普通朋友，有好朋友、親戚與家人不同層次的關係。通常在交際溝通時，能彼此分享比較涉入私人領域的情緒、感覺的關係，通常雙方屬於家人、好友，或是彼此有意建立更深一層交情的關係（男女朋友或情侶）。所以，當彼此有情感訊息的分享，訊息接收者通常在傾聽時，會有較多情緒表情和表達安慰或支持鼓勵的肢體語言。當表達悲傷或難過時，有時傾聽你的人，可能會陪你一起掉眼淚。當你開心的說著你找到夢寐以求的工作，家人或姊妹淘替你高興，可能給你一個大大的擁抱。

傾聽對方所經歷的事物或遭遇時，試著將自己放在和對方同樣的位置或情境，去體會說話者的心情或感受的傾聽方式，傾聽者會在意說話者的需要和感受，就是同理心的傾聽。在服務業中的客服部門，常常要處理投訴客人的抱怨，如果在傾聽客人抱怨時沒有太多的同理心，只有制式的接收訊息、回答問題，不會讓抱怨的客人感到有誠意，也不會讓服務品質提升。

同理心式的傾聽必須要專注在和對方的連結，和注意對話時的用語必須讓對方有被尊重的感覺，最重要是這些連結和對話必須植基在同理心上。許多罹患重症或癌症病患在治療後病情獲得穩定的控制後，會回到醫院或是加入一些醫療支持團體，向其他正在努力對抗疾病接受治療的病友提供支持，和這些病友溝通對話。正因為有相同的痛苦經驗，傾聽正在治療中病友的一些抱怨或情緒表達，能有十足的同理心，所以當他們對患者提供意見或想法時，會很容易被對方接受。當然這裡並不是要所有的傾聽者，都必要有和對方相同的經歷才能對話，而是在傾聽對方時，多一些同理心，相信這樣的溝通不僅能設身處地為對方著想，也比較能解決對方因為情緒而產生的問題。

二、批評式的傾聽

評估傾聽是傾聽者對所收到的訊息做評估或判斷，評估判斷對方所表達的訊息是否和我們的認知相衝突，來決定是否接收這樣的訊息，或是接收訊息後決定做什麼樣的反應。訊息表達者通常是為說服接收訊息的人，接受他的想法、概念甚至信仰。最常見的模式就是推銷業務員，表達訊息給潛在顧客，說明產品的多項好處，試圖說服對方購買。而接收訊息的消費者此時傾聽接收到的所有訊息，都會經過認知評估，自我認定這產品的優劣，或對產品的需求大小，來決定是否購買。

傾聽者在傾聽時，會有評估、分析和批判的態度，主管對下屬專題報告的評估、教授對學生論文的口式、口語表達競賽後的講評，都屬於這一類的傾聽。與人溝通如果使用批評式的傾聽，傾聽者不要帶有太多的主觀意識，或使用太過批判式的語氣表達傾聽後的看法或意見。多一些客觀的角度去分析、評估傾聽後的訊息，給予對方更多更好的建議，才符和批評式傾聽的積極意義。看到許多當紅的選秀節目，也許是為節目效果，許多評審給予參賽者的講評，都毒舌得讓人不敢苟同，有時也會讓觀眾對這樣的方式產生反感。

三、訊息式傾聽

訊息傾聽者採用訊息傾聽模式，多半在學習或吸收訊息時會有的傾聽態度，傾聽者通常會對接收的訊息抱持著學習的態度，對於接收的訊息有疑惑或不解時，也會藉著提問找出解答。學生聽老師上課、聽一場學術演講，這樣的傾聽專心和記憶是必要的條件。因為這樣的傾聽模式不像一般對話，一次可能接收的訊息較長，段落與段落間有大量的訊息被傳遞。所以，如果沒有比一般溝通時有更專心的傾聽，可能訊息就無法被連結或理解。也因為短時間接收較多的訊息，專心

傾聽後就必須將接收的訊息記憶，沒有對訊息重點做記憶，想要提問就可能無法組織問題。所以當老師提問時，不夠專心或沒有記憶之前資訊的學生，是沒有辦法完整回答問題的。

自小從學齡前，經歷多年自願或非自願學習的經驗。為了學習目的而產生的傾聽行為，包括課堂中為學習新的知識而讓自己保持專心的狀態，這樣的狀態為的是讓訊息完整被接收不會漏失，讓學習有效果；或是聽一場很棒的演講，在演講者所表達的訊息當中，發現值得學習的態度或想法。

第三節　傾聽的障礙

傾聽的過程中，接收、了解、記憶、評估、回覆，每一個環節如有不慎，都會阻礙過程的進行而造成傾聽的障礙。造成阻礙的原因有心理因素、環境因素、認知因素、文化因素和性別因素。

一、心理因素

傾聽者的心理因素在傾聽對方說話時，會造成傾聽障礙影響程度很高，傾聽者當時的心情或情緒是開心、是不安、是沮喪、是興奮，都會影響傾聽的品質。不管傾聽前你的情緒是正面（快樂、滿足）或負面（焦慮、憤怒），都應該在傾聽對話前，適度的調整心情，讓起伏的情緒盡量回歸正常。因為帶著起伏太大的情緒，在傾聽的過程很容易會被干擾，可能沉浸在之前的情緒中無法專心傾聽，可能帶著之前憤怒或過度興奮的情緒，讓傾聽、接收到訊息後的判斷充滿個人情緒，可能會給對方缺乏客觀的回饋或建議。這樣的心理因素對於批評式的傾聽者所造成的影響較大。

二、環境因素

在對話溝通的過程中，環境因素會造成傾聽者分心而無法專注聆聽對方所傳遞的訊息。所處的環境嘈雜、用餐說話時一旁有二手菸煙霧繚繞、氣味不佳或太冷、太熱的地方，不只對說話者產生干擾，傾聽者也會因為環境因素的干擾，影響訊息傾聽的品質和對傾聽訊息後的判斷。

三、認知因素

每個人因為成長或學習環境的不同，認知的過程不同，認知結果也會不同，一般人都會在社會、制度、文化的制約下有普遍共同的認知。但有時人會有認知偏誤的現象，例如刻板印象、歧視、偏見等，都會在我們傾聽別人傳遞的訊息時候影響判斷。不喜歡的人說話時，你可能打從心底抗拒、排斥，縱使傳遞的訊息客觀上對你有幫助，你可能因為認知的干擾影響傾聽的效果，讓自己做出錯誤的判斷和反應。

四、文化因素

文化認知、語言表達的方式、不同的肢體語言或口語表達方式，也會讓訊息的傳遞與接收發生障礙。在溝通對話時，如果自己的角色是說話者，會希望接收訊息的傾聽者能專心、注意的傾聽，不但能使訊息有效被接收，也是一種尊重的表現。專心傾聽的行為表現應該是雙眼注視著對方，彼此間說話的距離也不會相隔太遠，但對於一些保守文化的人而言，一直注視對方的眼睛和近距離的接觸是一種不禮貌的行為。交際的雙方來自於不同文化，如果不了解彼此文化間的差異，在溝通傾聽時就會產生誤解。

五、性別因素

在許多影響人際關係溝通的因素中，性別的差異也會造成溝通的影響。多數的理論和研究都大致認同性別不同溝通的方式也會有明顯的差異，而這些差異雖然不是絕對但也是普遍的現象。對於男女性別在人際關係溝通的差異，在我們生活周遭都有明顯的例子。

1. 女性比男性更注重傾聽時具體的表情，例如女性間的對話常會聽到許多表達當下情緒或感覺的形容詞，諸如：「真的嗎？」「好可憐喔！」「他怎麼可以這樣對你啊！」表達這些形容詞時，臉部的表情也會隨著這些情緒、情感表達的字眼不同而有變化。但這些行為在男性的對話中則比較不容易發現。

2. 女性在人際關係中，對於家人、朋友或親密關係中的伴侶，比較傾向能長時間處在同一環境下分享空間，但是對於大部分的男性而言，同樣的關係傾向保留多一些的私人空間和距離。

3. 女性面對人際關係所產生的問題或困擾，會尋求其他人的意見後再做處理判斷。男性面對人際關係中的挫折，不像女性會對外尋求協助或徵詢他人的意見，可能礙於面子問題，傾向自己處理解決問題。也就是說在人際關係的經營和問題上，男性多半會獨自處理問題，不假外求。

4. 女性對於人際關係涉及情感的溝通，會有較多的同理心，也比較感性，情緒也容易形之於外。男性則傾向理性觀察，涉及情感上的情緒通常不輕意表達。尤其對親近的家人、朋友的情感表達，男性總是比女性少了一些主動和感性的表現。

5. 男性在人際關係中希望得到的是尊重，和對方保持競爭態度，而女性則在關係中希望得到認同，和平對待彼此。

6. 女性在人際關係的處理較在乎感覺，希望了解問題，男性則重視理性的分析，傾向解決問題。

這些男女因性別不同而產生對事物認知的差異，也一定會在傾聽對方時造成一定的干擾、訊息接收因為干擾以致讓判斷有了不同的結果。

第四節　有效的傾聽

一、為傾聽做好準備

與人溝通交際，要了解對方所要表達的意義，必須要傾聽對方表達，而傾聽對方說話之前必須做好傾聽的準備。準備好傾聽的第一個步驟就是先停止說話，對方說話表達的過程中也要注意不要隨便打斷，縱使有必須解釋或立即的想法想要表達，都必須要等到對方把話說完再行表達。

「人有兩隻耳朵，一個嘴巴，就是要在開口說話前多聽一下。」

「傾聽是最真實的溝通，傾聽的力量大過言詞的表達。」

這些描述都是在強調，一個善於溝通的人一定是好的傾聽者。

那麼，要如何有效傾聽呢？有效傾聽，就是當訊息被表達時，接收訊息的人在接收訊息時的傾聽過程沒有其他干擾，或是過程中沒有可能造成障礙的因素來影響訊息被有效的接收，就是有效傾聽。但是，在溝通過程中如何避免一些外在或心理因素造成傾聽的障礙呢？以下是傾聽訊息時該注意的一些事項。

㈠傾聽前放下瑣事

雙方溝通時，有時訊息表達的一方，為了讓接收訊息的一方注意聽自己說話，常常會說：「你可不可以暫時放下手邊的事，我有話要

跟你說。」或是在課堂上，老師爲讓學生注意聽講，一定會說一句：「同學們，注意！」爲什麼要在說話溝通前希望接收訊息的人，停下手邊的事，或是要先注意呢？溝通時訊息被表達時，如果訊息接收者還忙於自己手邊的事，除了容易造成訊息接收不完全，造成傾聽障礙，也會讓訊息表達的一方有不受尊重的感覺，使得溝通過程產生情緒，讓溝通品質低下。

㈡ 準備傾聽與注視

很多人總以爲人際關係好是因爲溝通表達能力強，溝通表達能力強就是說話技巧好、很會說話的意思。但我們要知道人際關建立的溝通是有來有往的，有需要說話表達的時候，也有必須注意對方說話安靜傾聽的時候。也就是說好的溝通者，不但要會說，也要具備傾聽的能力。傾聽不是只有安靜專心聽別人說話而已，傾聽的目的是要從對方口語提供的詞彙中獲得資訊，了解說話的人想要表達的內容。如果只是安靜不說話，並沒有專注傾聽對方表達的內容，待對方需要你的回饋時，卻得要求對方再說一遍，這樣的舉動實在是很失禮。

清代段玉裁《說文解字注》中的「聽」在漢字造字方法中的「六書」裡，歸類在會意字當中：「耳所及者，目不能偏。耳所及者，云聽。」在整個造字結構中「聽」有耳，有目，還有心，一千多年前古人造字就知道，「聽」這個字不只是用耳朵聽到聲音，還要用我們的眼睛去注視對方，更重要的是要用心去了解對方說話的內容。所以除了專心聽對方說話外，眼神注視對方說話，也是很重要的溝通工具。如果對方在說話，眼神注視別處或到處游移，我想就算你有再多再好的回饋，說話的人也不會有被尊重的感覺。

㈢ 建立有利傾聽的環境

前面提到爲達有效傾聽，傾聽前必須專心，造成不專心很大的原因是因爲溝通過程中有造成分心的噪音干擾。如何避免溝通傾聽過程有可控制的噪音發生，就必須在溝通傾聽前，建立一個友善的傾聽

環境。有利傾聽環境的因素考量，較封閉的環境會比開放式的空間爲佳，業務員拜訪客戶談事情，都會找一個適合談話或噪音較少的地點。路上巧遇多年不見的好友，彼此想促膝長談，也絕對不會相約到KTV敘舊。

㈣ 不預設立場

影響傾聽的因素可分爲外在成因造成的影響，例如噪音、環境不潔產生異味、濕、熱、悶、燥等不適的外在環境影響情緒，會降低傾聽的注意力。還有一種是內部形成的原因，例如因爲文化、性別、年齡宗教的不同，在認知觀念形成時產生的偏見或是刻板印象。所以多數人會被一些先入爲主的觀念制約，在訊息互相交流前就已預設立場。最常發現的狀況就是明顯的政治立場不同，對方還沒開口表達想法或想一抒己見時，就已經做了負面的判斷或評價。所以，不論相對的另一方是否有較好的想法或非常值得學習的的方，都因爲這樣的行爲讓自己失去更多學習的機會。有些父母親或長輩認爲現在的孩子們是草莓、是水蜜桃、是蛋殼，抗壓性低，不能吃苦，只會抱怨，不會思考。當和這個年紀的孩子們對話時，不經意的就會將這些刻板印象套用在這些人身上。在傾聽對方說話時預設立場便會影響思考和判斷，讓訊息表達溝通時，不容易有共識或交集，使得溝通無效或發生阻礙。

㈤ 同理心

「現在想安靜，任何人不要跟我說話！」這樣的內心獨白，代表著有這樣想法的當時，心情不好、想要思考。所以當有不能避免掉的對話或溝通時，可能會被當時的感覺或情緒影響，而降低了對話和傾聽的品質。所以，當我們和別人溝通對話時，也務必有這樣的同理心，不要因爲一時的情緒或不明原因，讓對話的過程產生不悅或障礙。如果對方因爲一時情緒讓對話產生衝突，或言語上的對立，最好先暫停對話或安靜的傾聽，讓氣氛較爲緩和時，再詢問原因。避免當

人際關係與溝通技巧

下不愉快的對話，成為不滿情緒的延伸，造成日後彼此關係不易修復。

二、保持傾聽的姿勢

　　傾聽時除了不插嘴讓對方順利表達外，我們的肢體語言和表情也會影響別人說話的心情。對方說話表達時安靜不說話，雙眼也必須直視對方，但看著對方的眼神必須是誠懇的，如果注視說話者的眼神是懷疑或是不屑，一定會影響說話者的表達意願。傾聽時雙方的距離依雙方關係的親密程度不同，兩人說話的距離沒有特定的大小遠近，但是既然是傾聽的行為，雙方的空間距離就不宜太遠，可能讓對方有一種不可親近感而產生心理上的距離。對方說話時雖無須正襟危坐，但也要避免整個人癱坐在椅子上，一副疲累或不在意的表情，會給人不在乎或不想聽人說話的印象。

三、集中注意力專心與耐心

　　前面提到傾聽時必須雙眼注視說話者，不只要眼到還要心到，因為專心某件事物時，大腦會開始運作。如果你專心的聽著說話者表達，大腦會開始分析理解這些說話的內容，做出適當的反應與回饋。但是，如果此時只有眼到但卻分心想著其他事，這時可能因為心有旁鶩，看著對方的眼神會是空洞無神的。當說話者表達到一個段落，等著你的回應時，你的分心失神會無法給予即時適當的反應，會使傾聽無效也沒有尊重對方的感受。所以，記得當要傾聽別人的時候，必須將其他的事情暫時擱置，讓心理保持最好的狀態。

　　傾聽別人說話時，除了要先放下手邊瑣事，給予對方訊息表達前應有的尊重態度外，訊息接收的過程也一定要專心，避免訊息漏失。學生都有相似的經驗，上課不專心，老師講課的內容，不是一知半解，就是不甚了解。原因就是因為不專心，讓外在或心理的因素成為

傾聽障礙，造成無效溝通。不專心的外在因素，可能是噪音或是其他不可控制的原因。不專心的內在因素，多半是自己可以控制的，分心想別的事情就是常見影響傾聽的內部因素。有時候快要下班了，老闆突然要跟你討論業務的事情，但這個討論顯然在下班時間前是無法結束的。這個時候腦袋裡可能只想著：「待會兒沒辦法去接小孩下課怎麼辦？要先打個電話給老師？還是有可能結束後，直接坐計程車趕一下？」這時老闆在說什麼，或是交代了什麼事，都有可能因為你的分神不專心，造成傾聽無效，會讓老闆認為你的心思沒有放在業務上。

與人交際溝通時，可以從肢體動作或表達的方式，觀察對方大概是屬於時什樣個性的人。有些人說話的速度快，有的人說話的速度較慢。當彼此互相溝通表達時，說話速度快的人，個性通常較急躁些，有時候對方話還沒說完，也許就是訊息表達中的一個停頓或換氣，就急著回應對方自己的看法。也許當事人並非有意，但如果交談過程中，因為這樣的問題頻頻中斷對方的表達，會讓溝通的另一方減少表達的意願。所以，當與對方溝通時，如果發現彼此說話的速度有明顯落差，說話速度較快的人，務必多些耐心等待一下，確認對方的表達確實結束時，再接著回應。

四、客觀代替主觀，不隨意批評

人際關係的經營和維持中，會和自己成為好朋友的關係另一方，一定有著和你接近或相似的想法、感覺或價值觀。但並非所有的關係模式都屬一致，維持這些關係的雙方都會為關係做出一些讓步或退讓，也就是學習用比較客觀的方式看待事物，才能在關係的經營中創造和諧。如果傾聽說話者表達時，對方說話表達的內容，與你的認知和價值有著明顯差異的時候（尤其是政治立場、宗教、文化的差異），不要立刻反駁或試圖改變對方的想法，或是認為對方的觀念是錯誤的。如果我們換個立場去想想，我們有的既定認知或價值觀，也

不會希望別人因為和自己的認知、想法不同而批評自己，或要求改變自己的立場和價值觀。用一個開放的想法與人交往，本位主義太強會使我們失去對事物的客觀了解，使得判斷產生誤差。如果可相對的從不同的角度客觀看待事物，我相信除了有助於人際關係的維持與經營外，還可以學習到別人的經驗和智慧。

訊息被表達時，傾聽訊息時務必在所有訊息被完整表達後，再對訊息的內容做判斷回應。不要在訊息尚未完全被表達時，就對其中部分有疑慮或感到懷疑的訊息，急著做出解釋，而打斷了對方訊息的表達。我們除了要有基本傾聽應對的禮節外，要了解每一個人的表達方式或習慣，不會都是一樣模式。務必把所有的訊息完整接收，也不要衝動的打斷對方想要解釋或批評，才不會造成傾聽障礙，讓溝通無效。尤其在服務業中第一線的服務人員，有非常多的機會碰到可能帶有情緒的客人，在溝通過程中，因為偏見或是誤會，有意無意的會釋出一些不正確的訊息。這時候最好的溝通方式，不是針對你所接收到錯誤的訊息急忙解釋，而是安靜的傾聽對方把話說完。這樣的應對態度除了表示尊重外，也能讓對方在表達的過程中，稍稍的釋放一些負面情緒。如果急於在對方有情緒的狀況下解釋，結果可能火上加油，而不會對溝通更有幫助。

五、注意表情及肢體語言務必一致

我們說傾聽不只是聽覺的接收而已，也包括了視覺的輔助，才能確定我們聽到的訊息，是表達者真實的語意，而非「意在言外」的「弦外之音」。視覺輔助我們看到對方的表情、肢體語言。雙方溝通表達時，如果一方的口語表達的訊息是正面的語意，但是卻在說話的同時，露出一個不屑或輕蔑的表情，我相信收到這樣訊息，一般人此時的共同認知，視覺上所收到的表情訊息可信強度，一定大過你耳朵聽到的口語訊息。如果此時用褒義詞形容一個人或事，卻搭配著貶

義的表情，任誰都不會相信他說的是真的。在傾聽時要注意對方的表情和肢體語言，以便了解說話者較真實的訊息。傾聽者的面部表情和肢體語言，在傾聽對方說話時，也是讓對方決定繼續表達與否的依據。如果對方在表達訊息時，你也許安靜的在聽對方說話，但同時你的雙眉皺在一起，一副充滿疑惑或是不屑的表情，我相信這時候說話的人，一定會懷疑自己是不是說錯了話，還是說了讓傾聽者不開心的話。抑或說話者在表達訊息的同時，你的腳不停的抖動，或者手指不停的敲打，這樣的肢體動作，除了讓人看到會覺得心煩意亂外，還會讓對方以為你不耐煩或是在趕時間。

在溝通的過程中，要做一個好的傾聽者，並不只是專心聽和注意看。訊息溝通的同時，如果對方說的是你也同意的，可以點頭表示贊同，也是一種鼓勵對方繼續表達的肢體語言。但如果不同意也不要一副「你怎麼這麼說」的表情，有可能會讓溝通過程產生負面的情緒。

六、不插嘴打斷對方

傾聽過程，如果一方的個性較無耐性，未確定表達一方的訊息是否結束便急於回應，會造成訊息中斷、傾聽無效。有時溝通過程中，有些人修養較差，常在別人溝通表達的當兒，不會禮貌的等待訊息表達至一個段落時再說話，卻直接打斷別人正在進行的話題。這樣的情況常發生在兩個或兩個以上的人正在談論一個主題，突然有人闖進來，直接開口說要找人，或是插嘴詢問其中一人不相關的話題。這樣的行為除了覺得沒有禮貌外，還嚴重影響其他人訊息的傾聽與接收。

七、聲音情緒的辨別

大家都知道聲音是有表情的，從說話的音量大小、音調高低或說話的速度，可以大致分辨說話者當時的情緒。路上見到有人爭論，會發現彼此都提高了音量、加快了說話的速度，可讓人明顯感受到此

時的情緒是不悅的。有時與人溝通，除去距離、空間、噪音過大等原因，說話比平常音量大時，就會聽到：「講話這麼大聲幹嘛？你吃炸藥啦！」或是：「誰惹你了？心情不好？說話這麼大聲幹嘛？」類似的回應。或是說話聲音聽起來沒有氣力或精神，就會有有人關心的問道：「你還好嗎？怎麼聲音聽起來有氣無力的，身體不舒服嗎？」由此可知，注意聲音的表情是可以幫助你在溝通傾聽時，更精準的分辨訊息表達者的情緒。

人際關係與溝通技巧不是什麼高深艱難的學問，是我們實實在在生活的一部分，既然是生活就也不會那麼不容易駕馭。而溝通的方式沒有好或不好，只有適合與不適合，因為不同的溝通對象，一定有不同的應對方式。我認為人際關係與溝通技巧中最簡單也是最重要的基本概念就是「同理心」，只要想想你自己不喜歡別人用什麼樣的方式對你，就不要用一樣的方式對待他人，也就是「己所不欲勿施於人」的簡單道理。平常只要多用點心、多觀察、勤練習將其所得實際運用在溝通的行為上，不求成為人際關係溝通技巧中的「達人」，但務必成為這個生活領域中的「通者」。

參考資料

一、中文

1. 謝國平著，1985年，《語言學概論》，台北市：三民出版社。

2. 上海師範大學中文系漢語教研室編，1997年，《語法初階》，台北市：書林出版社。

3. 湯廷池著，1989年，《漢語詞法句法續集》，台北市：台灣學生書局。

4. 湯廷池著，1990，《國語語法研究論集》，台北市：台灣學生書局。

5. George Yule著，張文軒譯，1999年，《語言學導論》（*The Study of Language: An Introduction*），台北市：書林出版社。

6. 董同龢著，1998年，《漢語音韻學》，台北市：文史哲出版社。

7. 葉蜚聲、徐通鏘著，1993年，《語言學綱要》，台北市：書林出版社。

二、英文

1. Harry Stack Sullivan (1953), *Interpersonal Theory for Psychiatry*.

2. George Elton Mayo (1933), *The Social Problems of an Industrialized Civilization*.

3. Abraham Harold Moslow (1943), *A Theory of Human Motivation Psychological Review*.

4. William Schutz (1958), *Fundamental Interpersonal Relations Orientation, FIRO*.

5. Homans George Casper 1958), Socila Behavior as Exchange. *American Journal of Sociology* 63:597-606. (1958).

6. John W. Thibaut. & Harold H. Kelley (1959), *The Social Psychology of Groups*.

7. Perter Michael Blau (1964), *Exchange and Power in Social Life*.

8. Walter Mischel & Yuichi Shoda (1995), *Cognitive Affective Personality System CAPS*.

9. Kurt Koffka(1935), *Principles of Gestalt Psychology*.

10. Jon E. Roeckelein (1998), *Dictionary of Theories, Laws, and Comcepts in Psyshology*.

人際關係與溝通技巧

11. Roy F. Baumister, Ellen Bratslavsky, Catrin Finkenauer, Kathleen D. Vohs (2001), *Bad is Stronger Than Good*.

12. Fritz Heider (1958), *The Psychology of Interpersonal Relation*.

13. Bernard Weiner (1974), *Achievement Motivation and Attribution Theory*.

14. S. Steinberg (1994), *Introduction to Communication Course Book 1: The Basics*.

15. Kathryn Greene, Valerian J. Derlega, Alicia Mathews (2006), *The Cambridge Handbook of Personal Relationships* (Cambridge: Cambridge University Press, 2006).

16. Valerian J. Derlaga, John H. Berg (1987), *Self-Disclosure: Theory, Research and Therapy*.

17. Irwin Altman, Dalmas A. Taylor (1973), *Social Penetration:The Development of Interpersonal Relationships*.

18. Stephen W. Littlejohn, Karen A. Foss (2010), *Theroies of Human Communication*.

19. Jerry Suls, Ladd Wheeler (2000), *Handbook of Socail Comparsion: Theory and Research*.

20. Owen D. W. Hargie (1997), *The Handbook of Communication Skills*.

21. Owen D. W. Hargie (2010), *Skilled Interpersonal Communication: Research, Theory, and Practice*.

22. Robert L. Heath, Jennings Bryant (2000), *Human Communication Theory and Research: Concepts, Contextx, and Challenges*.

23. Josoph A. Devito (2008), *The Interpersonal Communication Book*.

24. Josoph A. Devito (2010), *Interpersonal Messages*.

25. Karen A. Jehn (1995).

26. Oluremi M. Ayoko, Neal M. Ashkanasy, Karen A. Jehn (2014), *Handbood of Conflict Management Research*.

27. Kenneth Wayne Thomas, Ralph Kilmann (2002), *Thomas-Kilmann Conflict Mode Instrument*.

28. M. Afzalur Rahim (2010), *Managing Cofflict in Organizations*.

29. Eva M. Fernandez, Helen Smith Cairns (2010), *Fundamentals of Psycholinguistics*.

30. Geoffrey Leech (2014), *The Pragmatics of Politeness*. (Oxfor Studies in Sociolinguistics).

31. David Matsumoto, Mark G. Frank, Hyisung Hwang (2012), *Nonverbal Communication: Science and Applications*.

32. Paul Ekman (2007), *Emotions Revealed, Edition: Recognizing Faces and Feelings to Improve Communiction and Emotional Life*.

33. Albert Mehrabian (1971), *Silent Messages*.

34. Albert Mehrabian (1972), *Nonverbal Communication*.

35. Penelope Brown, Stephen Levison (1987), *Politeness: Some Universals in Language Usage*.

36. Edward T. Hall (1990), *The Hidden Dimension*.

37. Mark H. McComack (1986), *What They Don't Teach You at Harvard Business School: Notes From A Street-Smart*.

Note

Note

國家圖書館出版品預行編目資料

人際關係與溝通技巧／曾啟芝作. －－初版.
－－臺北市：五南，2015.08
　面；　公分
ISBN 978-957-11-8023-6（平裝）
1.人際關係　2.溝通技巧
177.3　　　　　　　104001632

1L94　觀光書系

人際關係與溝通技巧

作　　者－ 曾啟芝

發 行 人－ 楊榮川

總 編 輯－ 王翠華

主　　編－ 黃惠娟

責任編輯－ 蔡佳伶

封面設計－ 童安安

出 版 者－ 五南圖書出版股份有限公司

地　　址：106台北市大安區和平東路二段339號4樓

電　　話：(02)2705-5066　傳　真：(02)2706-6100

網　　址：http://www.wunan.com.tw

電子郵件：wunan@wunan.com.tw

劃撥帳號：01068953

戶　　名：五南圖書出版股份有限公司

法律顧問　林勝安律師事務所　林勝安律師

出版日期　2015年8月初版一刷

定　　價　新臺幣380元